JN298548

グローバル経済下の
法人税改革

鈴木将覚

はしがき

　日本の法人税に対する懸念が高まっている．経済のグローバル化が進み，足の速い資本に対する課税が難しくなっているにもかかわらず，日本では高い法人税が放置されている．近年日本企業のアジア内分業が進み，新製品の国内生産が海外生産に切り替わる時期が以前より早まる傾向にあるが，一方で国内生産の高付加価値化による国内雇用の確保は必ずしも順調に進んでいるわけではない．こうしたなか，国内雇用を守ってきた日本企業からはコスト高の日本での生産はもはや限界との溜息が漏れ，外国企業からは日本と外国との法人税率の差が大きすぎて日本が立地先として検討対象にならないと指摘されている．

　海外を見渡せば，法人税率引き下げで貪欲に企業誘致を図る国がある．シンガポールなどの東南アジア諸国は税制優遇措置を利用して積極的な企業誘致を進めている．日本の法人税もグローバルな経済の変化に対応したものでなければ，日本企業が外国企業よりも競争上不利になり，日本企業の海外流出を促すことになる．法人税率の低下圧力を受けているのは日本だけではなく，欧州諸国など他の地域の国も同様である．欧州では，EUの統合・拡大により資本の国際移動が激しさを増しており，各国がお互いの税制を強く意識しなければならない状況になっている．現在はもはや日本や欧州の先進国が高い法人税率を維持できる時代ではなく，各国で足の速い資本により対応した法人税の制度設計が求められている．

　安倍晋三首相は，2013年に成長戦略の一環として法人税率引き下げの必要性を認識し，本格的な法人税改革の検討を指示した．日本では，法人税率の引き下げは比較的最近行われたばかりであるため，今回の首相の対応は従来と比べるとかなり早い．日本では，2011年度税制改正で国・地方合計の法人税率の5％引き下げが決まり，政治的な混乱を経て2012年度より実施された．しかし，東日本大震災の復興費用捻出のために2012年度から3年間その減税分がそのまま復興特別法人税に充てられたことか

ら，実質的に法人税負担の軽減は行われず，2014年度から復興特別法人税が1年前倒しで廃止されることでようやく2011年度税制改正の効果が発揮される状況になった．このため，仮に2014年度の早い時期に法人税率引き下げの議論が始まると，前回の法人税率引き下げの効果が検証される前に早くも新たな法人税減税が検討されることになる．これは異例の事態である．しかし，過去数年の間に海外で法人税率の引き下げを行ったか，または法人税率の引き下げを表明した国が多いことを考えれば，今回の首相の指示は単にその経済政策の積極性を示しているばかりでなく，法人税を巡る諸外国の動きを反映したものと考えられる．日本は，過去と比べて短期間のうちに法人税率を引き下げていかなければいけなくない状況に追い込まれている．

　一方で，日本は少子高齢化による社会保障費の増大や膨大な政府債務を背景に，税制全体としては増税路線を続けなければならない．そうしたなかで，法人税だけを減税することに対しては国民からの反発がある．これまで個人増税と法人減税の組み合わせは政治的にご法度とされ，税制論議のなかで財源不足や政治的な事情を理由に法人税減税に対して否定的な意見が出されることも少なくなかった．個人にのしかかる税負担の重さを考えれば，法人だけ優遇することに対する国民の反発は感情的にはわからないわけではない．しかし，法人税減税を「法人 vs 個人」の構図で捉えることはナンセンスである．税負担を行うことができるのは個人であり，法人は個人のベール（覆い）でしかない．法人税は製品価格に上乗せされるなどでの形で最終的には個人が負担する．我々の代わりに税を負担してくれる「法人さん」は実在しない．こうした法人擬制説は，経済学的な議論の大前提となるものであり，本書もこうした前提に基づいて法人税のあり方を考える．

　本書は，課税ベースの設定を中心に法人税の本質に迫ることにより，今後の法人税のあるべき姿を考えることを目的とする．特に，経済のグローバル化に対応して法人税をいかに再構築していくべきかを検討する．本書には，次の2つの特徴がある．第1に，法人税を様々な角度から包括的に

捉え，英国のマーリーズ報告（Mirrlees et al., 2011）などの最先端の議論を踏まえてそのあり方を整理していることである．こうした長期的な法人税のあり方に関する共通認識は，適切な法人税改革の議論にとって欠かせない要素である．本書では，抜本的な税制改革案を通じて法人税を分析し，その本質を明らかにする．第2に，法人実効税率を用いて日本の法人税負担に関する定量的な評価を行っていることである．近年海外の研究でよく用いられる Devereux-Griffith 型の法人実効税率を用いた国際比較及びそれを用いた法人税改革の分析は，これまで日本ではほとんど行われてこなかった．同様の手法をアジア諸国に適用した分析も，国際的にみて非常に少ない．本書は，Devereux-Griffith 型の法人実効税率を日本の法人税改革の分析に応用するとともに，日本とアジア諸国の比較などを行い，同分野の研究に新たな貢献を加える．

さて，本書は京都大学経済研究所先端政策分析研究センター（CAPS）での活動を基に作成されたものである．本書を作成するにあたって多くの方にお世話になった．まず，溝端佐登史経済研究所長，矢野誠 CAPS センター長（前経済研究所長），三野和雄経済研究所副所長，伊藤薫みずほ総合研究所前社長，土屋光章同現社長には CAPS の活動を様々な面からご支援いただいた．京都大学経済研究所では，主に柴田章久教授と照山博司教授にお世話になった．特に，柴田先生からは学術的な内容に関わることのみならず，論文投稿プロセスなど研究活動全般に関して多くのことを学んだ．照山先生からは本書に対して租税論とは異なる視点から示唆に富むアドバイスを数多くいただいた．また，梶井厚志教授，西山慶彦教授，中嶋智之教授，関口格教授，奥井亮准教授には各専門分野についてご教示いただいた．財政分野では，京都大学経済学研究科の植田和弘教授及び諸富徹教授に様々な勉強の機会をいただいた．

京都大学以外の財政学者・研究者の方々では，佐藤主光一橋大学教授に最もお世話になった．佐藤先生には以前から財政全般について教わることが多く，本書の作成に関しても原稿をお読みいただき，多くの貴重な御指摘をいただいた．深澤映司氏（国立国会図書館調査局）にも原稿をお読みい

ただき，多くの誤りを見つけていただいた．松本睦立命館大学教授には，一部の内容に関して質問にお答えいただき，本書を超える内容までご教示いただいた．このほか，田近栄治一橋大学教授，森信茂樹中央大学教授，林宏昭関西大学教授，國崎稔愛知大学教授，國枝繁樹一橋大学准教授，田中宏樹同志社大学教授，土居丈朗慶応大学教授，上村敏之関西学院大学教授，上田淳二氏（現 IMF），大野太郎尾道市立大学講師など多くの財政学者・研究者の方々と日本財政学会やその他の研究会の場で議論し，各先生から多くのことを学んだ．

また，国際財政学会（IIPF）やその他の機会で海外の財政学者の報告を聞き，議論する場を得た．いちいち名前を挙げることは差し控えるが，世界的に著名な先生方に気さくにご対応いただき，最先端の考え方やそれぞれの問題意識などに触れることができたことは，自分にとって大きな収穫であった．さらに，本書を作成するにあたって欧州やアジアにおいて政府関係者，会計士・税理士など多くの方にヒアリングを行い，各国の制度及び経験を直に聞くことができた．こうして集められた情報がなければ，本書が今のような形で上梓に至ることはなかったであろう．

本書作成過程では，京都大学学術出版会の鈴木哲也編集長及び高垣重和氏にお世話になった．本書の校正作業ではCAPSの溝端泰和研究員に，参考文献リストの作成では元CAPSの平岡真美さんにお手伝いいただいた．なお，本書は京都大学教育研究振興財団からの助成を受けている．

このように，本書が完成に至るまでには多くの人の支援に恵まれた．この場をお借りして御礼申し上げる．

最後に，私のよき理解者であり，京都における研究への没頭を許してくれた妻明美に本書を捧げたい．

2014年4月

鈴木将覚

目　次

序章　問題意識と本書の構成 …………………………………………1

第1章　法人税の基本的な考え方 …………………………19

1. はじめに…19
2. 閉鎖経済における法人税…19
    2.1　投資に対して中立的な法人税…20
    2.2　法人段階と個人段階の統合的な見方…21
3. 消費課税と法人税…24
    3.1　所得課税と消費課税の違い…24
    3.2　抜本的な税制改革案における資本所得への課税…26
4. 開放経済における法人税…29
    4.1　閉鎖経済ケースと異なる点…29
    4.2　ゼロ資本税仮説…30
    4.3　法人税の存在理由…31

    補論1-A　資本所得に課税すべきか…34
    補論1-B　個人の貯蓄に関する課税…39

第2章　国際課税の論点 …………………………………………43

1. はじめに…43
2. 二重課税の回避…44
    2.1　国際課税主義の分類…44
    2.2　国際課税の効率性基準…45
3. 外国税額控除方式から国外所得免除方式への移行に対する賛否…56

    補論2-A　国外所得免除方式の設計上の論点…60
    補論2-B　外国税額控除方式の設計上の論点…63

第3章 国際的な租税競争の考え方 ……………………………… 67

1. はじめに…67
2. 租税競争のモデル…69
   - 2.1 基本的な租税競争モデル（小国の場合）…69
   - 2.2 大国の場合…71
   - 2.3 大国・小国間の租税競争（非対称な租税競争）…73
   - 2.4 立地特殊的レントがある場合…75
3. 国際的な租税競争の実証分析…79

   補論3　国際的な租税回避…81

第4章 法人実効税率 ……………………………………………… 87

1. はじめに…87
2. 法人実効税率の計算…88
   - 2.1 法人実効税率の分類…88
   - 2.2 Devereux-Griffith 型の法人実効税率…91
3. Devereux-Griffith 型実効税率による分析…97
   - 3.1 主要国におけるフォワードルッキングな実効税率の計測…97
   - 3.2 法人税改革の選択肢と実効税率の変化…99
4. Firm-specific な実効税率による分析…104
   - 4.1 Firm-specific な実効税率の計算方法…104
   - 4.2 Firm-specific な実効税率を用いた法人税改革の分析…108
5. 法人税改革における着目点…115

第5章 アジアの租税競争 ………………………………………… 117

1. はじめに…117
2. 税制優遇措置…120
   - 2.1 税制優遇措置の分類…120
   - 2.2 アジア諸国の税制優遇措置…121

3. アジア諸国の法人実効税率…126
   3.1 税制優遇措置を考慮に入れた Devereux-Griffith 型実効税率…126
   3.2 アジアにおけるフォワードルッキングな実効税率…130
4. タックスホリデーの実効税率への影響…134
5. アジアにおける租税競争の実証分析…138
   5.1 推計式とデータ…138
   5.2 推計結果…142
   補論5 EMTR の結果…150

第6章 抜本的な法人税改革案 …………………………153

1. はじめに…153
2. 現行の法人税の問題点と抜本的法人税改革案…155
3. キャッシュフロー法人税…157
   3.1 キャッシュフロー法人税の特徴…157
   3.2 キャッシュフロー法人税の現実への適用…161
4. ACE…163
   4.1 ACE の特徴…163
   4.2 リスクがある場合の ACE の帰属利子率の設定…169
   4.3 ACE の現実への適用…177
5. CBIT…181
   5.1 CBIT の特徴…181
   5.2 ACE と CBIT のいずれを選択すべきか…185
6. 二元的所得税…187
   6.1 二元的所得税の特徴…187
   6.2 二元的所得税の弱点克服へ向けた改革…192
   6.3 二元的所得税の公平性…196
7. 経済のグローバル化に対応した法人税…198
   7.1 開放経済における抜本的な法人税改革案の分類…199
   7.2 居住地主義の法人税…199

7. 3　仕向地主義の法人税…201
7. 4　開放経済における抜本的な法人税改革案の政策的含意…204

補論 6　ACE の実効税率…206

第7章　ロックイン効果が生じないキャピタルゲイン税……211

1. はじめに…211
2. ロックイン効果が生じる理由…212
3. 保有期間に対して中立的なキャピタルゲイン税…215
   3. 1　Vickrey 型のキャピタルゲイン税…215
   3. 2　Retrospective Tax…219
   3. 3　Bradford（1995）の方法…221
   3. 4　一般化されたキャッシュフロー税…223
   3. 5　ノルウェーの株主所得税（SIT）…226

参考文献…231
論文初出一覧…243
索　引…245

序章
問題意識と本書の構成

問題意識

　国・地方の合計でみると日本の法人税率は 2011 年時点で約 40％ であり，長い間米国とともに主要国のなかで最も高い水準を保ってきた．これに対して，OECD 諸国の法人税率の平均は約 25％ であった．2012 年度より日本の法人税率は復興特別法人税を除いたベースで 35％ に引き下げられたものの，依然として OECD 平均より約 10％ 高い．このため，日本企業の外国企業との激しい競争を考えると，毎年のように法人税率引き下げを求める声が国内から湧き上がってきても不思議はない．

　しかし，日本の法人税を巡る議論は表面税率（法定税率）をどのくらい引き下げるかという浅薄なものにとどまることが多い．法人税負担は課税ベースに法定税率を乗じたものであるため，法定税率とともに課税ベース設定の議論がなされなければ，法人税負担の変化を考えたことにはならない．また，課税ベースの設定は企業行動を本質的に変化させるものであり，マーリーズ報告（2011）など抜本的税制改革案と呼ばれる税制改革案においては法人税改革として主に課税ベースのあり方が論じられる．

　日本の政策論議でも，投資減税と税率引き下げのいずれを優先すべきかなど，課税ベースに関連する議論がないわけではない．しかし，そうした主張は長期的な法人税のあり方としてではなく，短期の景気刺激策の 1 つと捉えられることが多い．課税ベース縮小が日本企業の行動にどのように影響するか，そしてそれが日本経済をどのように変えるかという視点から課税ベースが深く検討されることは多くない．法人税が景気対策の一環として機能することは否定されるべきではないが，法人税に関して我々が直

面している問題はより長期的かつ構造的なものである．

　日本の法人税に関する議論が表面的なものに終始しがちな理由の1つに，法人税の本質が多くの人に理解されておらず，法人税のあり方についてその考え方が必ずしも適切な形で整理されていないことがあるように思われる．確かに，理論モデルにおいては前提に強く依存した結果が導き出されることが少なくなく，法人税の各論点において必ずしも明確な答えが出てくるとは限らない．このため，やるべき法人税改革を適切に把握することはそれほど容易なことではない．また，法人税改革に関する定量的な分析が意外と少ないことから，当面必要とされる改革の程度についても曖昧な点が多い．こうした状況を踏まえると，理想とされる法人税の姿を様々な角度から検討して日本の法人税のあり方について理解を深め，同時に定量的な考察を加えることが，我々が長期的な日本の法人税改革を考える上で重要なことではないかと思われる．

　法人税改革に関する論点は少なくない．そもそも資本税を課す場合にそれを法人段階で行うべきか，それとも個人段階で行うべきか．それはどのような課税方法が望ましいのか．開放経済では，移動性の高い資本に対してどのように課税すべきか．また，諸外国との比較から法人税負担をどの程度軽減すべきなのか．その手段は何なのか．本書では，こうした疑問を解消し，日本の法人税改革が進むべき道を照らし出すことを目標とする．

本書の構成

　以上の問題意識から，本書では次のように議論を進める（図I-1参照）．まず，第1章で法人税の基本的な考え方を述べる．ここでは，正常利潤と超過利潤の違い，法人段階と個人段階の課税のあり方，閉鎖経済と開放経済における法人税のあり方などを考える．

　その後は，大きく3つに分けられる．まず，第2〜3章は，開放経済における法人税の論点を2つ取り上げる．第2章では，海外所得に対してどのように課税すべきかという国際課税の問題を扱い，国際課税方式の選択に関する問題を検討する．第3章では，国際的な租税競争に関する理論的

な考え方を示し，第5章と第6章の議論への橋渡しを行う．

次に，第4～5章において法人実効税率を用いた法人税の定量的な分析を行う．第4章では，法人実効税率の考え方を示すとともに先進各国の実効税率を比較する．また，企業ベースの法人実効税率を用いて，様々な法人税改革を行った場合に個別企業の法人実効税率がどのように変化するかを考える．第5章ではアジア諸国に関する法人実効税率を計測し，それを用いてアジアの租税競争に関する実証分析を行う．第4章で用いた法人実効税率を拡張して，第3章の租税競争に関する理論的な考察が現実にアジア諸国について成り立っているかどうかを検証する．

最後に，第6～7章は，様々な企業行動に対して中立的な抜本的法人税改革案を考える．第6章は，主に抜本的な法人税改革案として4つの源泉地主義の法人税（キャッシュフロー法人税，ACE，CBIT，二元的所得税）を検討し，現実への適用例とその際の問題点をみる．また，開放経済への対応として居住地主義及び仕向地主義の法人税といったラディカルな提案にも言及する．第7章は，前章の続きとして個人段階のキャピタルゲイン税について，ロックイン効果が生じない課税のあり方を検討する．

第1章から第3章では，補論を多用した．これは，十分な専門知識を持たない読者がより現実的な話題を扱う第4章以降に早く到達できるように配慮したものである．しかし，補論に書かれている内容のなかには法人税の議論の本質に関わるものや近年の日本の法人税のあり方を考える上での重要な論点が含まれているため，余裕のある読者は補論も併せてお読みいただきたい．それによって，法人税を取り巻く問題をより多面的かつ深みのあるものとして捉えることができるはずである．

以下，各章の概要をまとめる．

第1章 法人税の基本的な考え方

本章は，閉鎖経済と開放経済における法人税のあり方の違いを中心に，法人税に関する様々な論点を論じる．

まず，法人利潤は正常利潤と超過利潤に分けて捉えられる（第1章 **2.1**

図 I-1　本書の構成

```
┌─────────────────────────────────┐
│ 第1章　法人税の基本的な考え方        │
│ ・正常利潤と超過利潤                │
│ ・閉鎖経済と開放経済における法人税    │
│ ・法人段階で課税するか，個人段階で課税するか │
│ ・抜本的な法人税改革案              │
└─────────────────────────────────┘
```

開放経済における論点

- 第2章　国際課税の論点
  - 居住地主義と源泉地主義
  - 外国税額控除方式，所得控除方式，国外所得免除方式の評価

- 第3章　国際的な租税競争の考え方
  - 租税競争モデル
  - 国際的な租税競争の実証分析のサーベイ

法人実効税率を用いた定量分析

- 第4章　法人実効税率
  - Devereux-Griffith 型の実効税率
  - Country-specific な実効税率
  - Firm-specific な実効税率

- 第5章　アジアの租税競争
  - アジア諸国の実効税率
  - タックスホリデーの実効税率への影響
  - アジアにおける租税競争の実証分析

企業活動に対して中立的な法人税の検討

- 第6章　抜本的な法人税改革案
  - 4つの中立性基準（投資，資金調達，分配，組織形態）
  - 4つの源泉地主義課税案（キャッシュフロー法人税，ACE，CBIT，二元的所得税）の検討
  - 居住地主義課税と仕向地主義課税の可能性

- 第7章　ロックイン効果が生じないキャピタルゲイン税
  - 保有期間に対する中立性
  - ロックイン効果のないキャピタルゲイン税案の検討

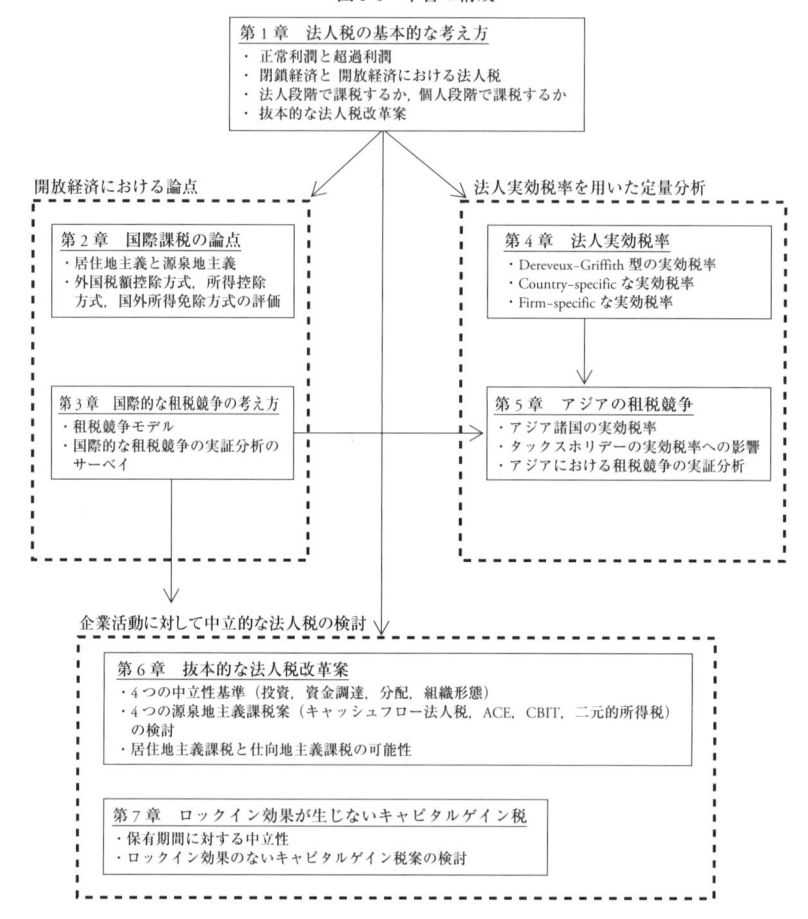

節）．正常利潤は時間の経過とともに得られるリスクフリーな利潤であるのに対して，超過利潤はそれを超えたレントの部分を指す．現行の法人税では正常利潤と超過利潤を分けずに法人利潤全体に対する課税が行われているが，投資を阻害するのはそのうち正常利潤に対する課税だけである．超過利潤に対する課税は企業の投資行動を歪めない．これは，超過利潤に対する課税があったとしても，税引き後にいくらかの超過利潤が手元に残るため，手元資金を国債運用に振り向けるよりも生産活動を行った方が有

利であることには変わりはないからである．よって，企業は超過利潤に対する課税がある場合にもそれがない場合と同じ投資行動をとると考えられる．

閉鎖経済では，法人段階と個人段階における課税が統合的に捉えられ，企業の投資は法人税だけでなく個人段階の配当税の影響も受ける（第1章2.2節）．但し，配当税の効果に対しては2つの見方がある．企業が新株発行で資金を調達して投資を行うことが想定される場合には配当税が投資を抑制する（伝統的な見方，古い見方）が，企業が内部留保を用いて投資を行うことが想定される場合には，配当税は企業の投資行動に影響しない（新しい見方）．

正常利潤に対する課税がなければ，課税ベースは消費になる（第1章3節）．現行税制のように資本所得全体に課税する税制は基本的には所得課税ベースの税制である．各国で提案される税制改革案のなかには課税ベースのあり方から抜本的に見直すという意味で抜本的税制改革案と呼ばれるものがある．それは，大きく Hall-Rabushka のフラットタックスのような消費課税案と米国財務省（1992）のような所得課税案に分けられる．抜本的税制改革案の特徴は，法人段階と個人段階それぞれの正常利潤と超過利潤に対する課税によって理解できる．消費課税でも所得課税でも法人段階と個人段階双方における正常利潤への二重課税は避けられるが，消費課税では法人段階と個人段階のいずれにおいても正常利潤が課税されない．所得課税では，個人段階で資本所得税を課して法人段階で正常利潤に課税しない方法と，法人段階で現行の法人税を課して個人段階で正常利潤に課税しない方法がある．

開放経済では，法人税の企業行動に及ぼす影響が閉鎖経済とは異なる（第1章4.1節）．第1に，開放経済では法人税が企業の投資に影響を及ぼす一方で，配当税は個人の貯蓄に対してのみ影響を及ぼす．開放経済では，企業が海外から資金調達をできることから，法人段階と個人段階の課税が切り離される．第2に，閉鎖経済では投資への悪影響を避けるために正常利潤にさえ課税しなければよかったが，開放経済では超過利潤に対する課

税も問題になる．企業は超過利潤も含めた税引き後利潤が高い場所に立地することから，超過利潤に対する課税は資本の海外流出を招く．

また，開放経済では最適資本税率がゼロになるというゼロ資本税仮説がある（第1章4.2節）．移動性の高い資本に対して課税を行っても，資本の海外流出を通じて国内賃金が低下し，最終的には税負担が全て労働者に転嫁される．よって，最初から資本には課税せず労働に課税することが最適になる．現実には，資本が完全移動するとは限らないことや法人税が個人所得税の安全網（バックストップ）の役割を果たしているなどの理由で，各国で正の法人税が課されている（第1章4.3節）．

第2章　国際課税の論点

本章は，開放経済における法人税を考える際の1つの論点として，国際課税の問題を取り上げる．伝統的に，国際課税主義としては居住地主義と源泉地主義がある（第2章2.1節）．居住地主義は自国の企業が世界のどこで所得を発生させようがその所得全てに課税するもので（全世界所得課税方式），源泉地主義は自国内で発生した所得に対してそれが自国企業によるものであれ外国企業によるものであれ課税するものである（領土内課税方式）．具体的な国際課税方法としては，全世界所得課税は外国政府によって行われた課税との二重課税を排除するために外国税額控除（credit）方式を伴って実現される．但し，自国政府は自国法人の国外所得に対して，それが自国に送金されるまで課税できないため，国外所得はそのまま海外に滞留することにより国内での課税を繰り延べることができる．領土内課税の場合は，外国で課税された所得には自国では課税しない国外所得免除（exemption）方式が利用される．

国際課税方式の優劣を判断する際には，投資に関する効率性基準が用いられる（第2章2.2節）．その1つは資本輸出中立性（CEN）である．CENは，資本が投資場所に関わらず同じ税率で課税されるという原則である．これは，全世界所得課税で無制限の外国税額控除が認められるときに満たされる．一方で，資本輸入中立性（CIN）は企業の居住地に関わらず同じ

場所で発生した利潤は同じ税率で課税されるという原則である．国外所得免除方式の下では，CIN が確保される．伝統的には，各国で CEN が CIN よりも優先され，全世界所得課税の下で外国税額控除方式が普及した．

　CEN と CIN は国際的な観点からみた効率性基準であるが，国民的な観点からみた効率性基準もある．これは，国民的中立性（NN）と呼ばれる．ここで，「国民」とは民間部門と政府の合計であり，NN はその厚生が最大になることを要求する．民間部門と政府の合計の厚生を最大にする国際課税方式は，所得控除（deduction）方式である．これは，所得控除方式の下で自国における税引き前利潤率が外国における税引き後利潤率に等しいという「国民」所得を最大にする条件が成り立つからである．しかし，実際にはこれまで主要国において所得控除方式はほとんど採用されてこなかった．

　近年各国でみられる動きは，外国税額控除方式から国外所得免除方式への移行である（第2章3節）．日本も 2009 年度より，一定の条件を満たす外国子会社からの配当に関して外国税額控除方式から国外所得免除方式に移行した．自国が外国税額控除方式を採用し，外国が国外所得免除方式を採用しているとき，税率の低い第三国に自国企業と外国企業が直接投資をする際に自国企業が税制上不利になる．これは，自国企業が国内送金の際に第三国と自国の税率差の分だけ自国政府に対して追加的に税を納めなければならないのに対して，外国企業はそれをする必要がないからである．これが，外国税額控除方式から国外所得免除方式への移行を正当化する理由の1つである．

　近年では，クロスボーダーの M&A が増加していることを背景に，国外所得免除方式を支持する効率性基準として，資本の所有に着目した効率性基準が提唱されるようになった．資本の生産性は，誰がそれを所有するかに影響される．資本所有中立性（CON）は税制が資本の所有形態に影響を及ぼさないときに成立する．無制限の外国税額控除方式または国外所得免除方式が CON を成立させる．国外所得免除方式では，全ての企業が各国において同じ税率に直面するため，各国に投資された資産は最も高い税引

き後利潤を生み出す企業によって所有される．また，国外所得免除方式は税収と企業利潤の合計を最大化する「国民」的な所有の観点からも望ましいと判断される（国民的所有中立性，NON）．

第3章 国際的な租税競争の考え方

本章は，国際的な租税競争の考え方をその基本的なモデルとともに提示する．国際的な租税競争とは，各国が資本誘致のための資本税率の引き下げ競争を行うことである（第3章1節）．Zodrow and Mieszkowski（1986）によれば，税収が資本税のみに依存するとき，小国開放経済では租税競争によって資本税率が低く抑えられ，十分な公共財供給ができなくなる（第3章2.1節）．資本は国際的に移動できるから，政府が資本税率を引き上げると資本が海外に流出し，その分だけ国内資本ストックが減少する．世界全体でみると，ある国の資本税率の引き上げは他国の資本ストックの増加につながる（正の外部性を持つ）ものの，各国政府は自国民の厚生にしか関心がないため，資本税率を最適な水準よりも低く設定してしまう．

大国のケースでは，自国の資本税率の変化が世界利子率に影響を及ぼす（第3章2.2節）．自国の資本税率引き上げが世界利子率を低下させることから，大国はその影響を考慮した上で資本税率を設定する．大国が資本輸出国であるときは資本税率引き下げによって世界利子率を上昇させて資本所得を増加させようとし，逆に大国が資本輸入国であるときは資本税率引き上げによって世界利子率を低下させて利払いを減少させようとする．この結果，資本輸出国では資本税率が最適水準よりも低くなって不効率な資本が存在するようになり，資本輸入国では逆に資本が不足する状況がもたらされる．

以上の考察は，大国と小国の非対称な租税競争にも応用できる（第3章2.3節）．大国と小国が人口規模以外は同一であるとする．小国は大国と違って世界利子率に与える影響が小さく，それゆえ資本税率の変化に伴う資本コストの変化が大きいから，資本税率引き上げによる自国資本の海外流出の程度が大きい．このため，非対称な租税競争における均衡では，小

国は大国よりも資本税率を低く設定する．これにより資本が大国から小国に移動し，小国の方が1人当たりの厚生が高くなる．つまり，常識に反して非対称な租税競争では小国が勝者となる．

しかし，現実には大国は市場の大きさなどの立地特殊的レントを持っていることが多い（第3章2.4節）．立地特殊的レントが生じる例として，輸送費が存在する場合が挙げられる．前述の非対称な租税競争のケースでは，どちらの国で生産しても輸送費ゼロで相手の国に製品を輸出できることが暗黙の前提とされていたが，輸出に輸送費がかかる場合には企業にとって市場に近い大国で生産を行う方が有利となり，大国で生産するバイアスが生じる（自国市場効果）．このため，輸送費が大きくなればなるほど，大国が高い税率を維持しながらも資本を引きつけることができる．このように，大国に立地特殊的レントが生じる場合には，資本が小国から大国に移動し，大国が勝者となる．

国際的な租税競争の存在は，実証的にも明らかにされている（第3章3節）．Devereux, Lockwood and Redoano（2008）に代表されるように先進国または欧州諸国を対象とした研究が盛んに行われており，主に（EATRに大きな影響を与える）法定税率に関する租税競争の存在が明らかにされている．また，近年の研究では欧州において租税競争によって全体的に法人税率が押し下げられているとの結果も得られている．途上国を対象にした国際的な租税競争の研究は少ないが，ラテンアメリカ・カリブ・アフリカ諸国についてはKlemm and Van Parys（2012）によってタックスホリデー（一定期間の免税措置）に関する租税競争が存在することが明らかにされている．

第4章　法人実効税率

本章は，法人実効税率の概念を説明するとともに各国の法人実効税率を計測し，その国際比較を行う．法人実効税率は，法定税率のみならず課税ベースを考慮に入れた法人税率である．巷間行われる税制の議論では，国・地方の法人税の合計税率が法人実効税率と呼ばれることが多い．しか

し，これは課税ベースを考慮に入れた本来の法人実効税率とは異なるものであり，実質的には法定税率である（第4章1節）．

法人実効税率には2つの区別の仕方がある（第4章2.1節）．第1に，限界実効税率と平均実効税率の区別である．平均実効税率は企業利潤全体に対する税率を表し，限界実効税率は正常利潤のみに対する税率を表す．そして，平均実効税率は企業の立地行動に，限界実効税率は投資量にそれぞれ影響を及ぼす．第2に，フォワードルッキングな（事前的な）実効税率とバックワードルッキングな（事後的な）実効税率の区別である．伝統的な平均実効税率は，個別企業のデータを用いて税額を税引き前利潤で割ったものとして計算される．この指標は，過去の投資行動や繰越欠損金等を反映することから，バックワードルッキングな実効税率と呼ばれる．これに対して，仮想的な投資プロジェクトを想定して，そこから生じる利潤に対する平均実効税率を計算する方法もあり，こうして計算される指標はフォワードルッキングな平均実効税率と呼ばれる．フォワードルッキングな平均実効税率は，企業行動を反映せずに税制の変化のみに影響されるため，企業の税制インセンティブを直接捉えたものと解釈できる．

フォワードルッキングな実効税率として近年実証研究でよく用いられるのが，Devereux and Griffith（2003）の実効税率である（第4章2.2節）．平均実効税率（EATR）は，税額の現在価値を純利潤の現在価値で割ることによって計算される．限界実効税率（EMTR）は，利潤率の前提を投資の正味現在価値（NPV）がゼロになる水準まで小さくして同様の計算を行ったものである．重要なことは，しばしば用いられる利潤率の仮定の下ではEATRは主に法定税率に，EMTRは主に課税ベースにそれぞれ強い影響を受けることである．EATRは企業の立地に，EMTRは投資量にそれぞれ影響することから，法人税改革の目的が国内企業の海外流出防止や対内直接投資の増加である場合には法定税率引き下げが適切な法人税減税の手段となる．逆に，既存企業の投資を量的に増やすことを目的とする場合には課税ベース縮小が選択されるべきである．

実際にDevereux-Griffith型の実効税率を計測すると，日本のそれは

EATR, EMTR ともに他の先進国よりも高い（第4章3節）．このため，日本は EATR と EMTR の両方を引き下げる必要がある．しかし，機械設備だけに注目すると日本の EMTR はそれほど高くない．日本の EMTR が高くないと判断されるのであれば，他の先進国との比較からは機械設備に関しては投資減税（課税ベース縮小）によって EMTR をさらに引き下げるのではなく，法定税率引き下げと課税ベース拡大を行って EMTR をそのままに EATR のみを引き下げることが適切な改革と考えられる．

　法人実効税率の観点からみて法人税改革の重要な点は，法定税率と課税ベースという2つの手段によって EATR と EMTR を自由に動かし，法人税改革の目標達成に必要な水準に EATR と EMTR を設定することである．日本では，構造改革として国内企業の海外流出の防止や対内直接投資の増加が重視されている．そうであれば，生産性の高い（利潤率が高い）企業の海外流出を防止するためには，超過利潤を含む利潤全体に対する税率すなわち EATR を低く設定する必要がある．また，日本経済が少子高齢化への対応として国内生産の高付加価値化が求められているという観点からも，EATR の引き下げが必要と考えられる．

　法人税改革にあたっては，個別企業の実効税率（firm-specific な実効税率）がどのように変化するかという視点も大切である（第4章4節）．企業によって資産構成比や負債比率が異なるため，実効税率の水準は企業によって異なる．また，課税ベース拡大の方法を何にするか（機械設備または建物の償却率引き下げ，負債の支払利子控除の制限等）によって，課税ベース拡大の実効税率への影響が企業によって異なる．法人税改革として法人税率引き下げと課税ベース拡大が行われる場合には，課税ベース拡大の方法によっては EMTR が上昇する企業が多数発生することもあるため，ミクロ的な視点を入れた法人税改革が求められる．

第5章　アジアの租税競争

　本章は，アジア諸国に関して Devereux-Griffith 型の実効税率を計測し，そのデータを基にアジアにおける租税競争の実証分析等を行う．日本企業

の海外流出が懸念されるとき，その主要な流出先はアジアである．アジア諸国は，安価な労働力や潜在的な市場という立地上の利点に加えて，タックスホリデー（一定期間の免税措置）などの税制優遇措置によって生産活動の場としての魅力を高めている（第5章1，2節）．しかし，これまでアジア諸国に関する Devereux-Griffith 型の法人実効税率は計測されておらず，それゆえ税制優遇措置を考慮した上での日本とアジア諸国の実効税率の差が明確になっていなかった．そこで，本章ではアジアの法人実効税率の計測から分析を始める．

　アジア諸国に関して税制優遇措置を考慮に入れた Devereux-Griffith 型の法人実効税率を計測した結果，次のことがわかった（第5章3節）．第1に，シンガポールやベトナムなどの小国では EATR や EMTR がゼロに近いことである．開放経済におけるゼロ資本税仮説は法定税率については現実には成り立っていないことが広く知られているが，今回の計測では税制優遇措置を含めた実効税率のベースではそれが成り立っていることがわかった．第2に，日本，中国，インド，インドネシアの大国は法人実効税率を高く設定しており，小国との租税競争を免れていることである．これは，第3章でみた非対称な租税競争モデルや大国に立地特殊的レントがある場合のモデルが示唆する結果と整合的である．第3に，近年税制優遇措置の廃止と法定税率引き下げを行う国が出てきていることである．税率引き下げと課税ベース拡大の組み合わせは欧州のいくつかの国と共通するものである．

　本章では，タックスホリデーが法人実効税率に及ぼす影響についても考察する（第5章4節）．タックスホリデーは一見法人実効税率を単純に引き下げるようにも思えるが，実際には Mintz（1990）が指摘するように，タックスホリデーが法人実効税率をむしろ上昇させる場合がある．これは，タックスホリデーの適用期間中に税務上の減価償却が進むことから，税務上の減価償却が寛大な国ではタックスホリデーを利用すると減価償却の大きな恩恵が失われるためである．Devereux-Griffith の実効税率を用いてアジア諸国を分析した結果，シンガポールのようにタックスホリデーに

よってEATRもEMTRも上昇する国があることがわかった．先行研究では，税務上の減価償却の影響を受けやすいEMTRはタックスホリデーによって上昇する可能性があるものの，EATRはタックスホリデーによって低下すると概ね整理されていた．しかし，税務上の減価償却が極めて寛大なアジアの国については，（先行研究と同じ超過利潤率の仮定の下で計算される）EATRについてもタックスホリデーによって上昇する可能性があることがわかった．

最後に，アジアの法人実効税率を用いて租税競争の実証分析を行った（第5章5節）．その結果，1990年代以降EATRに関する租税競争の存在が確認された．法定税率ではなくEATRに関する租税競争が確認されたことで，アジアではタックスホリデーなどの税制優遇措置によって租税競争が行われていたことがわかった．しかし，推計期間をより最近の期間に限定すると，租税競争は統計的に有意に検出されなかった．これは，2008年以降多くの国が実効税率を引き下げているのに対して，中国と台湾が実効税率を引き上げていることが影響しているものと思われる．アジアでも租税競争の存在が確認されたことは欧州諸国を対象とした先行研究と整合的であるが，アジアの租税競争が近年統計的に確認されなくなったことは欧州の結果とは異なる．但し，高技術の企業に限れば各国とも税制優遇措置が継続されているため，高技術の企業を巡る租税競争は現在でも続いているものと推測される．

第6章　抜本的な法人税改革案

本章は，抜本的な法人税改革案を検討する．現行の法人税は，投資に悪影響を及ぼすこと，負債調達を優遇すること，内部留保を優遇すること，非法人形態を優遇することの4つの問題点がある（第6章1，2節）．これらの全てまたはいくつかの点を改める中立的な法人税改革案は，代表的なものとしてキャッシュフロー法人税，ACE（Allowance for Corporate Equity），CBIT（Comprehensive Business Income Tax），二元的所得税がある．投資に対して中立的な法人税の典型は，キャッシュフロー法人税である（第6章3節）．

キャッシュフロー法人税では，即時償却が認められることによって正常利潤に対する課税が現在価値ベースでゼロになる．キャッシュフロー法人税では，課税が超過利潤に対してのみであるため投資が悪影響を受けない．ACE は，株式調達に関して（負債調達の支払利子控除に相当する）株式控除を設けることによって，キャッシュフロー法人税と同様に正常利潤に対する課税を現在価値ベースでゼロにする（第 6 章 4 節）．ACE は，現行の法人税に近い課税方法であるという利点があり，実際にベルギーやイタリアで導入されている．資金調達に対しては，キャッシュフロー法人税，ACE ともに中立的である．

　CBIT と二元的所得税は所得課税ベースの改革案であり，投資に対して中立的ではない．CBIT では，負債の支払利子控除が廃止されることで，ACE とは対照的な方法で資金調達に対する中立性が確保される（第 6 章 5 節）．税収中立の法人税改革を前提とすれば，課税ベースの小さい ACE は税率が高くならざるを得ないが，CBIT であれば課税ベースが広いので税率を低く設定することができる．こうした理由により，資本移動の激しい開放経済では ACE よりも CBIT の方が望ましいとの考え方がみられる (Bond, 2000)．一方で，マーリーズ報告（2011）のように ACE を支持する改革案もある．ACE と CBIT のどちらを選択するかという問題は，資本を誘致するために課税ベースを狭くするか，それとも法定税率を引き下げるかという論点に深く関わる．その選択には，その国の置かれた状況に合わせた判断が要求される．

　二元的所得税は，その純粋な形では負債にかかる支払利子に対する源泉課税が行われて CBIT と課税ベースが同じになる（第 6 章 6 節）．実際に北欧諸国で導入されている二元的所得税ではそのような措置は行われておらず，資金調達に対する中立性は確保されていない．しかし，北欧の二元的所得税で注目されるのは，それが足の速い資本に対するプラグマティックな課税になっていることである．二元的所得税では，資本所得は一律の低税率で，勤労所得は一定水準から上は累進的に課税される．これによって，国際的な資本移動への対応と公平性及び社会保障費の確保という国内

目標が同時に達成される．近年，欧州では国際的な資本移動の増大を受けて，二元的所得税が支持を広げている．日本では，二元的所得税に対して公平性の観点から疑問が投げかけられることもあるが，日本の法人税率は北欧諸国と異なり資本所得税率よりもかなり高く設定されている．このため，日本では法人税率と資本所得税率をその中間で一致させるような（二元的所得税に向かう）改革によって効率性と公平性の双方を高めることが可能である．

以上の4つの法人税はいずれも源泉地主義課税であるため，開放経済における法人税としてはそこで発生する問題を根本的に解決するものにはならない（第6章7節）．開放経済では，法人税が達成すべき中立性として上記の4つの中立性に，企業の立地選択と所得移転に対する中立性という2つが加えられる．企業の立地選択と所得移転に対する中立性が確保されるためには，居住地主義課税または仕向地主義課税が必要である．ここでいう居住地主義課税は純粋な居住地主義課税を指し，企業の海外所得に対して発生ベースで課税するものである．こうした課税は外国の税務当局との連携が必要であるため，その実現は容易ではない．

そこで，仕向地主義の法人税が検討される．仕向地主義は，通常間接税で用いられる課税主義である．VAT（付加価値税）の多くは，仕向地主義で課税されており，輸出は課税されず，輸入が課税される．仕向地主義の法人税は，これと同様に国内消費に結びつく法人利潤のみを課税するものである．VAT型の仕向地主義の法人税ではVATの課税方法が利用されるとともに，課税ベースから賃金が控除される．また，VATと異なり，中間財として課税ベースから控除されるのは国内中間財のみで，輸入中間財は控除されない．一方で，輸出から得られる利潤は課税免除とされる．

マーリーズ報告（2011）は，Auerbach, Devereux and Simpson（2010）による仕向地主義の法人税の提案を受け入れず，ACEを選択した．これは，仕向地主義の法人税がWTO違反になるなど様々な障害があることに加え，仕向地主義の法人税と同様の効果がVAT増税と勤労所得税減税の組み合わせでも実現できるからである．

しかし，マーリーズ報告（2011）は ACE を提案したものの，それと同時に税率を引き上げない選択をした．こうしたマーリーズ報告の提案は実質的に VAT による税収穴埋めを想定していると考えられる．このため，仕向地主義の法人税とマーリーズ報告の ACE 提案の政策的含意は，ともに VAT の拡充であると解釈することができる．こうした含意が得られる背景には，開放経済下では源泉地主義の法人税が難しく，経済活動に対する歪みの小さい VAT による税収確保が欠かせないとの認識がある．我々としては，抜本的な法人税改革案の現実的な含意を十分に汲み取り，実現可能な改革を考えることが大切である．

第 7 章　ロックイン効果が生じないキャピタルゲイン税

通常の実現ベースのキャピタルゲイン税では，キャピタルゲインの実現を先延ばしすることによって課税の繰延が可能になる（第 7 章 1 節）．こうしたキャピタルゲインの実現の先延ばしはロックイン（凍結）効果と呼ばれる．これに対して，ロックイン効果を回避できる，すなわち資産の保有期間に対して中立なキャピタルゲイン税がいくつか提案されている．

発生ベースのキャピタルゲインに対する課税であれば課税の繰延は生じないが，発生ベースの課税は投資家の流動性欠如等の問題を生じさせる．そこで，Vickrey（1939）は事後的に過去の発生ベースのキャピタルゲインを特定し，それに対して課税することを考えた（第 7 章 3.1 節）．この課税手法は，しばしば抜本的な税制改革案に取り入れられている．

しかし，投資家がいつキャピタルゲインを実現するかは，事後的な収益率ではなく事前的な収益率の確率分布に依存するはずである（第 7 章 3.2 節）．このため，Vickrey（1939）の方法のように事後的に売却価格と購入価格の差を計算しなくても，保有期間に対して中立な課税は可能である．裁定が働く資本市場では，キャピタルゲインの実現を来期まで先延ばしする場合の収益と今期にキャピタルゲインを実現して来期は安全運用する場合の収益が確実性等価ベースで等しくなる．Auerbach（1991）は，このことを利用して資産の売却価格と保有期間の情報だけで税額が計算でき

る課税方法を考案した．

　保有期間に対して中立的なキャピタルゲイン税は，その後 Bradford（1995）や Auerbach and Bradford（2004）によってさらに追及された（第 7 章 3.3 節, 同 3.4 節）. そして，保有期間に対して中立的なキャピタルゲイン税は，ノルウェーの株主所得税（SIT）にも応用されている（第 7 章 3.5 節）. SIT は個人段階の資本所得税であるが，正常利潤に相当する控除（RRA）が設けられることで，正常利潤が課税されない．また，SIT では利潤が RRA を下回る場合には，RRA の未使用分を利付きで翌期に持ち越すことができる．こうした仕組みによって，株式投資収益率と税引き後安全利子率が等しいときに SIT は資産の保有期間に対して中立的となる．SIT の中立性については最近その前提の妥当性に疑問が投げかけられているが，このような仕組みを持つ税制が現実にどの程度有益なものであるかについては，ノルウェーの経験に照らし合わせて今後慎重に判断されるべきであろう．

第1章
法人税の基本的な考え方

1. はじめに

　望ましい法人税の姿は，閉鎖経済と開放経済では異なる．閉鎖経済では企業の投資活動を阻害しない法人税が望ましく，そのためには設備の即時償却を認めるキャッシュフロー法人税が望ましいと伝統的には考えられてきた．そして，税制全体としては賃金税とキャッシュフロー法人税を組み合わせる消費課税が抜本的な税制改革の1つのあり方として提示されてきた．

　しかし，企業のグローバルな活動を前提に法人税を捉えた場合には，投資への影響のみならず国際間移動など新たな要素を加えて法人税のあり方を考える必要がある．税収中立の下で行われる法人税改革を前提とすれば，課税ベースの縮小は法定税率の上昇につながり，それによって資本の海外流出が促されることになる．このため，我々は法人税に関する伝統的な議論から引き出される結論に加えて，企業のグローバルな活動を念頭に置いて法人税のあり方を検討する必要がある．

　本章は，法人税に関する伝統的な議論とグローバル経済下で求められる新たな視点の両方を提示し，望ましい法人税に関する考え方の整理を行う．

2. 閉鎖経済における法人税

　企業は，国内投資家から資金を集めて事業を行い，そこで得られた利潤

を投資家に分配する．投資家は一定の税引き後利潤率を要求することから，高い法人税はその分だけ（税引き前の）投資家が要求する利潤率（required rate of return）を押し上げ，その結果として投資水準が抑制される．また，個人段階の配当税も投資家が要求する利潤率を押し上げ，企業の投資に悪影響を及ぼす．

2.1 投資に対して中立的な法人税

企業の利潤は，正常利潤と超過利潤に分けて考えることができる．正常利潤とは，待つことに対するリターン（return to waiting）と呼べるものであり，時間の経過とともに得られるリスクフリーな利潤を指す．一方で，超過利潤は正常利潤を超える部分を指し，企業のブランド力や立地的な優位性から生じる利潤，突発的に生じた利潤など正常利潤を超える利潤が含まれる[1]．通常の法人税は企業の利潤全体を課税ベースとし，正常利潤と超過利潤が区別されない．しかし，企業の投資行動に影響を及ぼすのは正常利潤に対する課税だけであり，超過利潤に対する課税は投資を抑制しない．例えば，ブランド力によって得られる超過利潤に対する課税は企業の利潤を減少させるものの，それによって企業が投資自体を止めるわけではない．これは，超過利潤に対する課税が行われたとしても，手元資金を国債運用に回すよりは生産活動を行った方が税引き後利潤が高いことには変わりはないからである．また，投資の結果として偶然得られた利潤（windfall profit）に対する課税については，それが事前的な企業の投資判断とは全く関係ないことは明らかである．

Jorgenson（1963）や Hall and Jorgenson（1967）の投資理論によれば，投資水準は資本コストによって決まる．企業にとっての資本コストとは投資家が要求する利潤であり，これは正常利潤である．リスクが存在せず，インフレ率がゼロ，調整費用がゼロという資本コストに関する最も単純な状況

---

[1] リスクテイクから生じた利潤も超過利潤に含まれるが，法人税が損益に対して対称的な（すなわち欠損金に対して完全な法人税の還付が行われる）場合には，負の超過利潤は課税ベースから控除される．

第1章 法人税の基本的な考え方

を想定すれば，法人税が存在しない場合には企業の資本コスト (c) は，安全資産運用をした場合に得られる利潤率すなわち機会費用 (r) と資本減耗率 (δ) の合計になる．

$$c = r + \delta \quad (1.1)$$

企業は，機会費用と資本減耗率の合計に等しい利潤率を上げることができれば，投資家から投資資金を調達することができる．法人税が課されると資本コストが上昇するが，それは正常利潤にのみ関係する．すなわち，企業の投資判断に影響を及ぼすのは，あくまで限界的な投資から生じる正常利潤であり，投資がもたらす超過利潤ではない．

法人税が課せられるとき，投資資金が内部留保によって賄われる場合には資本コストは次のように変形される[2]．

$$c = \frac{(1-\tau z)(r+\delta)}{1-\tau} \quad (1.2)$$

ここで，z は税務上の減価償却の割引現在価値を表す．(1.2) 式が (1.1) 式に一致すれば，法人税が課されていても資本コストは変化せず，それゆえ企業の投資行動が法人税によって歪まない．明らかに，$z=1$ とすれば課税後の資本コストが $r+\delta$ に一致する．現行の法人税では，税務上の減価償却は長期間にわたって行われ，将来の減価償却は現在価値で割り引かれるため z は 1 より小さい．よって，現行の法人税は資本コストを高める．しかし，投資の即時償却が認められれば $z=1$ が実現する[3]．

2.2 法人段階と個人段階の統合的な見方

閉鎖経済では，法人段階と個人段階の統合的な視点も重要である．投資家はその運用に際して一定の税引き後利潤率を要求するため，配当税が高

---

[2] 資金調達方法の違いを反映した資本コストの詳細な説明は，King (1987) 等を参照されたい．
[3] この辺りの詳しい説明は，田近・油井 (2000) を参照されたい．

いとその分だけ企業の資本コストが高くなる．企業の資金調達方法として株式調達，負債調達，内部留保の3つが考えられるが，企業と投資家の資金のやり取りに関して法人段階と個人段階における4つの税（法人税，利子所得税，配当税，キャピタルゲイン税）を考慮すれば，投資家は次のような裁定条件を満たすと考えられる（King, 1974 ; Devereux, 2004）．

$$\{1+(1-m)i\}V_t = \frac{1-m^D}{1-\theta}D_{t+1} - N_{t+1} + V_{t+1} - m^C(V_{t+1} - N_{t+1} - V_t) \quad (1.3)$$

ここで，V_t は t 期末の企業（株式）価値，D_t は t 期末の配当，N_t は t 期の新株発行，m は個人段階の利子所得税率，i は名目利子率，m^D は個人段階の配当税率，θ は法人税の税額控除率，m^C は個人段階の実効キャピタルゲイン税率[4]を表す．

(1.3) の左辺は，個人が現在の資産を安全運用した場合のペイオフである．利回りは，利子所得税（税率 m）を考慮したものとなる．右辺は，個人が株式投資した場合のペイオフである．これは，$t+1$ 期の税引き後の純配当で調整した企業価値からキャピタルゲイン税を引いたものである．配当は配当税（税率 m^D）と法人税の税額控除（税額控除率 θ）によって調整される．(1.3) 式を V_t について解けば，(1.4) 式が得られる．

$$V_t = \frac{\gamma D_{t+1} - N_{t+1} + V_{t+1}}{1+\rho} \quad (1.4)$$

ここで，$\rho = (1-m)i/(1-m^C)$ であり，これは株主の税引き後の割引率を表す．利子所得税は，ρ を低下させる．キャピタルゲイン税は，安全運用の相対的な利回りを上昇させることから ρ を上昇させる．また，$\gamma = (1-m^D)/(1-\theta)(1-m^C)$ である．これは，1単位の新株発行により1単位の配当支払を行うことに対する税の効果を表す．配当には配当税がかかるが，投資の一部が課税ベースから控除されれば，その分だけキャッ

---

[4] 実効キャピタルゲイン税率は，発生ベースのキャピタルゲイン税率を指す．キャピタルゲインは通常実現ベースで課税されることから，課税繰延により実効キャピタルゲイン税率は法定税率よりも小さくなる．

シュフローが増加する．また，キャピタルゲイン税率が高い場合には，企業は内部留保を利用して投資を行って利潤を上げるよりも，新株発行により投資を行ってその利潤を配当として分配する方が投資家にとって有利である[5]．よって，配当税率が低く，法人税の税額控除率が高く，キャピタルゲイン税率が高いときにγが高くなる．(1.4) 式の V_{t+1} に V_t を逐次代入すると次式が得られる．

$$V_t = \sum_{s=0}^{\infty} \left\{ \frac{rD_{t+s} - N_{t+s}}{(1+\rho)^s} \right\} \quad (1.5)$$

但し，企業が投資を行う際に全く株式調達を行わない場合には，配当税は企業価値には関係しない．企業が限界的な投資を行う際の資金調達には大きく分けて2つの見方がある．1つは，限界的な投資が新株発行によって賄われるとする見方で，これは伝統的な見方または古い見方（traditional view or old view）と呼ばれている．伝統的な見方に立てば，配当税の増加は資本コストを上昇させ，企業の投資行動に悪影響を及ぼす．一方で，成熟した企業は必ずしも外部資金に頼らなくても内部留保を利用して投資を行うことができる．こうした企業を想定して，企業の限界的な投資が内部留保によって賄われるとする見方がある．こうした見方は新しい見方（new view）と呼ばれる[6]．新しい見方では，投資資金は全て内部留保で賄われるため，配当税は企業の投資判断に影響しない．閉鎖経済における法人税の議論では，法人段階と個人段階の統合を考慮して議論されることが多いが，これは企業の投資行動に対する伝統的な見方に基づくものである[7]．

---

5) 内部留保が増加すると株価が上昇してキャピタルゲイン税がかかると考えられる
6) 新しい見方の詳細は，Auerbach（1979, 2002），Bradford（1981），King（1977）等を参照されたい．
7) Auerbach and Hassett（2002）は，伝統的な見方と新しい見方がどちらが現実に成り立つかについての実証分析を行い，米国では伝統的な見方に沿った行動をとる企業と新しい見方に沿った行動をとる企業の両方が存在することを明らかにした．

3. 消費課税と法人税

　資本所得（正常利潤）に課税しなければ，課税ベースは消費になる．税制は所得を課税ベースにするものと消費を課税ベースにするものに大きく分けられるが，本書では断りのない限り，所得を課税ベースとする税制（Income Tax）を所得課税（または包括的所得税）と呼び，消費を課税ベースとする税制（Consumption Tax）を消費課税と呼ぶことにする．日本の税制では税目として個人所得に対する直接税である「所得税」や間接税としての「消費税」があるが，上記の所得課税や消費課税とは意味が異なることに注意されたい．
　本節では，所得課税と消費課税の基本的な違いを確認するとともに，それらに対して法人税がどのように関わるかを確認する．

3.1 所得課税と消費課税の違い

　所得課税では，あらゆる所得は合算されて課税するのが望ましいとされる．これは，理想的な所得課税では，所得が公平の基準とされ，異なる種類の所得であっても同額の所得は同額の税を負担すべきと考えられるからである．Schanz–Haig–Simons の定義では，所得課税の課税ベースは1年間など一定期間において発生した所得として把握され，実際に消費として利用可能な所得に加えて資産価値の上昇も所得に含まれる（Simons, 1938）．
これに対して，消費課税は消費に対してのみ課税するものである．所得課税との違いとして重要な点は，消費課税では貯蓄が課税されないことである．家計が勤労所得と資本所得を得て，消費と貯蓄に回す状況を想定する．このとき，家計の消費は勤労所得と資本所得から貯蓄を引いたものとして次のように表される．

$$C = W + R - S \quad (1.6)$$

ここで，C は消費，W は勤労所得，R は資本所得，S は貯蓄を表す．

所得課税は，勤労所得にせよ資本所得にせよ一括して所得に課税するのが原則であるから，課税ベースは $W+R$ である．これは，(1.6) 式より $C+S$ が課税ベースであることを意味する．つまり，所得課税は消費と貯蓄を課税ベースとする直接税である．消費に対する課税は，(1.6) 式より勤労所得と資本所得の合計から貯蓄を差し引いたものに対する課税として実現できる．このように直接税として消費に課税する方法は支出税と呼ばれている．支出税を実施するためには，個人の貯蓄を特定するために，その資産を把握することなどが必要であり，その実務的な困難から完全な形で実施されたことはない．しかし，個人の事情を考慮した消費課税という魅力から，支出税の考え方に沿った消費課税案は過去に各国で何度も提案されている（ミード報告, 1978 ; Seidman, 1997 等）．

消費課税は，法人段階と個人段階の統合で考えると次のようになる．単純化のために閉鎖経済を想定すれば，閉鎖経済では (1.6) 式において $S=I$（I は投資）となるから次式が成り立つ．

$$C = W + R - I \quad (1.7)$$

ここで，R は分配前の資本所得（法人段階）を表す．(1.7) 式の右辺に課税するのが消費課税ベースの付加価値税（日本の消費税）である．消費課税ベースの付加価値税は，各段階の付加価値 ($W+R-I$) に課税するが，税が各段階で製品価格に転嫁され，最終的に消費者に転嫁される．このとき，付加価値税が消費課税ベースとなるためには，課税ベースから資本財（投資）が控除されなければならない．同様の課税は，直接税によっても実現できる．(1.7) 式を賃金 (W) と企業利潤 ($R-I$) に分けて前者には勤労所得税，後者には法人税をかける．但し，この場合の法人税はキャッシュフロー法人税となる．キャッシュフロー法人税とは，第 6 章で詳しくみるように投資の即時償却が認められる法人税である．法人税をキャッシュフロー法人税とし，個人段階の資本所得税を廃止すれば，消費課税ベースの直接税が出来上がる．

こうした課税の代表例が，Hall and Rabushka (1983, 1985, 1995) のフラッ

トタックスである．日本では，フラットタックスと聞くと一律の限界税率から逆進的な税制が連想されることが多いが，HR フラットタックスは直接税の形態をとることで間接税の消費課税では得られない累進性を確保しようという試みである．勤労所得税部分では，たとえ限界税率が一定であっても，人的控除などによって累進的な税制を構築することができる．これが，あらゆる消費に対して単一税率で課税する間接税との違いである．しかし，資本所得税がない[8]ことから富裕層優遇との批判を受けやすく，HR フラットタックスはいずれの国でも実現していない．

　HR フラットタックスの欠点を補うものとして，Bradford (1986, 1996, 1998, 2004) の X タックスがある[9]．X タックスは，HR フラットタックスの勤労所得税部分を累進構造にしたもので，米国大統領税制改革諮問委員会 (2005) の税制改革案の基にもなっている．X タックスでは，法人税率と同じ税率を最高税率として勤労所得税に対して累進的な税が課され，垂直的公平性が十分に確保されないとのフラットタックスへの批判が緩和される．Altig et al. (2001) が，12 の所得階級の税負担変化をみることができる一般均衡モデルを用いて複数の消費課税案を検討したところ，フラットタックスが中間所得層の犠牲の下で長期的な厚生を改善するのに対して，X タックスは長期消費を増加させるのみならず，全ての所得層の厚生を改善するとの結果が得られた．

3.2　抜本的な税制改革案における資本所得への課税

　抜本的な税制改革案は，法人段階と個人段階それぞれの正常利潤と超過利潤に対する課税に注目することで，その特徴を理解することができる．本書では，第 6 章で各々の法人税改革案について検討するが，ここでは先取りして抜本的な法人税改革案において法人段階と個人段階でどのような

---

8) 但し，消費課税ではそもそも資本所得税という概念がないことに注意されたい．
9) X タックスの提案は，Bradford によって改訂が繰り返されているため，どれか 1 つの提案をもって X タックスと特定することはできない．

表 1-1 株式投資利潤に対する課税(法人段階+個人段階)

	法人段階で課税		個人段階で課税	
	正常利潤	超過利潤	正常利潤	超過利潤
①現行の法人税+配当・キャピタルゲイン税(古典方式)	○	○	○	○
②キャッシュフロー法人税+配当・キャピタルゲイン税(米国大統領税制改革諮問委員会,2005)	×	○	○	○
③CBIT,二元的所得税(Cnossen, 2000)	○	○	×	×
④現行の法人税+ASE(2006年以降のノルウェー)	○	○	×	○
⑤キャッシュフロー法人税(HRフラットタックス)	×	○	×	×
⑥ACE+ASE(マーリーズ報告)	×	○	×	○

(注)○は課税,×は非課税.

課税が行われるかをみてみよう.表1-1は,株式投資利潤に対して各々の課税方式がどの段階で利潤のどの部分に課税するかを示したものである.

法人段階と個人段階で同率の課税が行われる場合,法人段階と個人段階で何ら負担調整がない古典(クラシカル)方式では二重課税となる(表1-1-①).すなわち,正常利潤が法人段階と個人段階で二重に課税される.通常の法人税をキャッシュフロー法人税またはACE(Allowance for Corporate Equity)[10]にすれば,法人段階では正常利潤が課税されないため二重課税が解消される(表1-1-②).一方で,正常利潤に対して法人段階で課税して個人段階では課税しない方法もある(表1-1-③).この方法の1つが,米国財務省(1992)の包括的事業所得税(Comprehensive Business Income Tax, CBIT)である.二元的所得税もその純粋な形(Cnossen, 2000)では課税ベースがCBITと同じになる.

---

10) ACEは,IFS(1991)が提案した法人税である.株式に対して(負債における支払利子控除に相当する)控除が認められることで,キャッシュフロー法人税と同様に投資に対して中立的となる.現在ベルギー(2006年以降)やイタリア(2011年以降)で導入されている.

CBITや純粋な二元的所得税では個人段階の資本所得税が全て排除されるが，超過利潤に対する二度の課税が問題にならないことを考えれば，個人段階では超過利潤に対して課税してもよいはずである．こうした発想から個人段階で超過利潤に対してのみ課税する方法もある．これは，ASE (Allowance for Shareholder Equity) と呼ばれている（表1-1-④）．ASEは，2006年からノルウェーの株主所得税 (Shareholder Income Tax, SIT) として実際に導入されている．

消費課税では，正常利潤は法人段階でも個人段階でも課税されない（表1-1-⑤，⑥）．Hall–Rabushkaのフラットタックスでは，法人段階でキャッシュフロー税が課される一方で，個人段階では資本所得税は課されない．マーリーズ報告（2011）の消費課税案では，法人段階をACE，個人段階をASEにすることで正常利潤は法人段階，個人段階を通じて一度も課税されない．マーリーズ報告（2011）の消費課税案は，ASEを利用して超過利潤に対しては二度課税するところがHRフラットタックスとは異なる．

1990年代半ばに米国でファンダメンタル・タックス・リフォームと呼ばれた抜本的な税制改革案は，課税ベースを所得から消費に移行させる提案であった．これらは，マーリーズ報告（2011）のように，資本所得（正常利潤）に一度も課税しない改革案である．こうした課税案の背景には，最適資本税率をゼロとする伝統的な最適課税論の考え方があった[11]．一方で，基本的に消費課税の形式をとりながらも，再分配の観点から資本所得に対する課税を行う案もしばしば提案されてきた（米国大統領税制改革諮問委員会，2005等）．近年では最適課税の理論からも資本所得に課税すべきとの見方が増えてきており，効率性の観点からも資本所得に一度きり課税する案が根拠づけられるようになってきている．

しかし，どのような課税ベースが望ましいかは，各国が置かれた経済環境によって異なる．貯蓄率上昇や国内貯蓄を用いた投資活動の活発化が目標とされる場合には，消費課税ベースが望ましい．一方で，資本所得に対

11） 最適資本課税論の展開については，補論1-Aを参照されたい．

して1度きり課税すべきと判断される場合には，資本所得に対して法人段階で課税するか，それとも個人段階で課税するかという問題に直面するため，法人税の枠を超えて資本課税全体を検討する必要がある[12]．

4. 開放経済における法人税

4.1 閉鎖経済ケースと異なる点

開放経済では2つの理由から閉鎖経済とは事情が異なる．第1に，開放経済では法人段階における課税は企業の投資に影響を及ぼし，個人段階における課税は個人の貯蓄に影響を及ぼすと考えられる (Boadway and Bruce, 1992；Sørensen, 2007)．こうした見方は，限界的な投資資金が新規株式でも内部留保でもなく海外から得られるとする第3の見方と位置づけられている (OECD, 2007)．こうした第3の見方によれば，開放経済では企業は投資資金を世界利子率で海外から調達するため，個人段階の税率が低下しても資本コストは変わらない．よって，法人段階と個人段階のいずれかの減税によって企業の投資活動を刺激しようとする場合，開放経済では法人段階で減税しなければならない．個人段階の減税は個人の貯蓄インセンティブを変えるだけである．

第2に，閉鎖経済では投資インセンティブへの悪影響を避けるためには正常利潤に課税しなければよく，超過利潤に対する課税は問題にならなかったが，開放経済では超過利潤に対する課税が国際的な企業立地に影響を及ぼす．超過利潤（レント）は，企業特殊的 (firm-specific, または移動可能な) レントと立地特殊的 (location-specific, または移動不可能な) レントに分けられる．立地特殊的レントとは，天然資源やインフラ，集積のメリット等であり，こうしたレントは移動できないことから課税による資本の海外流出が起こらない．このため，こうした超過利潤に対して課税しても閉鎖経済ケースと同様に企業の立地判断には影響しない．これに対して，特殊な

---

12) 個人段階で資本所得税を課す場合の着目点については，補論 1-B を参照されたい．

技術や製品ブランド，経営ノウハウ等の企業特殊的レントは税制に応じて移動が可能である．このため，こうした企業特殊的レントに対する課税は資本の海外流出を促す．

つまり，超過利潤の全てが立地特殊的レントでない限り，超過利潤に対する課税は資本の海外流出につながる．超過利潤のうちどれくらいが立地特殊的レントであるかを見極めることは難しいが，一般に大国は市場の大きさ等から小国よりも立地特殊的なレントが大きいと考えられる．これまで米国や日本などの大国の法人税率が小国の法人税率を上回ってきたことは，立地特殊的レントの相対的な大きさと整合的である．しかし，近年ではこれまで立地特殊的レントが小さいと思われていた発展途上の小国でも労働技能の蓄積やインフラ整備が進み，以前よりもレントが高まってきている．こうした場合には，大国が持つレントの相対的な低下から，大国がこれまでのような高税率を維持することが難しくなる．日本の法人税率引き下げを求める企業の声の高まりは，日本の立地特殊的レントの相対的な縮小を反映したものと考えられる．

4.2　ゼロ資本税仮説

開放経済では源泉地主義の資本税の最適税率はゼロになるという命題がある（Gordon, 1986; Razin and Sadka, 1991 等）．Gordon（1986）のモデルでは，生産要素として国際的に移動する資本と移動しない労働が想定され，税としては資本税と賃金税が利用される．資本が国際間を完全に移動するので，資本税を課すと資本の海外流出を通じて国内賃金が低下し，最終的には労働者が税を負担することになる．このため，資本税によって資源配分を歪めるよりも最初から資本には課税せず，労働者に課税する方が経済全体として厚生が高くなるという結論が導かれる．

近年，法人税が労働者の賃金引き下げにつながることを示す実証結果が報告されるようになってきた．Hassett and Mathur（2006）は，1981～2002年における72カ国のデータを用い，製造業の時間当たり賃金の5年平均と法人税（法定税率）との関係を分析し，1%の法人税率引き上げが賃金を

1％引き下げることを実証的に示した．Felix（2007）は，1979〜2002年のOECD 19カ国の家計データを用いて，法定税率と3つのスキルレベルの労働者の賃金との関係を分析し，1％の税率引き上げが0.7％の賃金引き下げにつながるとの結果を得た．Arulampalam, Devereux and Maffini（2012）は，企業経営者と労働者が超過利潤を分け合うバーゲニングモデルを構築し，1993〜2003年におけるフランス，イタリア，スペイン，英国の企業側の賃金データを用いて分析したところ，短期的には法人税の62％が労働によって負担され，長期的には法人税の全てを労働が負担することになるとの結果が得られた[13]．

4.3　法人税の存在理由

しかし，実際の法人税率のデータをみるとゼロ資本税仮説は成り立っているとは言えない．2013年におけるOECD諸国の法人税率（法定税率）の平均は25.5％で，最も低いアイルランドでも12.5％であり，法人税率はゼロではない（図1-1）．この理由としていくつかの要因が指摘されている．

第1に，資本が各国間を完全に移動するとは限らないことである．ゼロ資本税仮説を示すモデルでは，資本が収益率に応じて瞬時に移動する状況が想定されている．しかし，国内貯蓄と国内投資の相関に関する一連の研究によれば，資本の国際移動は実際には理論上想定されるものよりはるかに小さい（Feldstein and Horioka, 1980 ; Feldstein, 1983 ; Feldstein and Bacchetta, 1991 ; Feldstein, 1994）．資本の国際的な移動性が高ければ，貯蓄は税引き後収益率を最大にするように移動するため，国内貯蓄と国内投資の相関は小さいはずだが，実際には国内貯蓄と国内投資の相関は開放経済モデルの想定よりもかなり大きい．近年の研究では，従来の研究と比べて国内貯蓄と国内投資の相関が低下した事実が指摘されており，またEU等の統合地域にある小国では国内貯蓄と国内投資の相関が比較的小さいとの報告もされている．しかし，それでも理論が想定する状況からは現実は遠い．

---

13) この他，Felix and Hines（2009），Lui and Altshuler（2011），Fuest, Peichl and Siegloch（2013）等でもほぼ同様の結果が得られている．

図 1-1 OECD 諸国の法人税率 (2013 年)

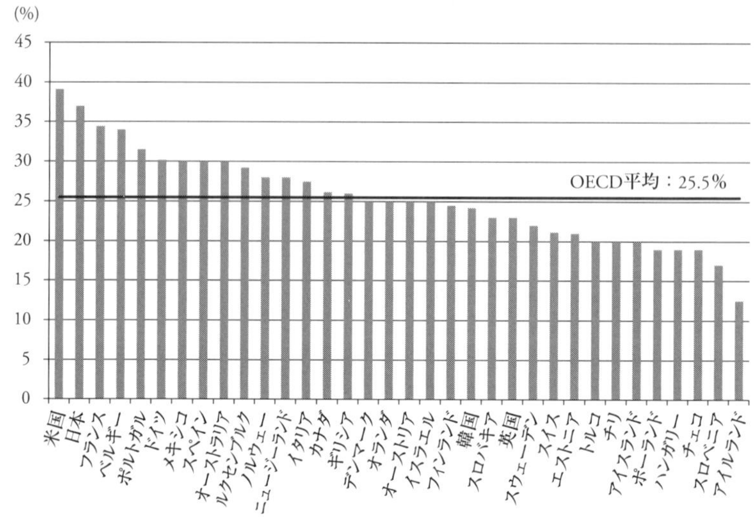

(資料) OECD Tax Database.

　各国の法人税率の差によって資本移動が生じることに関する実証結果は数多く存在する．De Mooij and Ederveen（2003, 2008）等のサーベイ論文でほぼ合意されている資本の税率に対する準弾力性（semi-elasticity）は約 3％である．これと既述の法人税の労働者への帰着の実証結果を合わせると，資本が各国の法人税に対して反応し，ある程度グローバルに移動していることは推測される．しかし，ゼロ資本税仮説の前提にあるように資本が（無限の弾力性で）完全移動するわけではないため，各国の法人税率がゼロに張り付くことがなくても不思議ではない．
　第 2 に，法人税が個人所得税の安全網（バックストップ）としての役割を果たしていることである．法人税がゼロである場合，個人は所得を法人の内部留保として蓄積させて課税を繰り延べることができる．法人税はこれを防ぐために設けられており，個人所得税を補完するものとして存在していると解釈される．こうした理由から，法人を利用した個人の租税回避の影響が大きいと判断される場合には，国際的な租税競争があったとしても

正の法人税は残る.

　第3に,超過利潤に対する課税である. Gordon (1986) のモデルでは超過利潤は発生しない設定になっているが,現実には超過利潤が発生している. 前述のように,超過利潤が立地特殊的レントである場合にはそれに対する課税が資本の海外流出を促すことにはならないため,資本の海外流出への影響を考慮に入れても正の法人税が正当化される.

　最後に,租税輸出の可能性である. グローバルに事業展開する多国籍企業では,その株式のかなり多くの部分が外国人によって保有されていることも少なくない. この場合,自国民の厚生最大化を目指す観点から,外国株主に対する租税輸出が行われる可能性がある. 租税輸出は,自国民に税負担を強いることなく税収が上げられるため,政府にとって望ましい政策となる. Huizinga and Nielsen (1997, 2002) は,100%の超過利潤税ができない場合にその代替として外国人が一部保有する企業の正常利潤に対する課税が最適になるモデルを示した. Huizinga-Nielsen のモデルでは超過利潤が100%課税される場合には最適投資税率はゼロになるが,超過利潤税が不完全な場合には正の投資税(正常利潤に対する課税)が最適になる. 正常利潤に対する課税は,投資を抑制するため本来は望ましくはないものの,その税負担の一部が外国人株主に転嫁できる場合には国内株主の負担が軽くなるため最適になり得る.

　また,Huizinga and Nicodème (2006) は欧州諸国における租税輸出の存在を実証的に示した. 欧州諸国のデータを用いて縦軸に外国人所有比率,横軸に税負担率をとってプロットすると,外国人所有比率が高まると租税負担率も高まるという右上がりの関係がみられる. 他の様々な要因をコントロールした推計(被説明変数:租税負担率,説明変数:外国人所有比率)においても,外国人所有比率が高いほど租税負担率が高くなるという関係が見出された.

補論 1-A 資本所得に課税すべきか

この補論では，資本所得に対する最適課税の議論をまとめる．

A.1 2つのベンチマーク

最適課税論では，伝統的に資本所得に課税すべきでないとする2つのモデルがある．1つが，Chamley（1986）とJudd（1985）の無限視野モデルである．Chamley（1986）によれば，無限視野モデルにおいて最適課税の解が定常状態に収束するとき，最適資本所得税率がゼロになる．無限視野モデルでは，資本所得税は将来の消費に対する大きな歪みをもたらす．資本所得税率が一定の場合，現在消費と将来消費の間の税の楔（tax wedge）が時間的視野の広がりとともに拡大する．利子率を r，税率を τ とすれば，T年後の1円の価値は税がない場合は $(1+r)^T$，税がある場合は $(1+(1-\tau)r)^T$ となる．よって，税の楔は

$$\text{tax wedge} = 1 - \frac{(1+(1-\tau)r)^T}{(1+r)^T} \quad (1\text{A}.1)$$

と表されるが，これはTとともに大きくなる．例えば，$r=0.05$，$\tau=0.3$ とすれば，税の楔は T=10 では 13.4%，T=40 では 43.8% T=100 では 76.3% になる．Tが長くなるにつれ税の楔が大きくなるから，時間的視野が無限に広がることに伴う累積的な税率の上昇を避けるためには，最適資本税率はゼロにならなければならない．

もう1つが，Atkinson and Stiglitz（1976）の定理である．Atkinson-Stiglitz の定理は，家計の選好が余暇と消費に関して弱分離（weakly separable）に表されるとき，物品税率は全ての財に対して一律に設定することが望ましいとするものである．物品税に関する基本定理である Corlett and Hague（1953）の3財モデルでは，余暇と2つの消費財が想定され，余暇と補完性の高い消費財に対して高い税率を課すことが望ましいとされる．余暇に直接課税することができないから，余暇と同じ方向に動く消費財に対して

課税することで余暇に対する間接的な課税を実現するという発想である．この定理に従えば，音楽製品やスポーツチケットのように余暇と補完性が高い財の税率を高く設定し，通勤定期のように余暇と補完性が低い財の税率を低く設定することが望ましい．一方で，個人の効用関数が消費と余暇に関して弱分離すなわち

$$U = U(v(C_1, C_2), L) \quad (1\,\mathrm{A}.2)$$

(v はホモセティック）である場合には，余暇と第 1 財，第 2 財それぞれとの補完性の程度が同じになる．このため，(1 A.2) 式の下では物品税率は全ての財（この場合は第 1 財と第 2 財）に対して一律に設定するのが最適となる．そして，最適な非線形所得税が使えるときには，物品税はそれと重複するものとなり不要となる．これが Atkinson-Stiglitz の定理である．

同定理は，資本所得税にも応用される．個人が 2 期間存在し，第 1 期は現役期で労働を提供して賃金を得て，それを消費と貯蓄に振り分けるものとする．第 2 期は引退期で，第 1 期の貯蓄が消費に充てられる．この際の問題は，第 1 期の貯蓄から発生する資本所得に対して課税すべきか否かである．家計の選好が余暇と第 1 期の消費と第 2 期の消費に関して弱分離に表されるとき，Atkinson-Stiglitz の定理より最適な資本所得税率はゼロになる[14]．今の状況で効用関数の消費と余暇が弱分離であるとは，家計が選ぶ余暇と 2 つの期間における消費との補完性・代替性が同じ（消費のプロファイルが労働供給に依存しない）ことを意味する．第 1 期と第 2 期の消費のどちらが余暇と補完性が高いかは不明であるため，2 つの時期の消費が余暇に対して同程度補完的であると仮定するのが自然である．仮に第 2 期の消費が（第 1 期の）余暇とより補完的であることがわかっているとすれば，Corlett-Hague 定理より第 2 期の消費に対する課税を重くすべきだが，引退期の消費に対してのみ高い物品税を課すことは実務的に不可能であるから，正の資本所得税という形で第 2 期の消費に対して高い物品税をかけること

---

14) 能力や所得によって割引率が異なるヘテロな個人を想定した場合には，ゼロ資本所得税は最適にはならない（Saez, 2002）．

が望ましい.

1A.2 ゼロ資本税率が成り立たない理由

しかし,こうした資本所得税に関する2つのベンチマークとなるモデルの背景にある仮定が実際には成立するかどうかは疑わしい.第1に,Chamley (1986) と Judd (1985) のモデルは家計が無限視野で行動していることを前提としているが,実際には家計は有限視野で行動している.親の効用関数のなかに子供の効用関数が入り込む利他的な遺産動機を持つ場合には個人が無限視野を持つと考えられるが,日本でも海外でも利他的な遺産動機が支配的であるとの結果は得られていない(ホリオカ・菅,2008).

また,Erosa and Gervais (2002) は個人が有限視野を持つ OLG モデル(ライフサイクルモデル)を用いて,生産性が生涯のなかで変化する一般的な仮定の下では最適な資本所得税率はゼロにはならないことを示した.無限視野モデルでは定常状態で消費と余暇が一定になるため,効用関数の形状にかかわらずゼロ資本所得税が最適になるが,ライフサイクルモデルでは一般にラムゼイ問題の解が定常状態に収束する場合でも,消費と余暇は個人の生涯に関して一定ではない.よって,政府は個人のライフサイクルの各段階に対して異なる率で消費と労働に対して課税することが最適になる.Erosa and Gervais (2002) によれば,効用関数が弱分離すなわち,

$$U = U(v(C_0, ..., C_J), L_0, ..., L_J) \quad (1A.3)$$

($0, ..., J$ は個人の年齢を表し,v はホモセティック)として表されるとき,年齢別の勤労所得税があれば最適資本所得税率はゼロになる[15].しかし,年齢別の勤労所得税がない場合には資本所得税によってこれと同等の効果を作り出すことが最適になる.

第2に,借入制約がある場合には正の資本所得税が正当化される.Hubbard and Judd (1986) によれば,資本所得税率引き下げと(それによる税収を

---

15) また,効用関数が加法分離で生産性が生涯で一定,かつ政府の割引率と個人のそれが一致するという特殊なケースでも最適資本所得税率はゼロになる.

第1章 法人税の基本的な考え方

賄うための) 勤労所得税率引き上げという改革が個人の厚生を高めるか否かは,資本の利子弾力性と消費者の借入能力に依存する.資本所得税率引き下げは貯蓄・産出量の増大という便益をもたらすが,一方で借入制約にある消費者は勤労所得税増税によって消費減少という損失を余儀なくされるため,両者の大きさによって個人の厚生変化が決まる.Hubbard and Judd (1986) は,尤もらしいパラメータを用いてシミュレーションを行い,こうした改革が厚生を低下させると主張した.また,Aiyagari (1995) は不完備市場と借入制約の下では予備的な貯蓄動機による資本蓄積が生じるため,過剰な資本蓄積を減らすために正の資本所得税が必要になることを示した.Conesa, Kitao and Krueger (2009) は,不完備市場で生産性ショックや借入制約のある OLG モデルを用いてシミュレーションを行い,最適資本所得税率が 36%,最適労働所得税率が 23% になるとの結果を得た.

第3に,将来所得に不確実性があるより一般的なモデルでも最適資本所得税率はゼロにはならない.Diamond and Mirrlees (1978) や動学的な Mirrlees モデルを用いたニュー・ダイナミック・パブリック・ファイナンス (New Dynamic Public Finance, NDPF) の研究 (Golosov, Kocherlakota and Tsyvinski, 2003 等)[16]では,貯蓄が歪められることが最適になることが示されている.但し,それを実現する税の楔 (wedge) は正の資本所得税とは限らない.Kocherlakota (2005) は,非線形勤労所得税と線形資本所得税という制約の下で,低所得者の貯蓄に対してより高い税率が課される逆進的な資本所得税が最適となることを示した.この税制では,(年齢別勤労所得税と分離型の効用関数を前提として) 平均的には最適な資本所得税率がゼロ,資本所得税収もゼロになることから,低所得者には高い税率が課される一方で高所得者に対して補助金が出される.こうした逆進性は,動学的な Mirrlees モデルでは静学的な Mirrlees (1971) のモデルと同様に,個人の能力が観察できないという制約に起因する.静学モデルでは,再分配の程度を緩めることによってこうした制約がクリアされるが,動学モデルでは個人があま

---

[16] NDPF の詳細は Golosov, Tsyvinski and Werning (2007), Kocherlakota (2010) 等を参照されたい.

り働かずに過去に蓄積した貯蓄によって消費を行うという新たな問題が発生する．これに対して，個人が確率的に将来低所得となったときに高い資本所得税率が課せられるという仕組みがあれば，人々はこうした戦略をとりにくくなる．このため，政府は低所得者に対する資本所得税率を高く設定する[17]．

最後に，勤労所得と資本所得を区別して課税することができないという理由から正の資本所得税を正当化する意見もある．オーナー企業の経営者は，自らの企業から受け取る勤労所得と資本所得の配分を変えることが可能である．後述するように，北欧の二元的所得税では勤労所得から資本所得への転換が最大の問題点とされている．Christiansen and Tuomala (2008) は，勤労所得を資本所得に転換できるモデルのなかで正の資本所得税が必要になることを示した．

以上のように，最適資本所得税率がゼロになるためには厳しい前提条件をクリアしなければならないため，資本所得税率は正にするのが望ましいという一定の相場観は得られる．しかし，最適資本所得税率の水準については明確なことは言えず，理論的には一律の資本所得税についてさえ必ずしも合意があるわけではないことには注意が必要である．

---

[17] 但し，これによって勤労所得税の累進性が確保されるため，税制全体で逆進的になるわけではないことに注意されたい．

補論 1-B　個人の貯蓄に対する課税

この補論では，個人の貯蓄に対する課税のあり方を考える．

1 B. 1　個人の貯蓄行動に対して中立的な課税

個人段階で資本所得税が適用される場合，個人の貯蓄行動に対して中立的な課税という視点が大切である．個人段階の資本所得税が存在するとき，個人の貯蓄に対する課税は①所得の受取段階，②運用益の発生段階，③貯蓄の引出段階の3段階に分けられる．課税 (taxed) を T，非課税 (exempt from tax) を E とすれば，貯蓄に対する課税は次のように表される．まず，所得課税では貯蓄は税引き後所得から行われて，運用益は金融所得として課税され，貯蓄の引出時には課税されないから TTE と表される．支出税（消費課税）の場合，所得税の課税ベースから貯蓄が控除されるため EET と表される．一方で，個人に対して勤労所得のみに課税する消費課税の場合は，資本所得に課税しないから TEE となる．また，後述するように，ASE の特徴を持つノルウェーの株主所得税 (SIT) では RRA (Rate of Return Allowance) と呼ばれる帰属利子（正常収益分の）控除がある．RRA は，名目利子率を貯蓄ストックに乗じることによって算出され，課税ベースから RRA を控除することで超過収益のみが課税される．こうした課税は，TtE と表される．小文字の t は正常収益には課税せず，超過収益のみが課税されることを表す．

明らかに，TTE は貯蓄に対して中立的な税制ではない[18]．貯蓄に対して中立的なのは，TEE，EET，TtE の3つである．しかし，マーリーズ報告 (2011) が指摘するように，各課税方法は税収に次のような違いを生み出す．安全運用の場合は TEE，EET（支出税），TtE (RRA) は全て正常収益

---

18) こうした見方は，消費課税的な発想に基づく．所得課税（包括的所得税）の観点からは，発生場所が異なる所得が課税されるのは当然であるため，そもそも貯蓄に対する二重課税という問題が生じない．

に対する一度きりの課税となり税収は同じになるが，リスク運用の場合には各ケースで税収が異なる．TEE は現時点で課税してしまうことから税収が確定するのに対して，EET（支出税）では将来課税されることになり，その税収が事後的な収益率に依存する．TtE (RRA) は，現時点で税収を確保しつつ，将来発生する超過収益に対する課税も行われる．このため，税収の観点からみて超過収益が発生するときは TEE ではなく，RRA を用いた TtE が望ましい．また，TtE は EET と異なり，貯蓄を海外に移して将来の税負担を逃れようとする動きから生じる税収ロスを緩和することもできる．

　以上の議論は一律税率の場合を想定しているが，累進税制の下では個人のライフサイクルにおける所得変化によって，各時期に直面する所得税率が異なる．人生を若年期と高齢期に分け，若年期に所得（及び所得税率）が高く貯蓄を行い，高齢期に所得（同）が低く貯蓄を取り崩す状況を考えよう．この状況では，EET は税率が高い時期に貯蓄を奨励し，税率の低い時期にそれを引き出すインセンティブを生じさせる．一方で，TEE と TtE では，税率が高い時期に貯蓄を行うことで生涯の平均税率が高くなる[19]．

　こうした貯蓄課税について，マーリーズ報告（2011）ではリスク資産に対しては TtE (RRA)，預金に対しては TEE，年金には EET が望ましいと整理されている（表1 B-1）．預金利子には超過収益がないので TEE が合理的である．年金貯蓄は，実際に投資される資産が明確でなく，個人の拠出額と給付額の関係も定かでない（確定給付型年金では給付額は勤続年数と勤続時の給付水準で決まり，必ずしも拠出額や運用成績とリンクしていない）ため，年金に対しては EET の課税が自然である．住宅については，住宅投資が一種のリスク投資であると考えれば TtE が望ましい．住宅に対する EET の課税は，毎年の所得から住宅価格を引くため，大幅な負の所得税となってしまう．

　日本では，現在基本的に安全資産，リスク資産ともに貯蓄時に課税され

---

19) 運用利回りが正常収益率以下であれば，TtE と TTE は変わらないことに注意．

第1章　法人税の基本的な考え方

表1B-1：資産の種類による課税の違い

	現在（日本）	マーリーズ報告の提案
安全資産	TTE	TEE
リスク資産	TTE	TtE
年金	EEE	EET
住宅資産（持家）	TEE	TtE
同（貸家）	TTE	TtE

(注) 1. Tは課税，Eは非課税を表す．小文字の t は正常収益が課税されず超過収益のみが課税されることを意味する．
2. アルファベットは左から所得の受取段階，運用益の発生段階，貯蓄の引出段階での課税または非課税を表す．

（貯蓄が勤労所得税の課税ベースから控除できない），運用益も課税されるためTTEである．2014年から始まった少額投資非課税制度（NISA）は貯蓄時に課税されてその後の課税はないためTEEとなるが，これは例外である．一方で，公的年金は個人所得税からは社会保険料控除として課税ベースから控除され，運用時も課税が凍結されており，引き出し時にも公的年金等控除によって多くの部分が非課税となっている．このため，多くの公的年金は一度も課税されないEEEとなっている．住宅については，持家は課税所得から購入されて帰属家賃に対する課税はないからTEE，貸家は賃貸所得が課税されているからTTEの課税である．このように，日本では貯蓄に対する課税方法が異なっており，個人の資産選択に歪みをもたらさない課税に修正する余地がある．

1B.2　対称的なキャピタルゲイン税による個人のリスクテイク拡大

個人貯蓄に対する課税には，個人の資産選択を歪めないだけでなく，個人のリスク投資を促す役割も期待される．これに大きく関係するのが，個人のキャピタルゲイン税である．個人はリスク回避的な行動をとると考えられる．対称的なキャピタルゲイン税がある場合には，キャピタルゲインに対する実効税率が高まると個人はよりリスク投資の割合を増やすことが知られている（Domar and Musgrave, 1944）．これは，キャピタルゲイン税が

投資に伴うキャピタルロスに対する保険機能（insurance effect）を果たすからである．これに対して，キャピタルゲイン税が非対称（キャピタルゲインの実効税率＞キャピタルロスの実効税率）な場合には，対称的な場合と比べて個人はリスク投資の割合を小さくする（Stiglitz, 1969）．キャピタルゲイン税が分離課税となっている場合には，十分なキャピタルゲインがなければキャピタルロスを相殺することができないため，キャピタルゲイン税は非対称と考えられる．こうした税制の下では個人はリスクを取りにくい．日本では，2016年から金融所得一体課税が拡充され，損益通算の範囲が上場株式の配当とキャピタルゲイン・ロスから，特定公社債等の利子とキャピタルゲイン・ロスを含めたものに拡大される．今後，金融所得一体課税として預金利子が損益通算の範囲に加われば，キャピタルゲイン税が対称に近づき，個人にリスク投資を促す効果が期待できる．リスク投資を促すための手段としてこれまで日本では資本所得税率の引き下げが行われてきたが，対称的なキャピタルゲイン税の構築により個人にリスクテイクを促すという視点も大切である．

第2章
国際課税の論点

1. はじめに

　グローバル経済下での法人税のあり方に関して考慮に入れておかなければならないことの1つに，国際課税の問題がある．自国政府が自国の多国籍企業の世界所得に対して課税を行う場合，その多国籍企業の外国所得はまず外国政府によって一度課税され，それが国内に還流したときに再び自国政府によって課税されるという二重課税が生じる．こうした二重課税を防ぐ課税のあり方を考えるのが国際課税の議論である．

　二重課税を防ぐためによく用いられる国際課税方式は，外国で納めた税額を自国の税額から引くことができる外国税額控除方式とそもそも外国所得に対しては課税しない国外所得免除方式の2つである．近年，企業活動のグローバル化の進展とともに，外国税額控除方式から国外所得免除方式への移行の動きが目立つようになってきた．

　本章は，国際課税の問題を考える際の基準となる資源配分に関する効率性基準の議論を取り上げ，伝統的な見方から近年登場した新しい見方まで様々な議論を整理し，二重課税排除の方法としてどのような国際課税方式が望ましいかを検討する．そして，近年外国税額控除方式から国外所得免除方式へ移行する国が増えている理由を考える．

2. 二重課税の回避

2.1 国際課税主義の分類

まず，法人税の伝統的な国際課税主義と二重課税の関係から整理する．国際課税主義としては，居住地主義（residence principle）と源泉地主義（source principle）の2つがある．居住地主義とは，居住者の全世界所得に対して課税する方法である（全世界所得課税方式）．海外に事業展開している自国企業は，その所得が国内で発生したにせよ，海外で発生したにせよ，全て国内政府によって課税される．一方で，源泉地主義は企業の国籍にかかわらず，所得の源泉地で課税を行うものである．海外に事業展開している自国企業は，その国内源泉所得のみが課税され，国外源泉所得は課税されない（テリトリアル方式（領土内課税方式））．

A国とB国の2国が存在する状況を考えると，両国が居住地主義課税を採用する場合には，両国ともに自国企業のみに課税するため二重課税は生じない（表2-1）．両国ともに源泉地主義課税を採用する場合にも，A国はA国源泉所得のみに課税し，B国はB国源泉所得のみに課税するので二重課税は生じない．しかし，A国が居住地主義課税，B国が源泉地主義課税を採用する場合は，A国企業のB国源泉所得はA国政府とB国政府の双方から課税されるため二重課税が生じる．また，両国が居住地主義課税を採用する場合でも，現実には外国企業の国内源泉所得に対する課税権が国際法上認められており，A国（B国）企業のB国（A国）源泉所得には両国政府による課税が行われるのが普通であるため，二重課税が生じる．一般に，各国が居住地主義課税と源泉地主義課税を任意に選択すれば，特定の所得に対する自国と外国の二重課税が生じる．

こうした自国と外国の二重課税を防ぐために，国際課税では通常税額控除（credit）か課税免除（exemption）のどちらかによる調整が行われる．外国税額控除方式は，自国企業が外国で納付した外国税額について自国の法人税額からの税額控除を認めるものであり，国外所得免除方式は自国企業の

第 2 章　国際課税の論点　　　　　　　　　　　　　　　　　　　　　　　45

表 2-1　「二重課税」の発生

源泉地＼居住地	A 国法人	B 国法人
A 国源泉所得	A 国による居住地主義課税	A 国による源泉地主義課税 B 国による居住地主義課税
B 国源泉所得	B 国による源泉地主義課税 A 国による居住地主義課税	B 国による居住地主義課税

国外所得に対して課税しないものである．外国税額控除方式は居住地主義（全世界所得課税方式）と，国外所得免除方式は源泉地主義（テリトリアル方式）とそれぞれ親和的である．

　主要な外国子会社の配当に対する課税方式をみると，従来は外国税額控除方式を採用する国が多かったものの近年は少なくなり，現在外国税額控除方式を全面的に適用している国は米国，メキシコ，アイルランド，韓国等にとどまっている．一方で，国外所得免除方式を採用する国は，従来から国外所得免除方式を採用していたドイツ，フランス，ベルギー，ルクセンブルク，スペイン等に加えて，原則として外国税額控除方式を採用しつつも EU 等の特定域内では国外所得免除方式を適用するギリシア，ポルトガル，ポーランド等がある．また，日本，英国，ニュージーランドは 2009 年から外国税額控除方式から国外所得免除方式に転換した．

2.2　国際課税の効率性基準

　では，外国税額控除方式と国外所得免除方式のどちらが望ましいと考えられるだろうか．また，両方式よりも望ましい国際課税方式はあるだろうか．この点を国際課税に関するいくつかの中立性の概念を用いて検討しよう．

2.2.1　資本輸出中立性（CEN）と資本輸入中立性（CIN）

　国際課税方法の評価は，効率性の観点から行われるのが普通である．国際的な観点からみた投資に関する国際課税の効率性基準としては，伝統的

に資本輸出中立性（Capital Export Neutrality, CEN）と資本輸入中立性（Capital Import Neutrality, CIN）がある．CEN は，資本収益がその発生場所にかかわらず等しく課税されるという原則であり，CIN は同じ国で発生した資本収益はその居住国にかかわらず等しく課税されるという原則である．

　自国（H 国）と外国（F 国）の 2 国が存在する世界を例にとって，どのような国際課税方式で CEN と CIN が成り立つかを考えてみよう（表 2）．完全な資本移動を想定すれば，自国と外国の双方で生産を行う多国籍企業の利潤（Π）は次のように表される．

$$\Pi = (1-t_H)f_H(k_H) + (1-t_H^F)(1-t_F)f_F(k_F) - r(k_H + k_F) \quad (2.1)$$

ここで，下付き文字 H は自国の課税，同 F は外国の課税を表し，$t_i \, (i = H, F)$ は税率，t_H^F は自国の国外所得に対する税率，$f_i \, (i = H, F)$ は生産，$k_i \, (i = H, F)$ は資本，r は世界利子率を表す．国際的な二重課税に対する制度的配慮が全くなされていない状況では，国外所得が外国政府によって税率 t_F で課税された後，自国政府によって再び税率 t_H^F で課税されるということが起こり得る．(2.1) 式はこうした状況を表す．このとき，企業の利潤最大化条件（1 階条件）より，

$$\underbrace{(1-t_H)f_H'}_{\text{国内投資}} = \underbrace{(1-t_H^R)(1-t_F)f_F'}_{\text{対外投資}} (=r) \quad (2.2)$$

が成り立つ．これは，税引き後の限界生産性（利潤率）が両国で等しくなることを示している．二重課税を回避する国際課税方式が採用されると，国際課税方式の違いによって (2.2) 式における $(1-t_H^R)(1-t_F)$ の部分が変更される．

　無制限の外国税額控除が適用されるとき，企業の利潤最大化条件は

$$\underbrace{(1-t_H)f_H'}_{\text{国内投資}} = \underbrace{(1-t_F)f_F' - (t_H - t_F)f_F'}_{\text{対外投資}} = (1-t_H)f_F' \quad (2.3)$$

となる.このとき CEN が成り立つが,(2.3) 式は結局 $f_H' = f_F'$ となるから,無制限の外国税額控除が認められる状況では企業は両国の限界生産性(税引き前利潤率)を等しくする行動をとる.つまり,CEN が成り立つ状況では,税引き後の利潤最大化を目指す企業がまるで税引き前利潤を最大化するかのような行動をとり,その結果世界的な観点から生産が効率的に行われる.

これに対して,国外所得免除方式の場合は国外所得に対する国内課税がないから,企業の利潤最大化条件は,

$$\underbrace{(1-t_H)f_H'}_{\text{国内投資}} = \underbrace{(1-t_F)f_F'}_{\text{対外投資}} \quad (2.4)$$

となる.これは,自国と外国の税率が等しくない限り $f_H' \neq f_F'$ であることを意味する.つまり,国外所得免除方式では税制が投資場所に影響を及ぼし,CEN は確保されない.一方で,両国が国外所得免除方式を採用するとき,企業利潤は国内外を問わず源泉地で課税されるのみである.投資受入国からみれば,企業利潤が自国企業のものであれ外国企業のものであれ,課税上の差別はない.このため,国外所得免除方式の下では CIN が成立する.

次に,貯蓄の観点から国際課税を評価する.2 期間の消費選択に関する個人の最適化問題より,次式が得られる.

$$\frac{\partial u^i / \partial c_1^i}{\partial u^i / \partial c_2^i} = 1 + f_i'(1-t_i) \quad i = H, F \quad (2.5)$$

ここで,u^i は個人の効用,c_1^i は 1 期の消費,c_2^i は 2 期の消費を表す.外国税額控除方式の場合は $f_H' = f_F'$ が成り立つが,一般には $t_H' \neq t_F'$ であるため,

$$\frac{\partial u^H / \partial c_1^H}{\partial u^H / \partial c_2^H} \neq \frac{\partial u^F / \partial c_1^F}{\partial u^F / \partial c_2^F} \quad (2.6)$$

となる．国外所得免除方式の場合は $(1-t_H)f_H{}' = (1-t_F)f_F{}'$ であるため，

$$\frac{\partial u^H/\partial c_1^H}{\partial u^H/\partial c_2^H} = \frac{\partial u^F/\partial c_1^F}{\partial u^F/\partial c_2^F} \quad (2.7)$$

が成り立つ．つまり，外国税額控除方式では世界貯蓄が不効率に利用されるのに対して，国外所得免除方式では世界貯蓄が効率的に利用される．投資の配分は外国税額控除方式が効率的で，国外所得免除方式が不効率であった．よって，両国で税率が異なるとき，投資と貯蓄の配分をともに効率的にする国際課税方式は存在しない．では，CEN と CIN のどちらを優先すべきであろうか．

第 1 に，Diamond and Mirrlees (1971) の生産効率性定理によれば，1 国において生産と消費のいずれかに歪みがもたらされるとき，生産効率性が優先されるべきである．これを国際的な文脈に応用すると，国際的な観点から生産を歪めない課税が優先されるため，CEN が成立する外国税額控除方式が望ましいことになる．但し，生産効率性定理には 2 つの注意点がある．1 つが，Diamond-Mirrlees モデルは各国政府間の一括財政移転ができない場合には国際的な文脈には適用することができないことである．Keen and Wildasin (2004) によれば，一括財政移転ができず輸出入に対する税と補助金しか使えない場合には，最適な課税制度は生産効率的にはならない．もう 1 つが，超過利潤が 100％ 課税されなければならないことである．Diamond-Mirrlees モデルでは，政府が物品税を用いて消費者が直面する各財の価格を変更することで生産効率的な配分が達成されるが，（消費者が保有する）企業に超過利潤が発生すると，消費者の効用が消費者価格のみならず生産者価格にも依存してしまう．これによって，結論が変わり得る．

第 2 に，資本供給と資本需要がともに変化する 2 国モデルを考えた場合には，資本供給と資本需要の弾力性によって対外投資に対する最適課税が異なる．Horst (1980) は，資本輸出国では両国の資本供給が一定である場合は全世界課税方式の下で無制限の外国税額控除が認められることが望ま

しいが，両国の資本需要が一定である場合には国外所得免除方式が望ましいと主張した．この結果は，Findley (1986) や Keen and Piekkola (1997) によってフォーマルに確認されている．また，Keen and Piekkola (1997) は企業が超過利潤を得ることを前提に分析を行い，最適な税制が超過利潤の課税率にも依存することを示した．

このように，最適な国際課税方式は制度的及び経済的な状況に依存する．伝統的には，国際的な観点からみて国際課税方式の判断基準としてCENが望ましいと考えられ，実際にそれを達成する「全世界所得課税＋外国税額控除」の国際課税方式が普及した．但し，現実には全ての国が同じ国際課税方式を採用しているわけではない．各国の国際課税方式が異なる場合には，それぞれが採用した国際課税方式によって各国で生じる影響が異なることには注意を要する．

例えば，自国企業が外国税額控除方式，外国企業が国外所得免除方式を採用しているとき，第三国への投資に関して自国企業が競争上の不利を蒙る．両国の企業がともに法人税率 20% の第三国に子会社を設立し，ともに 100 の利潤を上げる状況を考える．このとき，A国企業は第三国に 20 だけ税金を納め，A国の法人税率が 35% である場合にはA国企業は本国に 15 の税金を納める．一方で，国外所得免除方式のB国では，B国企業が本国に追加的に税を納める必要がないため，最終税額は第三国に納めた 20 のままである．このため，B国企業はA国企業よりも税制上有利である．近年では，外国税額控除方式の採用国が国外所得免除方式の採用国との関係で自国企業が競争上不利になるとの認識が広がり，国外所得免除方式への切り替えが目立つようになってきた．よって，世界でCINが成り立つ状況が増えてきた．

ところで，日本や米国における現実の制度は，次のような理由から理想的な「居住地主義＋外国税額控除」の形にはなっていない．第1に，外国税額控除が無制限に認められていない．CENが確保されるためには外国税額控除が無制限に認められなければならないが，通常みられる外国税額控除額は自国の税額を上限としている．これは，外国税額控除が無制限に

認められると，外国（F国）政府が自国企業（H国）に対して重税を課すインセンティブが生じるという別の問題が発生するからである．自国（H国）で無制限の外国税額控除が認められると，自国（H国）企業の投資判断にとって外国（F国）での課税は問題にならなくなるため，外国（F国）政府は対内投資を阻害することなく自国（H国）企業に重税を課すことができる．これは，自国（H国）政府から外国（F国）政府に対して税収が移転することを意味する．このため，通常外国税額控除は「自国であれば課されたであろう税額」が限度とされる．

第2に，自国企業の国外所得が国内に還流した時点でのみ課税される．国外所得が自国に還流されるまでは，課税が繰り延べられる．このため，対外投資の実効税率が低くなり，国内から海外への資本流出インセンティブが生じる．こうした資本流出のインセンティブを抑制する方法の1つとして，各国ではタックスヘイブン税制が適用されている．タックスヘイブン税制は，基本的に軽課税国にある特定の所得に対して，国内送金時ではなく発生時に課税を行うものである．タックスヘイブン税制の先駆けとなった米国のサブパートFルール(62年導入)では，被支配外国法人[1]（Controlled Foreign Corporation, CFC）の持株比率10％以上の株主は，特定の所得（サブパートF所得[2]）に関して，配当の国内送金の有無にかかわらず所得が発生時に課税される．日本の外国子会社合算税制（78年導入）では，持株比率が50％を超える外国法人（外国関係会社）のうち，その税負担が20％以下である法人（特定外国子会社）についてはその所得が居住地国の所得に合算されて即時に課税される．

しかし，こうした課税繰り延べ対応策が講じられているとはいえ，全ての国外所得が即時に課税されるわけではない．一般に，タックスヘイブン税制は租税回避を目的とした所得に対する即時的な課税を意図するものであって，海外での実体のある経済活動を妨げるものではない．日本の外国

---

1) 議決権のある株式の50％超を米国株主が保有している外国子会社を指す．
2) 保険所得，国外ベースカンパニー所得（販売所得，配当・利子・ロイヤリティ等の持株会社所得，石油関連所得等），外国における贈賄等の違法支払等．

子会社合算税制では特定の基準に従って，外国子会社が独立企業としての実体を備え，外国で事業活動を行うことに十分な経済合理性があると認められる場合には適用除外となる[3]．このため，タックスヘイブン税制が存在しても，国外所得全体としては課税繰延の余地があり，海外で資金を滞留させるインセンティブが生じていると考えられる．

2.2.2 国民的中立性（NN）とは何か

CEN は国際的な観点からみた場合に，投資が効率的に配分される基準である．これに対して，国民的な観点から投資の効率性を捉える基準も提唱されている．これは，国民的中立性（National Neutrality, NN）として知られている（Richman, 1963）．ここでの「国民」とは，企業と政府の合計を意味する．「国民」にとっての国外所得は，外国で課税された後の所得に等しいと考えられる．このため，「国民」所得を最大化する条件は自国での税引き前利潤率が外国での税引き後利潤率に等しくなることである．こうした条件が成り立てば，NN が満たされる．

国民的な観点からみると，「二重課税」の回避手段として税額控除（credit）と課税免除（exemption）のいずれも適切とは言えない．国民的な観点からみた中立性は，外国税額の所得控除（deduction）が認められるときに実現する．なぜなら，所得控除が認められるとき，企業の利潤最大化条件は，

$$\underbrace{(1-t_H)f_H'}_{\text{国内投資}} = \underbrace{(1-t_F)f_F' - (t_H - t_H t_F)f_F' = (1-t_H)(1-t_F)f_F'}_{\text{対外投資}} \quad (2.8)$$

となるからである．つまり，自国の税引き前利潤率が外国の税引き後利潤率に等しくなる（$f_H' = (1-t_F)f_F'$）．所得控除による「二重課税」の調整

---

3) ①事業基準（主たる事業が株式の保有等，一定の事業でないこと），②実体基準（本店所在地国に主たる事業に必要な事務所等を有すること），③管理支配基準（本店所在地国において主たる事業の管理，支配及び運営を自ら行っていること）等を全て満たすことが条件となっている．

は，税額控除による調整と比べて対外投資が不利になるためより多くの資本が国内に維持され，その分だけ税収が確保される．NN の観点からすれば，CEN を満たす外国税額控除方式は海外への過剰な資本流出によって国内税収を減少させるものと捉えられる．

現実には，主要国において所得控除方式はほとんど採用されてこなかった．これは，長い間一種のパラドックスとして捉えられ，外国税額控除方式と所得控除方式の優劣については様々なモデルで説明が試みられてきた．二国間の非協調ゲームの観点から検討されたものとしては，Hamada (1966) や Janeba (1995) が外国税額控除方式の優位性を主張するのに対して，Feldstein and Hartman (1979) や Bond and Samuelson (1989) は所得控除方式の方が望ましいとしており，必ずしも意見の一致がみられていない．また，Scarf (2001) は脱税のあるモデルを考え，脱税インセンティブを小さくするために外国税額控除方式が用いられる可能性を指摘した．

所得控除方式が採用されない理由として，対外投資を抑制する政策が対外投資が国内投資減少の犠牲の下で行われるときにしか「国民」の厚生を高めないことも指摘されている (米国両院税制委員会, 2006)．対外投資が国内投資を減少させないのであれば，対外投資を抑制する政策は国内雇用を増加させない．対外投資は輸入の増加だけではなく，輸出の増加につながる可能性があり，こうした場合に対外投資を抑制すれば逆に国内雇用に悪影響が生じる．対外投資と国内投資との相関関係については，一連の研究がある．Feldstein (1995) は OECD 諸国のクロスセクション分析から，対外投資と国内投資が 1 対 1 の代替関係にあることを示したが，近年では対外投資と国内投資の間にはむしろ正の相関があるとの研究が増えている．Desai, Foley and Hines (2005) が Feldstein (1995) と同様の分析を米国の多国籍企業に絞って推計したところ，米国の多国籍企業が海外における投資を 1 ドル追加すると，国内投資が 3.5 ドル増えることがわかった．また，Desai, Foley and Hines (2009) は 1982～2004 年における米国製造業の海外活動と国内活動の関係を分析し，対外投資が 10% 増えると国内投資が 2.6% 増えるとの結果を得た．

2.2.3 資本所有中立性 (CON) とは何か

以上の伝統的な効率性基準に対して，近年では資本所有中立性 (Capital Ownership Neutrality, CON) という概念が提唱されるようになった (Desai and Hines, 2003, 2004)[4]．CON とは，税制が企業の所有形態に歪みをもたらさない状態を指す．CEN や CIN が資本の動きに着目した効率性基準であるのに対して，CON は資本そのものの動きではなく資本の所有に着目した効率性基準である．R&D やマーケティング等を通じて発展した多国籍企業の資産は高度に特殊なものであり，それら資産の生産性は誰がその企業を経営するかに大きく依存している．こうした状況では，税制が資本の所有形態に影響を及ぼさないことが世界的な厚生の観点からみて重要である．各国が保有する資本ストックの総量が国際課税制度に影響を受けないケースを想定すれば，直接投資は単に国内と海外の投資家の割合を変化させるだけになる．この状況では，最も生産性の高い経営者がそれぞれの資産を保有するような税制が構築できれば，国際的な観点から生産が最も効率的になる．

CON は，①全ての国が無制限の外国税額控除付きの全世界所得課税方式を採用するか，または②全ての国が国外所得免除方式を採用するかのいずれかの方法で達成される．前者の場合は同時に CEN が成り立ち，後者の場合は同時に CIN が成り立つ．全ての国が無制限の外国税額控除付きの全世界所得課税方式を採用する場合には，各国企業は税引き後利潤率のみならず，税引き前利潤率を最大にするような投資を行うことになるため，資産を最も効率的に活用できる企業が資産を保有することになる．一方で，全ての国が国外所得免除方式を採用する場合には，全ての企業が各国において同じ税率に直面するため，各国に投資された資産は最も高い税引き前利潤を生み出す企業によって保有される．

外国が無制限の外国税額控除付きの全世界所得課税方式を採用するなか

---

4) Desai-Hines の CON の概念は Devereux (1990) に基づく．但し，両者の CON の概念はやや異なる．

で，自国のみ国外所得免除方式に移行する場合は，前述のとおり自国が有利になる．自国が国外所得免除方式を採用することは，自国企業が第三国で資産を購入するために許容できる価格（reservation prices）が外国よりも低くなるものと解釈される．第三国において，たとえ外国企業の方が生産性が高くても，税制上の理由で自国企業が第三国企業の資産を買収することができるかもしれない．こうした状況は，国際的な観点からみれば望ましくないが，自国にとっては「国民」の観点から正当化される．税収と企業利潤の最大化を目指す政府は，国民的な最適性から国外所得免除方式を採用する．このため，国外所得免除方式は国民的所有中立性（National Ownership Neutrality, NON）を満たすと言われる．

　もっとも，現実には，税制は資本の所有形態だけでなく資本の投下場所や投下量も決めるので，税制の世界厚生への影響はそれらの効果全体に依存する．このため，工場や設備が税率の差異に応じて国際的に移動する場合には，CON の含意はそれほど明確ではなくなる．特に，国外所得免除方式が対外 FDI を増やして国内投資を抑制する場合，結果として国内税収が減少するため NON は成立しない．しかし，FDI が M&A の形態をとる場合，対外 FDI は国内から海外への貯蓄の移転というよりも，国内企業の経営範囲の拡大を意味し，国内税収は減少しないかもしれない．国内税収が変化しないのであれば，税収と自国企業の利潤最大化を目指す国は国外所得免除方式を採用する．そして，各国が NON の観点から国外所得免除方式に移行し，最終的に全ての国が国外所得免除方式を採用すれば国際的な観点から資本所有の中立性（CON）が成立する．

　Desai and Hines（2003, 2004）は，国民的な最適性からは所得控除方式が望ましく，国際的な最適性からは外国税額控除方式が望ましいという伝統的な見方に挑戦するものであるが，その背景には近年対外投資として M&A が重要になっているという事実がある．Becker and Fuest（2010）は，Desai-Hines の考え方を 2 国モデルで表し，一定の条件の下で Desai-Hines の主張が成り立つことを示した[5]．彼らは，Desai-Hines の主張が依拠する仮定は 2 つの次元に分けられるとした．1 つは，対外投資として資本移動を伴

表 2-2　M&A を考慮に入れた場合の最適な国際課税

	国民的最適性		国際的最適性	
	資本の配分	オーナーシップの配分	資本の配分	オーナーシップの配分
対外投資が国内投資を減少させる	控除方式	クロスボーダー・キャッシュフロー税	外国税額控除方式	いずれも最適ではない．
対外投資が国内投資を減少させない	—	国外所得免除方式またはクロスボーダー・キャッシュフロー税	—	国外所得免除方式またはクロスボーダー・キャッシュフロー税

（資料）Becker and Fuest（2010）

うか，それとも所有権が移転するだけか（M&A であるか）という点である．2つ目は，対外投資に伴って国内投資が減少するか，それとも対外投資が国内投資とは無関係に行われるかという点である．彼らは，Desai-Hines と異なり，M&A であっても経営資源の限界から対外投資が国内投資を抑制することはあり得ると考え，その点を考慮に入れた上で所得控除方式，外国税額控除方式，国外所得免除方式，クロスボーダー・キャッシュフロー税方式の4つの国際課税方式を検討した．ここで，クロスボーダー・キャッシュフロー税とは対外投資を行った際に税が還付され，外国子会社から国内に資金が送金されたときに課税される方式である．その結果，国外投資が国内投資を減少させない場合には，国外所得免除方式はクロスボーダー・キャッシュフロー税とともに国民的な観点からも国際的な観点からも最適となることがわかった（表2-2）．これは，Desai-Hines の主張を支持する結果である．しかし，対外投資が国内投資を減少させる場合には国外所得免除方式は最適にはならない．この場合，国民的な最適性を満たすのはクロスボーダー・キャッシュフロー税だけであり，国際的な観点からは4つの課税方式はいずれも最適ではない[6]．

---

5) さらに一般化された2国モデルの議論は，Devereux, Fuest and Lockwood（2013）を参照されたい．

3. 外国税額控除方式から国外所得免除方式への移行に対する賛否

　近年各国でみられる現象は，外国税額控除方式（credit method）から国外所得免除方式（exemption method）への移行である．1つの理由は，前述のように外国税額控除方式では自国企業が海外市場において競争上の不利を蒙ることである．諸外国が国外所得免除方式を採用しているとき，自国が国外所得免除方式を採用すれば第三国における自国とその他の国外所得免除方式採用国の競争力は同じになる[7]．米国では国外所得免除方式への移行を支持する理由としてこの見方を挙げる傾向が強い．この他に，国外所得免除方式が望ましい理由として次のようなものが挙げられる．

　第1に，国外所得免除方式が国外利潤の国内送金を増やし，国内の投資増加につながるとの見方である．日本では，これが配当に関する国外所得免除方式（外国子会社配当益金不算入制度）の導入を決める際の主な理由として挙げられていた．経済産業省国際租税小委員会（2008）によれば，日本の外国子会社の内部留保残高は約17兆円に達し，近年は年間2～3兆円の資金が海外の内部留保として積み上がる傾向があった．このため，海外で増加する日本企業の資金を国内に還流させて，国内経済を活性化させるべきとの議論が展開された．同様の論理は，米国でもみられた．米国では2004年に雇用創出法（American Jobs Creation Act, AJCA）が制定され，2005年の1年間に限って国内送金される配当に対する税率が通常の35％から5.25％に引き下げられた．これによって，米国への国内送金は2004年の500億ドルから2005年には2440億ドルに増加したとされている（Mullins, 2006）．Dharmapala, Foley and Forbes（2011）は，AJCAの国内送金減税に関する実証分析を行い，この時期に米国企業は資金制約に直面していなかったことから免税措置によって国内投資や雇用は増加しなかったものの，米

---

6) 但し，Becker and Fuest（2010）のモデルは2国モデルであり，Desai and Hines（2003, 2004）の考え方を完全に表したものではないことに注意．
7) NONが成り立つ．

国企業の国内送金と米国株主の所得は増加したとの結果を得た．彼らは，米国株主は増加した所得を再投資または消費に回すと考えられるため，AJCA の措置が米国の投資・雇用・消費に間接的に貢献したと考えている[8]．

第 2 に，現行税制で国外所得が実質的に課税されていないので，国外所得を課税免除しても税収は減少せず，国外所得免除方式導入の弊害は少ないとする現状追認的な見方である．国外所得が実質的に課税されていないのであれば，国外所得に課税する仕組みによって海外から国内への資金還流を妨げるよりも，国外所得への課税を諦めて国内へ資金が還流する仕組みを整えた方が良い．日本では国外所得に対する実効税率や国外所得免除方式を導入した場合の税収変化に関する試算がないため，その影響については不透明な部分が多いが，米国では海外所得に対する法人税率が 2.7% に過ぎないとの報告もなされている（Grubert and Mutti, 1995）．**補論 2-A, B** で示されるように，米国で議論されている国外所得免除方式案は，国外所得に対する課税を単に諦めるものではなく，使用料収入に対する完全課税を実現すること等により，全体として国外所得に対する課税の強化を図ることを目的としている．つまり，国外所得免除方式が外国税額控除の「彼此流用」（補論 2-B 参照）への対応策となる．この場合，現行税制から国外所得免除方式への移行は CEN から CIN への動きではなく，より完全な CEN に向かう動きになる（Grubert and Mutti, 2001）．

第 3 に，国際課税制度の簡素化である．現行制度では，企業は外国子会社全てに関する情報を収集し，それに基づいて面倒な外国税額控除の限度額の計算を行わなければならない．国外所得免除方式では，こうした情報収集・書類作成等の事務作業から解放されるという利点がある．

一方で，国外所得免除方式への移行に対して批判的な意見として，次の

---

[8] 日本でも 2009 年から実施された「外国子会社配当益金不算入制度」によって海外から国内に資金が還流した．しかし，それが国内投資など実体経済に結びついたとの証拠は得られていない．関連する論文として，田近・布袋・柴田（2012）がある．

ようなものがある．第1に，現行税制において，自国企業が受けている競争上の不利の程度が必ずしも明らかでないことである（Mullins, 2006）．企業の対外投資の決定要因には税制のほか，市場の大きさ，労働者の質，インフラ整備，政治情勢など様々な要因がある．

第2に，全世界所得課税方式から国外所得免除方式への移行は，基本的には居住地主義から源泉地主義への移行を意味するため，資本の海外流出や多国籍企業による所得移転を促す恐れがあることである．源泉地主義的な国外所得免除方式への移行が自国企業の対外投資を増加させる定量的な効果についてはよくわかっていないが，一部の国ではこの効果が大きいことが指摘されている[9]．また，所得移転についても国外所得免除方式では所得の発生場所が税額の決定的な要素になるため，多国籍企業が所得操作によって所得の発生場所を変えるインセンティブが大きい．このため，国外所得免除方式では現行方式よりも関連会社間の取引が独立企業間価格（arm's length prices）で行われることの重要性が高まり，移転価格税制を強化するためにより多くの資源を投入しなければならなくなる恐れがある．

第3に，成熟子会社にとっては，配当の国内送金に対する課税が国内送金の判断に影響を及ぼさないかもしれない．Hartman（1985）は投資資金を内部留保によって賄うことが可能な成熟子会社にとっては，国内送金税は中立的であると主張した．このような国際的な配当課税に関する新しい見方（new view）が成り立つのは，投資資金が現地の利潤で賄われる成熟子会社にとって考えるべき問題が，どの地域に投資すれば最も高い利潤を得ることができるかに集約されるからである．国内送金に対する増税は，親企業にとって将来生まれる外国子会社の利潤の価値を低下させるものの，外国の成熟子会社の意思決定には影響を及ぼさない．こうした配当課税に対する new view が正しければ，現状の全世界課税制度の下で徴収される国内送金税は本質的に一括税となり，政府は効率性を損なうことなく税収

---

9) Smart（2011）は，カナダが租税条約を結んで外国所得（国内への送金分）に対する課税を免除にしている国とそうでない国を比較して，国外所得免除方式がカナダ企業の対外直接投資を 79％ 増加させるとの実証結果を得ている．

を確保することができる．国内から海外に対して送金が必要な未成熟な外国子会社の場合のみ，国内税制がその投資に影響を与えると考えられる．但し，国内投資家は外国子会社の活動や投資機会をモニタリングすることが難しいため，収益性のシグナルや経営者の行動を抑制することを目的に，外国子会社からの国内親会社への分配を好む非税制関連の選好があると言われている．このように親会社への配当送金に関する非税制関連の選好がある場合には，国内送金増税は多国籍企業の投資や分配政策に影響を及ぼす．

補論2-A 国外所得免除方式の設計上の論点

2A.1 日本の国外所得免除方式（外国子会社配当益金不算入制度）

2009年度税制改正で実現した日本の外国子会社配当益金不算入制度を例にとって，国外所得免除方式の制度設計の問題を考えてみよう．着目点としては，次の3点が挙げられる．

第1に，国外所得免除方式の適用対象として何を含むかという点である．2009年度税制改正では外国子会社のみが国外所得免除方式の対象とされ，外国支店はその対象外とされた．ここで，外国子会社とは，内国法人（国内親会社）の持分が25％以上で，その保有期間が6ヶ月以上の外国法人である．この基準は，これまで間接外国税額控除に用いられてきた適用基準と同じである．国外所得免除方式が外国支店に適用されないため，直接外国税額控除は現状のまま存続し，外国子会社に適用される間接外国税額控除のみが廃止された．

第2に，利子や使用料，キャピタルゲインは国外所得免除方式の適用除外とされた．利子と使用料は，外国の税制で損金算入される所得であるため，国内でも課税しなければ課税の空白ができるとの理由により，国外所得免除方式の適用外とされた．この点は，課税の論理からみて説得的であり，後述する米国の国外所得免除方式案とも一致する．一方で，キャピタルゲインについては，「一義的には配当と同一という性質を有するが，キャピタルロスとの関係，租税回避等の懸念や所得算定の困難性を含めた実務面での煩雑さ，株式を売却するまでは課税が繰り延べされること等を鑑み」（経済産業省国際租税小委員会（2008））て，今回は国外所得免除方式の対象外とされた．

第3に，費用の配賦に関しては，費用を国外所得の5％に固定的に見積もり，益金不算入割合を95％に設定する簡便的な方法が採用された．この手法は，フランス，ドイツ，イタリア等でみられるものであり，今回はこれら事例を参考にしたものと思われる．しかし，経済産業省国際租税小

委員会（2008）は，「①受取配当額の一定割合，②受取配当額から当該配当を受け取るために生じた費用を除いた額，のいずれが適当であるか，今後我が国企業の実態（費用（ex. 負債利子）が受取配当額のうちどれくらいの額となるか等）や実額計算を行うための事務コスト，費用把握の困難性等を十分に精査し，決定していくことが適当」と指摘し，企業ごとに費用を積み上げる方法を今後の課題として挙げた．

2A.2　米国の国外所得免除方式案

米国は先進国のなかで国外所得免除方式に移行していない数少ない国の1つであるが，2000年以降米国企業の競争力を向上させる国際課税の検討が進められ，その一環として国外所得免除方式導入の議論が行われた．ここでは，米国大統領税制改革諮問委員会（2005）と米国両院税制委員会（2005）を用いて，米国で議論された国外所得免除方式の特徴をみてみよう．

米国の国外所得免除方式案の第1の特徴は，日本の国外所得免除方式よりもその適用対象が広いことである．米国大統領税制改革諮問委員会（2005）の案では，国外所得免除方式の適用対象が外国関連会社（foreign affiliates），すなわち支店（branches）と被支配外国子会社（controlled foreign subsidiaries）の能動所得とされている．JCT（2005）の案では，免税所得は持株比率10%以上の被支配外国法人（controlled foreign corporation, CFC）の能動所得（事業所得）とされているが，外国支店の所得についてもそれがまるでCFCで発生したかのように扱われ，課税が免除される．つまり，米国の国外所得免除方式案では，いずれの案でも外国子会社と外国支店が税制上同等に扱われる．受動所得（金融所得）については，両案ともにこれまで通り，外国税額控除が適用される．

第2に，利子・使用料のように外国で損金算入されるものについては，国内で完全に課税される．これによって，外国税額控除の超過額が利子・使用料への課税を防ぐ「彼此流用」（補論2-B参照）の問題が解消される．一方で，キャピタルゲインは免税所得に含まれる．キャピタルゲインの取

り扱いについては，米国大統領税制改革諮問委員会（2005）と米国両院税制委員会（2005）では認識がやや異なる．米国大統領税制改革諮問委員会（2005）では，原則としてキャピタルゲインは国外免除方式の適用対象とされるものの，課税免除の割合については検討の余地があるとされている．米国両院税制委員会（2005）では，キャピタルゲインは未分配の免税所得に対応する部分とそれを超える部分に分けられ，前者は課税免除，後者は課税とされる．但し，米国両院税制委員会（2005）は，キャピタルゲインを2つに分割することが現実的に難しいことを認めており，実際にどのような運用がなされると考えているかは不明である．しかし，基本的にキャピタルゲインを国外所得免除方式の適用対象に含めるという点については両案ともに共通しており，この点は日本の国外所得免除方式とは異なる．

　第3に，国外所得を得るために用いられた国内外の共通費用（負債利子，研究開発費，その他一般経費）については，企業ごとに費用が積み上げられる．米国大統領税制改革諮問委員会（2005），米国両院税制委員会（2005）ともに，基本的には資産等の規模に応じて費用を配賦する現行制度の継続を主張している．つまり，課税免除とされる国外所得を生み出すために用いられた米国内の費用は，米国内の損金としては認められない．

　研究開発費の配賦については，両案で意見が分かれている．米国大統領税制改革諮問委員会（2005）では研究開発費は全額国内所得に配賦されるものとされ，米国両院税制委員会（2005）では国内所得と国外所得の双方に配賦されるものとされている．研究開発費が全額国内所得に配賦されるべきとの考え方の背景には，研究開発費用が全て国内親会社の受け取る使用料に反映されるとの見方がある．米国大統領税制改革諮問委員会（2005）では，使用料が完全に課税されるため，研究開発費は全て国内親会社に配賦してもよいとされる．これに対して，米国両院税制委員会（2005）は使用料が現在でも過少申告されている可能性があり，国外所得免除方式によって使用料が完全に課税される一方で配当が課税免除されれば，国内親会社が使用料ではなく配当で利潤を受け取るインセンティブが

さらに高まると指摘する．こうした歪みを縮小させるために，研究開発費を国外免税所得にも配賦する方法が望ましいとされる．

補論 2-B　外国税額控除方式の設計上の論点

2 B.1　限度額方式

外国税額控除方式では，その限度額が「国外所得が全て国内で課税されていたならば生じたであろう税額」に定められる（外国税額控除限度額＝国外所得×国内税率）．過去に各国でみられた控除限度額の決め方は，大きく分けて国別限度額方式，所得項目別限度額方式，一括限度額方式の3つがあった．国別限度額方式は，国単位で国外所得の控除限度額を計算し，各国ごとに外国税額控除を適用する方式である．所得項目別限度額方式は，所得項目ごとに外国税額控除を適用する方式で，例えば利子所得の外国税額控除は利子所得に対してのみ適用される．最後に，全ての国外所得を合算して控除限度額を計算する一括限度額方式があり，日本（直接外国税額控除）や米国では基本的にこの方式が採用されている．

一括限度額方式の最大の利点は，手続きが簡便であることである．国別限度額方式は数多くの国で活動する企業にとって事務負担が大きい．一方で，一括限度額方式の欠点としては「彼此流用」(cross-crediting) が行われることである．「彼此流用」とは，ある所得に関する外国税額控除の超過額（外国税額＞控除限度額の場合の「外国税額−控除限度額」）が別の所得の外国税額控除の余裕額（控除限度額＞外国税額の場合の「控除限度額−外国税額」）に対して利用されることを指す．例えば，外国A，外国Bでそれぞれ100の所得が発生するものとして，A国の税率を40％，B国の税率を20％，自国の税率を30％とする．このとき，国別限度額方式ではA国の所得に関する控除限度額は30，B国の所得に関する控除限度額は20になり，控除限度額の合計は50となる．一方で，一括限度額方式では控除限度額は60（200×0.3）と計算される．これは，A国で発生する所得に対する外国税額控除の超過額10（40−30）が，B国で発生する所得に対する外

国税額控除の余裕額 10 (30-20) で相殺されることに等しい．「彼此流用」の問題点は，「二重課税」を回避するという外国税額控除の本来の目的を超えて，税額控除が認められてしまうことである．日本よりも税率が高い国で発生する所得については日本の課税を超える分は本来課税されてしかるべきであるが，「彼此流用」が認められると低税率国で発生する外国税額控除の余裕額によってこれが相殺されてしまう．もっとも，CEN の観点からは全世界所得課税の下で無制限の外国税額控除が認められることが望ましく，「彼此流用」はむしろ肯定される．「彼此流用」は税収確保の観点から問題とされるものであり，「彼此流用」それ自体の是非については議論がある．

「彼此流用」に対する取組みとして，日本では 88 年に外国税額控除の改正が行われ，①非課税国外所得の 2 分の 1 を除外，②国外所得に対するシーリング (90%) の設定，③ 50% 超の高率外国税額部分の除外の 3 つの項目が導入された．非課税国外所得に対する課税を強化すると同時に，(当時の) 日本の実効税率である 50% を超える高率部分については「二重課税」の調整の必要がないことから，限度額計算における外国税額から外された．現在では，非課税国外所得の全額が除外され，高率外国税額部分の基準が 50% から 35% に引き下げられている．

米国では，「彼此流用」への対応として，一括限度額方式の下でバスケット方式が導入された．米国では，現在事業所得などの一般所得 (general category income) と金融所得などの受動所得 (passive category income) の 2 つの所得バスケットが設けられている[10]．バスケット方式では，外国税額控除の「彼此流用」は同じ所得バスケット内のみで認められ，異なる所得バスケット間では認められない．このため，低税率国で可動性の高い金融所得を計上し，それに関する外国税額控除の余裕額を高税率国での事業所得に

---

10) 2004 年雇用創出法 (American Jobs Creation Act of 2004) 以前は，9 つの所得バスケットが設定され，主に非金融能動所得，金融サービス業の所得，受動所得の 3 つのバスケットに分かれていた．2 つの所得バスケットへの集約は，2007 年 1 月以降の実施．

第 2 章　国際課税の論点

表 2 B-1：米国の外国税額控除の計算例

	A 企業	B 企業	A 企業	B 企業	A 企業	B 企業
	配当		配当・使用料		利子配賦	
①外国所得	100	100	100	100	100	100
②（−）使用料	0	0	10	10	0	0
③課税外国所得	100	100	90	90	100	100
④外国税額	10	40	9	36	10	40
⑤外国所得に配賦される負債利子	0	0	0	0	10	10
⑥外国税額控除の上限	35	35	35	35	31.5	31.5
⑦外国税額控除（④と⑥の小さい方）	10	35	9	35	10	31.5
⑧最終の国内税額（35−⑦）	25	0	26	0	25	3.5
⑨国内外の合計税額（④＋⑧）	35	40	35	36	35	43.5
⑩外国税額控除の超過額（④−⑦）	0	5	0	1	0	8.5
税率： 　低税率国（A 企業の投資先）　10% 　高税率国（B 企業の投資先）　40% 　米国　35%						

（資料）米国財務省（2007）に加筆・修正．

関する外国税額控除の超過額と相殺することはできない．しかし，所得バスケットは所得項目別限度額方式と比べると幅広く設定されているため，実際には相当程度の「彼此流用」が認められている．Grubert（2004）によれば，配当で生じた外国税額控除の超過分が使用料に対する課税の相殺に用いられ，その結果米国では利子・使用料の 72% は課税されていないという．

「彼此流用」に関して，米国財務省（2007）は表 2 B-1 のような例を示している．A 企業が税率 10% の国へ，B 企業が税率 40% の国へ投資するものとし，米国の税率を 35% とする．両企業ともに 100 ドルの外国所得を得て，全額を米国に送金するものとする．このとき，基本ケースでは企業 A は外国税額を除いた 25 ドル（35−10）を米国で納める．企業 B は外国税額が 40 ドルであるため，外国税額控除によって国内税額はゼロになり，5 ドルの外国税額控除の超過額を持つ．

これに対して，100 ドルの外国所得のうち，親会社が 10 ドルを配当ではなく，外国で控除可能な使用料として受け取る場合は，まず課税外国所

得が90ドルに減少する．企業Aの場合は，外国税額が10ドルから9ドルに減少し，国内税額が25ドルから26ドルに増加する．一方で，企業Bの場合は外国税額が40ドルから36ドルに減少するものの，それが外国税額控除の限度額35ドルを超えたままであるため，企業Bの国内税額は依然としてゼロである．つまり，企業Bのように十分な外国税額控除の超過額を持つ企業の場合は，使用料のように外国で課税ベースから控除される所得についても本国で課税されない．

2B.2 費用配賦

外国税額控除の限度額を決める際の論点の1つとして，費用配賦の問題がある．外国税額控除の限度額を決める際の課税外国所得は，外国での所得を発生させるために必要とされる費用を除いたものである．外国所得を得るための国内親会社の費用としては，負債利子，R&D経費，その他の一般経費が挙げられる．外国税額控除の計算でこれら費用の全額を国内親会社の費用とみなせば，費用の一部を外国子会社に配賦する場合と比べて外国税額控除の限度額が大きくなる．

表2B-1の例では，負債利子が外国所得に配賦されている．企業A，企業Bともに負債利子が外国所得に10配賦されるため，外国税額控除の上限が31.5ドル（=90ドル×0.35）に低下する．企業Aの場合，外国税額は10のままで外国税額が控除限度額に達しないため，国内外での納税額はともに基本ケースと何ら変わらない．企業Bは，外国税額控除の上限が31.5ドルに低下することから，国内税額が0ドルから3.5ドルに増加する．つまり，外国所得に対する費用配賦は，外国税額控除の余裕額を持つ企業にとっては意味を持たないものの，外国税額控除の超過額を持つ企業にとっては外国税額控除を縮小させて国内税額を増加させる．これは，逆に費用の多くを国内親会社に配賦すれば外国税額控除の縮小を防ぐことができることを示している．

第3章
国際的な租税競争の考え方

1. はじめに

　企業活動のグローバル化が引き起こす課税上の最も重要な問題の1つが国際的な租税競争である。国際的な租税競争とは，各国が移動性の高い資本を求めて互いに法人税率の引き下げを行うことである。従来，法人税の水準は公共財や再分配の水準，他の税目との関係など国内要因によって決められていた。しかし，資本のグローバル化が進展したことから，各国政府は移動性の高い資本に対して重課することが難しくなり，逆に法人税を軽減して自国に資本を呼び込むようになった。租税競争は，税率決定権のある地方政府間でも生じるが，EUのような比較的狭い地域に国が集中している場合には国同士の間でも生じやすい。さらに，近年ではグローバルな資本移動が激しくなってきたため，アジアやその他の地域，そしてより広く全世界的な視点から租税競争の問題を考える必要性が高まっている。
　OECD (1998) は，税制優遇措置やタックスヘイブンを利用して他国の課税ベースを不当に侵食する「有害な租税競争」の排除を提案した．OECD (1998) は，通常よりも低い税率による資本誘致や他国との情報交換の欠如などを問題視し，OECD諸国及びその他の国に関する47の税制優遇措置を問題のある措置に指定した．その後，指定された多くの措置は廃止されるか変更を余儀なくされた．比較的狭い地域に多くの国が集積しているEUでも，OECDと同様に「有害な租税競争」への対応が検討されて，EU域内の企業立地に強い影響を及ぼす外国企業向けの税制優遇措置などが

「有害な租税競争」をもたらす措置に位置づけられた（European Commission, 1998）．そして，EU 内外の 66 の措置が原則として 2005 年までの対応を義務づけられた．

こうした現実の動きとともに，学術的な領域では租税競争に関する理論・実証両面からの研究が盛んに行われてきた．租税競争に関する理論研究の数は膨大である．その研究分野としては，大きく地域間の資本税競争，人口移動を伴う資本税競争，付加価値税に関する租税競争，垂直的な政府間の租税競争などに分けられる．こうした研究のサーベイ論文だけでも数多く存在し，国際的な観点からの租税競争に焦点を当てたものに限っても Haufler（2001），Fuest, Huber and Mintz（2005），Zodrow（2010）等がある[1]．

本章では，第 5 章及び第 6 章の議論につなげることを目的として，国際的な租税競争を理解するために重要と思われる必要最小限のモデルを提示する．第 5 章では，アジア諸国の実効税率を計測してアジアで国際的な租税競争が生じているか否かを検証する．そこでは現実の世界が租税競争モデルの含意に沿って動いているかどうかが確認されるが，本章ではそのために必要な租税競争モデルをみる．租税競争モデルには，同一の国同士間の租税競争に関するものだけでなく，規模の異なる国同士間の租税競争を考察するものもあり，こうしたモデルはアジアのように大国と小国が入り混じった地域の分析に役立つ．本章ではこうしたモデルの含意を把握する．また，現実には各国が独自の立地特殊的レントを持っており，それが租税競争のあり方に影響を及ぼすと考えられる．そこで，本章では立地特殊的レントの租税競争への影響を基本的なモデルを用いて明らかにする．多種多様な立地特殊的レントが作り出されるモデルを考察することは本書の領域を超えるため，ここでは輸送費の存在が立地特殊的レントを作り出す単純なモデルを取り上げ，租税競争における立地特殊的レントの基本的

---

[1] その他の分野の租税競争及び租税競争全般に関するサーベイとしては，Wilson（1991 a），Zodrow（2003），Wilson and Wildasin（2004），松本（2006）等がある．

な役割を考える．後に第6章では，抜本的法人税改革案として租税競争を回避することができる居住地主義や仕向地主義の抜本的な法人税改革案を考察するが，こうした法人税改革案が出てくるのは租税競争の原因が法人税の源泉地主義に求められるからである．本章で示される源泉地主義の資本税に関する租税競争の議論は，居住地主義や仕向地主義の法人税といった新しいラディカルな法人税の必要性を考えるための出発点となるものである．

2. 租税競争のモデル

2.1 基本的な租税競争モデル（小国の場合）

租税競争に関する現代的なモデルは，Zodrow and Mieszkowski (1986) とWilson (1986) に始まる．彼らは，地方公共財を資本税で賄う場合に十分な資本税収を上げることができず，地方公共財が過少になることを示した[2]．ここでは，Wilson (1991 a) を参考に，Zodrow-Mieszkowski モデルを少し変形したモデルを考える．

まず，小国開放モデルを想定する．各国は同一の国として，人口は1に基準化する．各国では，競争市場において企業が生産要素として資本と労働を用いて1種類の生産を行う．資本は国際間を完全移動し，労働は国内だけに弾力的に供給される．個人は一定の資本を保有し，その資本は国内または海外の生産に用いられる．生産物は，個人の消費に用いられるか，政府の中間財に充てられ，政府の中間財は最終的に公共財として個人に提供される．1単位の私的財から1単位の公共財が作られるものとする（限界変形率＝1）．

個人は，次のように私的財消費と公共財消費から効用を得る．

---

[2] 地方公共財が一括税と資本税の両方で賄うことができる場合には一括税のみが利用され，最適資本税率はゼロになる．地方公共財は最適水準まで供給される．

$$U(x_i, g_i) \quad (3.1)$$

ここで,U は効用関数,X_i は i 国の個人の私的財消費,g_i は i 国の個人の公共財消費を表す.但し,U は $U_x > 0, U_g > 0, U_{xx} < 0, U_{gg} < 0$ を満たすものとする.

各国で資本ストック k_i を用いて生産が行われ,各国の個人が資本ストックを k^* だけ保有するとき,個人の所得 (x_i) は次式のように表される.

$$x_i = f_i(k_i) - (r + t_i)k_i + rk^* \quad (3.2)$$

ここで,f_i は生産関数,k_i は資本ストック,r は世界利子率,t_i は資本税率を表す.

公共財は資本税のみで賄われるものとし,次式のように表される.

$$g_i = t_i k_i \quad (3.3)$$

生産関数 f_i は全ての国に共通とし,$f_i' > 0, f_i'' < 0$ を仮定する.企業の1階条件より,

$$f_i'(k_i) = r + t_i \quad (3.4)$$

が得られる.すなわち,企業は資本の限界生産性が資本コストに等しくなるまで生産を行う.資本 k_i が資本コスト $(r+t_i)$ の関数であることに注意して (3.4) 式を t_i で微分すれば,

$$\phi \equiv \frac{dk_i}{dt_i} = \frac{1}{f_i''(k_i)} < 0 \quad (3.5)$$

となる.つまり,i 国で税率を引き上げられると i 国から資本が流出する.

ここで,i 国政府が公共財を1単位増やすために税率を引き上げる状況を考える.(3.2) 式と (3.3) 式より ((3.4) 式を利用して),次式が得られる.

$$dg_i = -dx_i + t_i dk_i$$
$$\Leftrightarrow MB = MC + t_i dk_i \quad (3.6)$$
$$(+) \quad (+) \quad (-)$$

(3.6) 式の左辺は公共財を増やすことによる限界便益 (marginal benefit)，右辺の第1項は同限界費用 (marginal cost) を示している．技術的には1単位の公共財を増やすためには1単位の私的財を犠牲にすればよいものの，資本税率を引き上げると資本が海外に流出するため，資本税収が $t_i dk_i$ だけ減少してしまう．このため，実際には家計の私的財消費の減少（MC）は技術的に公共財を賄う分（MB）よりも大きくなる．

政府は，(3.1) 式を最大にするように t_i を設定する．このとき，私的財と公共財の限界代替率は次のように表される．

$$\frac{U_g}{U_x} = -\frac{dx_i}{dg_i} = \frac{1}{1+\dfrac{\phi t_i}{k_i}} > 1 \quad (3.7)$$

(3.5) 式より $\phi < 0$ だから，公共財の限界効用の方が私的財のそれよりも大きく，公共財が過少供給されることがわかる[3]．

2.2 大国の場合

次に，自国の資本税率が世界利子率に影響を及ぼすことができる大国ケースを考える．租税競争の均衡はナッシュ均衡として決まるものとし，全ての国が同一であるものとする[4]．大国ケースでは，世界利子率が各国の資本税率の関数 $r(t_i,\cdots t_n)$（n は国の数）として表される．固定された世界の資本ストックを $\overline{K}$ とすれば，資本市場のマーケットクリアリング条件より，

---

3) 公共財供給の最適条件は，$U_g/U_x = 1$ である（サミュエルソン条件）．Zodrow and Mieszkowski（1986）や Wilson（1986）は，租税競争が公共財の過少供給をもたらすことをより厳密な手法で示している．

4) 以下の記述は，Hoyt（1991）による．各国が同一でない場合については，Wildasin（1989）を参照されたい．

$$\overline{K} = \sum_j k_j = 0 \quad (3.8)$$

ここで，k_j は (3.4) 式と同じく決まり，$r+t_j$ の関数である．(3.8) 式をインプリシットに微分すると，

$$\frac{\partial r}{\partial t_i} = -\frac{k_i{'}}{\sum_i k_j{'}} = -\frac{1}{n} = -s < 0 \quad (3.9)$$

となる．但し，s は各国の市場シェアを表す．(3.9) 式は，ある国の資本税率引き上げが世界利子率を低下させることを示している．また，各国のシェアが小さくなる（国の数が増加する）と資本税率引き上げによる世界利子率の押し下げ効果は小さくなる．

i 国の税率引き上げの自国資本に及ぼす影響は，

$$\frac{\partial k_i}{\partial t_i} = \frac{1+\frac{\partial r}{\partial t_i}}{f''(k_i)} = \frac{1-s}{f''(k_i)} < 0 \quad (3.10)$$

となる．各国のシェアが小さくなる（国の数が増加する）と，課税ベースの海外流出の程度は大きくなることがわかる．逆に，国の数が少なくなるにつれ課税ベースの海外流出は小さくなり，極端な場合として国の数が1つの場合を考えると，税率を引き上げても課税ベースが変化しない．この場合は，(3.9) 式より資本税率引き上げが全て世界利子率の低下に反映され，資本コストが $r+t_i$ のまま変化しない．

i 国の税率引き上げが j 国の資本ストックに及ぼす影響は，次式のように表される．

$$\frac{\partial k_j}{\partial t_i} = \frac{-s}{f''(k_j)} > 0 \quad (3.11)$$

i 国の税率引き上げによって j 国は資本ストックが増加し，各国のシェアが小さい（国の数が多い）ほどその程度は小さい．

自国の資本税率の引き上げは他国の資本ストックに正の外部効果をもた

らすが，資本税率引き上げを行う政府は自国民の厚生にしか関心がないため，他国に及ぼす正の外部効果を考慮に入れない．このため，資本税率は低く設定され，公共財供給は不効率に低い水準にとどめられる．こうした外部性は，財政的外部性 (fiscal externality) と呼ばれる (Wildasin, 1989)．

大国ケースでは，資本市場の制約をクリアするために資本税率の上昇が必ず世界利子率を引き下げるので，大国では小国と比べて自国資本が税率の変化に対して感応的ではない．大国では，ある国の税率引き上げが資本流出を通じて他国に正の外部性を与えることは変わらないが，資本流出の程度が小国よりも小さい．そして，（全ての国が同一ではないケースを考えると）大国が資本輸出国であるとき，その国は自らの税率引き下げが世界利子率を引き上げる影響を考慮に入れた上で税率設定を行うと考えられる．資本輸出国は，世界利子率を引き上げるために資本税率を引き下げるのみならず，資本に補助金を与えるかもしれない．このようなことが行われると，資本輸出国には不効率な資本が多く存在してしまう．逆に，大国が資本輸入国である場合，その国は資本税率を引き上げることで世界利子率を低下させて交易条件を改善しようとする．この場合，資本輸入国には資本が過少になる．こうした外部性は，財政的外部性とは異なるものとして，金銭的外部性 (pecuniary externality) と呼ばれている (Depater and Myers, 1994)．

2.3 大国・小国間の租税競争（非対称な租税競争）

次に，大国と小国における租税競争を考える．前述のように，大国は税率の引き下げが世界利子率を大きく上昇させるため，大国では資本税率を変化させたときの資本コスト $r+t_i$ の変化が小さい．そうであるならば，大国は税率引き下げによる資本競争にあまり積極的ではなく，高い税率を維持するのではないかとの推論が働く．Bucovetsky (1991) と Wilson (1991b) は，この直感が正しいことを示した．

2国が存在し，人口の大きさが異なるものとする．s_i ($i=1,2$) を人口シェア，k_i ($i=1,2$) を1人当たり資本，k^* を1人当たり資本の世界平均とすれば，

$$s_1 k_1 + (1-s_1) k_2 = k^* \quad (3.12)$$

と表される．企業の1階条件は次のように表される．

$$f'(k_1) - t_1 = f'(k_2) - t_2 = r \quad (3.13)$$

(3.12) 式を k_2 について解き，(3.13) 式に代入すれば次式が得られる．

$$f'(k_1) - t_1 = f'\left(\frac{k^* - s_1 k_1}{1 - s_1}\right) - t_2 \quad (3.14)$$

これをインプリシットに微分すると，

$$\frac{\partial k_i}{\partial t_i} = \frac{1 - s_i}{(1 - s_i) f''(k_i) + s_i f''(k_j)} < 0 \quad \forall i,\ i \neq j \quad (3.15)$$

が得られる．これは，大国は税率を引き上げてもそれに伴う資本流出の程度が小さく，逆に小国は税率引き上げによる資本流出の程度が大きいことを示している．税率引き上げの世界利子率への影響は，(3.13) 式を用いて次のように計算される．

$$\frac{\partial r_i}{\partial t_i} = f''(k_i) \frac{\partial k_i}{\partial t_i} - 1 \quad i = 1,\ 2 \quad (3.16)$$

家計と政府の予算制約が (3.2) 式と (3.3) 式と同じく表される ($i=1,2$) とき，各国政府は次のような効用関数 $U(x_i, g_i)$ を最大化するように資本税率を決定する．

$$U(x_i, g_i) = U_i(f(k_i) - (r + t_i) k_i + r k^*,\ t_i k_i) \quad (3.17)$$

(3.17) 式を t_i で微分してゼロとおけば，(3.16) 式を用いて次式が得られる (Bucovetsky (1991) の最適反応関数)．

$$f''(k_i) \frac{\partial k_i}{\partial t_i} (k^* - k_i) - k^* + \frac{U_g}{U_x}\left(k_i + t_i \frac{\partial k_i}{\partial t_i}\right) = 0 \quad i = 1,\ 2 \quad (3.18)$$

ここで，$\partial k_i/\partial t_i$ は (3.15) 式から得られ，大国の方が小国よりも小さい．(3.18) 式の第 1 項は資本輸出国は正，資本輸入国は負になる．第 2 項は負，第 3 項は最適政策下では正になる．

今，大国と小国で $\partial k_i/\partial t_i$ が異なるにもかかわらず税率を同じに設定し，1 人当たり資本が均衡で同じになるものとする．このとき，(3.18) 式の第 1 項はゼロになり，第 2 項は大国と小国に共通，第 3 項は小国の方が小さくなる．よって，(3.18) 式は成り立たない．(3.18) 式を成り立たせるためには，小国が税率を引き下げて 1 人当たり資本を増加させることが必要になる．よって，大国・小国間の租税競争では均衡において小国の方が税率が低くなる．

注目すべきことは，このとき小国には資本が流入するため，大国よりも 1 人当たり資本が大きくなり賃金も高くなることである．さらに，Bucovetsky (1991) によれば，大国と小国の人口差が十分に大きい場合には，非対称な租税競争の下で小国は協調による効率的な資源配分よりも高い 1 人当たりの厚生を実現することができる．このように，人口以外が同一な大国・小国間の非対称な租税競争モデルでは，常識に反して小国が勝者になるとの結論が得られる．

2.4 立地特殊的なレントがある場合

以上は，資本が税率変化のみに従って移動するモデルである．しかし，現実には各国は立地特殊的レントを持っており，それが国際的な租税競争に影響を及ぼす．例えば，各国で生産性が異なれば，企業は税率だけでなく生産性を考慮に入れて立地場所を決めると考えられる．立地特殊的レントは様々単純な要因で生み出されるが，ここでは単純な例として立地特殊的レントが輸送費によって作り出される状況を考える．前節で行われた議論の背景には，どの国で生産しても輸送費なしに製品を海外に供給できるという暗黙の前提があったが，輸送費がある場合には大市場に近い場所で生産することのメリットが発生する．大市場に資本が引き寄せられるモデルは新しい貿易理論と呼ばれる分野で活用されており，新しい貿易理論の

標準的なモデルでは独占的競争と輸送費の存在を前提としてモデルが構築される[5]．輸送費がない場合には企業はある国で生産する費用のみを考慮すればよかったが，輸送費がある場合には企業の立地場所によって各国の消費者に提供する財価格が異なるため，生産要素や税制という供給面だけでなく，市場規模という需要面が企業立地にとって重要になる．以下では，Haufler and Wooton (1999) に従って，輸送費が立地特殊的レントを生み出すモデルをみる．このモデルは典型的な資本税競争のモデルとは異なるが，輸送費の存在が立地特殊的レントを生み出す様子を具体的に把握することができ，これによって立地特殊的レントの資本移動への影響を知ることができる．

2国（大国1と小国2），2財（x財とz財）から成るモデルを考える．代表的家計の効用関数は，簡単化のため次式のように特定化される[6]．

$$U_i(x_i, z_i) = \alpha x_i - \frac{1}{2}\beta x_i^2 + z_i \quad \forall i \in \{1, 2\} \quad (3.19)$$

ここで，U_i は効用，x_i は x 財消費，z_i は z 財（ニューメレール）消費を表す．小国2の人口を1，大国1の人口を $n > 1$ と仮定する．家計は労働を提供して賃金 w を受け取る．各国の政府は，一括税により税収を得るものとする．T_i を一括所得移転（T_i が負であれば税負担を表す），q_i を x 財の価格とすれば，家計の予算制約は

$$w + T_i = q_i x_i + z_i \quad \forall i \in \{1, 2\} \quad (3.20)$$

と表される．予算制約 (3.20) 式の下で (3.19) 式を最大化すると，各国の x 財消費は，それぞれ次のように表される．

$$X_1 = nx_1 = \frac{n(\alpha - q_1)}{\beta}, \quad X_2 = x_2 = \frac{\alpha - q_2}{\beta} \quad (3.21)$$

---

5) 新しい貿易理論のモデルの特徴は，Combes et al. (2008)，佐藤・田渕・山本 (2011)，Baldwin and Krugman (2004) 等を参照されたい．
6) 2次の効用関数は，新しい貿易理論でよく使われるものである．

小国 2 の方が需要関数の傾きが緩やか（価格が低下すると需要が伸びやすい）となる．

x 財市場では，大国 1 または小国 2 に位置する外国資本の独占的企業によって供給されるものと仮定し，独占的企業は大国 1 のみに立地するか，小国 2 のみに立地するものとする．独占的企業は差別的な価格設定はできず，国によらず同じ価格 p（輸送費は含まれない）で製品を販売するものとする．しかし，国内で生産される製品と輸入品とでは，輸送費 η（両国に共通）の分だけ販売価格に差がある．ここで，q_i^j を j 国で生産され i 国で販売される x 財の価格とすれば，

$$q_1^1 = p_1, \quad q_2^1 = p_1 + \eta \quad (3.22\,a)$$

$$q_1^2 = p_2 + \eta, \quad q_2^2 = p_2 \quad (3.22\,b)$$

となる．

固定費用は両国とも F とし，労働が唯一の生産要素で，生産技術は規模に対して収穫一定とする．また，x 財 1 単位の生産には労働が 1 単位必要であるものとする（すなわち限界費用は賃金 w）．国の大きさの違いに注目するために，賃金は両国で同じとする．資本の受入国（ホスト国）は，輸送費の節約から生じる超過利潤に対して一括税を課すものとする．τ_i をホスト国 i の超過利潤税率とすれば，両国に投資した場合の利潤はそれぞれ

$$\Pi_1 = (p_1 - w)[X_1(q_1^1) + X_2(q_2^1)] - F - \tau_1,$$

$$\Pi_2 = (p_2 - w)[X_1(q_1^2) + X_2(q_2^2)] - F - \tau_2$$

となる．これらに (3.21) 式と (3.22 a)，(3.22 b) 式を代入して，それぞれ p_1 または p_2 に関して微分すれば，企業にとっての最適価格が得られる．

$$\hat{p}_1 = \frac{1}{2}\left[(\alpha + w) - \frac{\eta}{n+1}\right], \quad \hat{p}_2 = \frac{1}{2}\left[(\alpha + w) - \frac{n\eta}{n+1}\right] \quad (3.23)$$

両国における価格は，両国政府が設定する超過利潤に対する一括税には依存せず，共通の輸送費に依存する．(3.23) 式より企業は大国1で生産した方が（輸送費を除く）価格が高くなる．これは，企業が大市場で生産する場合には輸送費がかからないことを反映している．このため，企業には大市場で生産しようとするインセンティブが働く．これが，新しい貿易理論で言うところの自国市場バイアス（home market bias）である．

このときの均衡利潤を $\hat{\Pi}_1, \hat{\Pi}_2$ とする．もし $\hat{\Pi}_1 = \hat{\Pi}_2$ ならば，企業にとって大国1と小国2に立地することは無差別である．そこで，$\Gamma \equiv \tau_1 - \tau_2$ として，大国1の税率が小国2を上回ってもなお企業にとって両国が立地場所として無差別になる税プレミアム（tax premium）を計算すると次式のようになる．

$$\Gamma = (n-1)[2(a-w)-\eta]\frac{\eta}{4\beta} > 0 \quad (3.24)$$

これは，大国1に立地することに対して企業が支払ってもよいと考える金額である．今，仮定より $n > 1$ でありかつ $a-w-\eta/2 > 0$ であることから $\Gamma > 0$ となる．また，$d\Gamma/d\eta > 0$ となることが容易に確認できる．すなわち，輸送費が大きくなればなるほど企業が大国1に立地するために支払ってもいいと考える税プレミアムが大きくなる．

このように，輸送費の存在のみで租税競争は立地特殊的レントを含めたものに変わる．ここで用いたモデルでは，輸送費によって立地特殊的レントが生じるとされたが，現実的な租税競争の観点からは理由は何であれ立地特殊的レントが生じ，それを考慮した租税競争が行われる点が重要である．立地特殊的レントは，輸送費ではなく，質の高い労働力，インフラ整備，天然資源など供給要因で生じるかもしれない．こうした生産要素の違いについても輸送費のアナロジーとして，立地特殊的優位を持つ国はそれを持たない国よりも税率を高く設定できると考えられる．そして，Bucovetsky (1991) や Wilson (1991 b) の非対称な租税競争モデルとは対照的に，立地特殊的レントを持つ大国に資本が流入して1人当たり資本が増加する

ため，大国が租税競争の勝者になる．

3. 国際的な租税競争の実証分析

　最後に，国際的な租税競争に関する簡単なサーベイを行う．国際的な租税競争に関する実証分析は数多い．具体的な手法としては，各国の税率の反応関数を推計し，自国の法人税率の設定が他国の税率の影響を受けているかどうかによって租税競争の有無を判断する[7]．初期の実証研究の例としては，Altshuler and Goodspeed（2002）がある．彼らは，1968～1996 年における OECD 諸国のデータを用いて自国の法人税率の設定が隣接国の法人税率（税額の対 GDP 比）から影響を受けることを示した．現在この分野のベンチマークとなっている Devereux, Lockwood and Redoano（2008）は，1982～1999 年における OECD 21 か国を対象として，法定税率と EMTR に関する各国間の相互作用を検討した．そして，周辺国が平均的に法定税率を 1% 引き下げると，自国が法定税率を 0.7% 引き下げるとの結果を得た．より最近のデータを用いた研究では，Overesch and Rincke（2011）が 1983～2006 年における欧州 32 国についてほぼ同様の分析を行い，欧州諸国における租税競争を再確認した．また，彼らはもし租税競争がなかったならば 2006 年における欧州諸国の法人税率は 12.5% 高かったであろうとの試算を示した．Davis and Voget（2008）は，欧州のサンプルを EU 加盟国と非 EU 加盟国に分けて分析を行い，EU 加盟国が非 EU 加盟国よりも互いの税率に対して強く反応するとの結果を得た．Crabbe and Vandenbussche（2009）は，2004 年の EU 拡大が租税競争に及ぼす影響を考察した．新加盟国（ポーランド，チェコ，スロバキア，ハンガリー，スロベニア，エストニア，リトアニア，ラトビア，マルタ，キプロス）は低税率国が多いことから，彼ら

7）　但し，政府の税率決定に対する相互作用だけでは，それが租税競争によるものか，ヤードスティック競争によるものか等の判別はつかない．租税競争と判断されるためには，実際に資本移動を伴っているか否かが条件にされることがある．詳しい議論は，Brueckner（2003）を参照されたい．

は低税率の新加盟国との地理的な距離が旧加盟国の税率設定に影響を及ぼすかどうかを検証した．その結果，新加盟国の近隣国（ドイツ，イタリア，スウェーデン，デンマーク）が新加盟国の税率に対して強く反応していることがわかった．

　先進国を対象とした租税競争の実証分析が数多くみられるのに対して，途上国を対象にした政府の反応関数の分析はほとんどない[8]．途上国の分析が少ない理由は，途上国に関する Devereux-Griffith 型実効税率の計測が遅れていることや，途上国ではタックスホリデー等の税制優遇措置が多用されていることから，それを考慮した推計が必ずしも容易ではないことがある．例外的に，Klemm and Van Parys (2012) がラテンアメリカ，カリブ海諸国，アフリカにおける租税競争の有無を分析し，それらの地域では法定税率とタックスホリデーに関する租税競争があることを確認した（投資控除・税額控除に関する租税競争は確認されなかった）．アジア諸国を対象とした分析はこれまで行われていなかったが，Suzuki (2014) がアジア 12 か国に関する税制優遇措置を考慮した Devereux-Griffith 型の実効税率を構築し，租税競争の分析をアジア諸国にも拡張した．その内容は第 5 章でみる．

---

[8]　租税競争の観点から途上国の法人税の特徴を分析したものとしては，Keen and Simone (2004) や Keen and Mansour (2010) がある．

補論3　国際的な租税回避

近年租税競争とともに注目を集めている国際的な課税問題が，多国籍企業の租税回避（tax avoidance）である[9]．多国籍企業は，移転価格操作や負債利用によって租税回避を行うことができる．こうした租税回避は政府にとって本来得られるべき税収を減らすことになる．Bartelsman and Beetsma (2003) は，OECD 諸国の所得移転を産業別に検証し，OECD 諸国では限界的に税率を引き上げてもその 65% が所得移転として海外に流出してしまうことを指摘し，OECD 諸国が多国籍企業の租税回避にもっと関心を払うべきだと注意を促した．近年では欧米の多国籍企業がタックスヘイブンに所得移転を行うことによって，その投資先であるアフリカの貧困国において税収が発生しないという深刻な問題が生じている．その問題は，2013 年夏の G 20（20 か国財務大臣・中央銀行総裁会議）でも議題として取り上げられた．各国政府が税収の確保を考えるにあたって，多国籍企業による所得移転は今や避けられない重要な論点の 1 つになっている．

3 A. 1　移転価格を用いた租税回避

多国籍企業は世界の関連会社との間で取引を行っているが，その取引価格（移転価格）を操作することでグループ全体の所得を低税率国にシフトすることができる．こうした所得移転を防ぐために，多くの国では独立企業間価格とグループ内取引の移転価格の乖離を防ぐ移転価格税制が導入されている．しかし，特許を利用した製品など実務的に移転価格の算定に困難がある取引が少なくないこと，また移転価格税制の強化のためには税務当局及び企業側双方に膨大な事務コストがかかるなどの問題から，移転価

---

[9] 租税回避とは，税逃れのために経済的合理性のない取引を行って租税負担を減らすことを指し，その行為自体は違法ではないが，公平性に反するとして問題視される．違法な脱税（tax evasion）や公平性の観点からも問題のない節税（tax saving）とは異なることに注意されたい．

格を通じた租税回避を完全に防ぐことは難しい．移転価格を用いた所得移転と移転価格税制の設計の問題は，現在でも税務当局にとって大きな課題として残されている．

移転価格を用いた租税回避の実証分析としては Clausing（2003）がある．Clausing（2003）は，1997～99 年の米国企業を対象に，移転価格操作による所得移転の存在を米国労働省労働統計局（BLS）の国際貿易価格に関するデータを用いて検証した．そして，法人税率と企業グループ内取引価格の間に強い相関関係がみられ，企業内取引先の税率が 1% 低いとその輸出価格が 1.8% 低く，輸入価格が 2.0% 高くなるとの結果が得られた．

3A.2 負債を利用した租税回避

近年注目度が増している租税回避は負債を利用した所得移転である．負債は課税ベースから控除されるため，税率の低い子会社が税率の高い子会社をファイナンスすることでグループ全体として税負担を軽減することができる．先進国では，過少資本税制によって自国内の外国子会社の親会社から借入が制限されていることが多い．例えば，日本では国内の外国子会社における親会社等の資本持分の 3 倍を超える借入については，その支払利子を課税ベースから控除できないことになっている．しかし，各国の過少資本税制の導入はそれほど古くから存在するわけではなく，また全ての国で過少資本税制が導入されているわけでもない．

負債を利用した租税回避の実証分析は，近年盛んに行われている．Desai, Foley and Hines（2004）は，1982 年，1989 年，1994 年における約 3700 社の米国多国籍企業と 150 か国以上で活動する約 3 万の外国子会社のデータを用いて，米国の多国籍企業に関して内部負債と外部負債を分けて租税回避の分析を行った．そして，立地国の税率が 10% 高まると米国の外国子会社の負債・資産比率が 2.4～3.2% 上昇すること，外部負債の課税弾力性が 0.19，内部負債のそれが 0.35 であるとの結果を得た．内部負債の方が課税弾力性が高いとの結果は，多国籍企業が課税を避けるためにグループ内で金融取引を調節しているとの仮説と整合的である．

Mintz and Weichenrieder (2005) は，独中央銀行の Midi データを用いてドイツの多国籍企業を対象として同様の分析を行った．その結果，ドイツの多国籍企業も内部負債に強く反応することがわかった．一方で，Buettner et al. (2009) は同じデータを用いて分析を行ったものの，Mintz and Weichenrieder (2005) とは異なる結果が得られた．Buettner et al. (2009) によれば，ドイツ企業の外部負債の弾力性は Desai, Foley and Hines (2004) が対象にした米国企業とほぼ同じであるものの，内部負債の弾力性についてはドイツ企業の方が小さい．また，Buettner and Wamser (2007) によれば，税率格差が多国籍企業グループによる内部負債の利用に大きな影響を及ぼすことについては頑健な推計結果が得られるものの，それがもたらす税収減の程度については完全子会社についてでさえ比較的小さい．こうした結果から，Buettner and Wamser (2007) は先行研究が示すように所得移転が重要であるとするならば，ドイツ企業は別の方法でタックスプランニングを行っているのではないかと述べている．このように各国の実証結果には定量的な面でばらつきがみられるが，内部負債を利用した租税回避が企業グループ内で行われていること自体は実証的に明らかにされていると言える．

負債を用いた租税回避を防ぐための過少資本税制の効果については，Buettner et al. (2012) が過少資本税制の導入によって内部負債が大きく減少することや，過少資本税制を廃止すると投資が 8.72% 増加すること等を実証的に明らかにした．彼らは，多くの国の過少資本税制の基準はドイツのそれよりも緩いため，過少資本税制の投資への平均的な負の効果は 5% 程度ではないかと述べている．

最近では，途上国の方が税務執行を効果的に行う能力が低いため，途上国は所得移転に対してより脆弱であるとの指摘 (Silberztein, 2009) を受けて，途上国についても同様の研究が行われるようになってきた．Fuest, Hebous, Riedel (2011) は，ドイツ企業の対外 FDI データを用いて負債による国際的な所得移転が先進国と途上国で異なるかどうかを検証した．その結果，先進国に関する先行研究と同じように，高税率の途上国では企業が

負債調達を好むことがわかった．そして，途上国における税率の負債調達に及ぼす影響は先進国の2倍であるとの結果も示された．

3A.3　租税回避に対する政府の反応に関する議論

では，多国籍企業による移転価格や負債を利用した所得移転が行われているとき，政府はどのように対応すべきであろうか．1つの対応策として移転価格税制や過少資本税制の強化が考えられるが，話はそれほど単純ではない．第1に，移転価格税制は政府側のみならず企業側にも書類の保存・作成等の多大なコストがかかることである．移転価格税制の強化によって，租税回避とは無縁の企業の負担まで増してしまう。第2に，Buettner et al.（2012）の実証結果からわかるように，移転価格税制や過少資本税制の強化が資本誘致に対して負に作用することである．このため，各国政府が投資を引き寄せるために合理的な判断として移転価格規制を実施しない可能性がある（Peralta et al., 2006）．Altshuler and Grubert（2006）は，投資受入国は投資の経済効果が税収減よりも大きければ多国籍企業に租税回避を許す，またはそれを促進するインセンティブさえを持つことを指摘している．第3に，自国における租税回避の強化が低税率国の更なる税率引き下げを促すことである．Becker and Fuest（2012）は，移転価格税制の強化が低税率国の更なる税率引き下げにつながり，結果として生産的な対応にはならない可能性を指摘した．自国が移転価格を厳しく設定することで外国の最適税率が低下し，租税競争が悪化する恐れがある．Hong and Smart（2010）はタックスヘイブンへの所得移転は高税率国の税収を減らす一方で，税率格差に対する企業立地の反応を小さくすることを指摘した．そして，高税率国では国際的なタックスプランニングによる自国への投資促進効果が税収減少効果を凌駕すると主張した．タックスヘイブンを用いた租税回避の増加は，資本に対する法定税率と実効税率の上昇をもたら

---

10)　これに対して，Slemrod and Wilson（2009）はタックスヘイブンの完全または部分的な排除が非タックスヘイブンの厚生を改善することを示し，比較的大きい少数のタックスヘイブンを排除することは，他のタックスヘイブンも含めて全ての国の厚生を高めると主張している．

し，高税率国の住民の厚生を高めるとされる[10]．

　このように，租税競争の観点からみると，租税回避は各国政府による租税競争に新たな次元を加えたものと捉えることができる．法人税負担が高い国でも，租税回避を可能にすることでその国の政府は自国に企業を誘致することができる．租税回避とりわけタックスヘイブンに関する議論は現在進行中であるため，そこから得られる政策的含意に関しては慎重な判断が必要だが，租税回避の手段が防止されると低税率国の政府は自国への投資インセンティブを維持するために別の手段で対抗する可能性があることは留意しておかなければならない点であろう．租税競争に複数の手段がある場合には，1つの手段について租税競争を回避すると別の手段で租税競争が悪化する可能性があるということである．

第4章
法人実効税率

1. はじめに

　租税競争を考えるにあたって重要になるのが，法人税の実効税率である．これは，企業の経済活動に影響を及ぼすのが法人税の法定税率ではなく実効税率であるからである．法人税額は「法定税率×課税ベース」として計算されるため，法定税率だけでは実質的な法人税負担はわからない．法人税の経済活動への影響を調べるには課税ベースを考慮した実効税率を知る必要がある．

　巷間行われる税制の議論では，しばしば前年度の法人事業税（地方税）が法人税（国税）の計算で損金算入されることを考慮に入れた国・地方の合計税率が法人実効税率と呼ばれる．この指標は，本章における課税ベースを考慮に入れた実効税率とは全く異なる．国・地方の合計税率は，しばしば本来の実効税率と区別するために表面実効税率と呼ばれる．表面実効税率は，減価償却費など課税ベースに大きな影響を及ぼす要素が計算に反映されておらず，国・地方を合わせた法定税率の意味しかない[1]．実際，法人実効税率に関する多くの研究では表面実効税率が法定税率そのものとして捉えられ，実効税率の一要素として扱われる．本章の計算でも国・地方の表面実効税率は法定税率として利用される．

---

1) 地方法人特別税を無視すれば，「表面」実効税率は［法人税率×（1＋法人住民税率）＋法人事業税率］／（1＋法人事業税率）として計算される．

本来の実効税率は，企業活動に伴って発生する実質的な税負担を示すものであり，法定税率の変化とともに課税ベースの変化がそれに反映される．法定税率が低下しても課税ベースが拡大されて実質的な税負担が変わらなければ，実効税率は低下しない．逆に，法定税率が変化しなくても，課税ベースが縮小すれば実効税率は低下する．

そこで本章では，本来の法人実効税率を用いて日本の法人税改革の分析を行う．法人実効税率の考え方を整理するとともに，Devereux-Griffith 型法人実効税率を用いて日本とその他の主要国との法人実効税率の比較を行う．そして，日本が法人税減税を行う場合に法定税率引き下げと課税ベース縮小のいずれを行うべきか，またそのときに企業ベースの法人実効税率がどのように変化するか等の問題を考える．

2. 法人実効税率の計算

2.1 法人実効税率の分類

法人実効税率の具体的な計算を見る前に，法人実効税率には 2 つの区別の仕方があることに言及したい．第 1 に，限界実効税率と平均実効税率の区別である．限界実効税率は，追加的な 1 単位の投資に対して課せられる税率であり，平均実効税率は企業の利潤全体に対して課せられる税率である．追加的な 1 単位の投資を行うために企業は（投資家が要求する利潤率に等しい）正常利潤を確保しなければならないから，限界実効税率は正常利潤に対する税率を測るものである．一方で，平均実効税率は正常利潤と超過利潤の双方に対する税率である．

Auerbach, Devereux and Simpson（2010）は，企業が海外市場への進出を考える際に次の 4 段階に分けて判断が下されるとして，各判断に影響を及ぼす法人税率を次のように捉えた[2]（図 4-1）．まず第 1 段階として，企業は海外市場へ製品を供給するにあたって，対外直接投資（FDI）を行って現

---

2) Horstman and Marksen（1992）の考察に基づいている．

第4章 法人実効税率

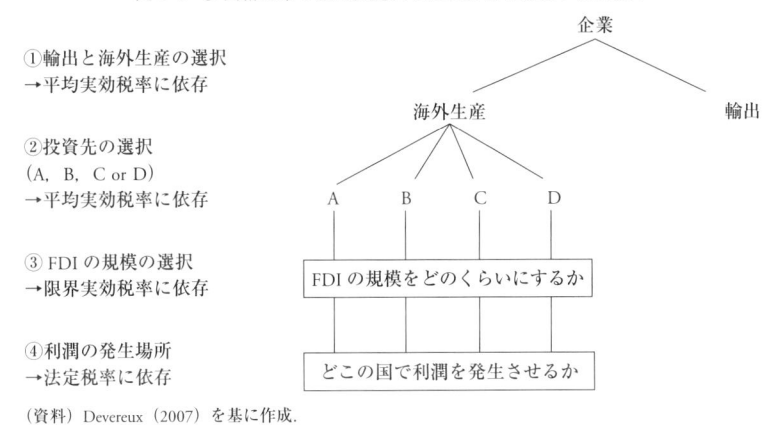

図 4-1 多国籍企業の意思決定とそれに影響を及ぼす法人税率

① 輸出と海外生産の選択
→平均実効税率に依存

② 投資先の選択
(A, B, C or D)
→平均実効税率に依存

③ FDI の規模の選択
→限界実効税率に依存

④ 利潤の発生場所
→法定税率に依存

(資料) Devereux (2007) を基に作成．

地生産を始めるか，もしくは国内生産品を輸出するかの判断を下す．この判断に影響を及ぼす税率は平均実効税率である．多くの企業は，ブランドイメージや経営力，市場の独占力，優秀な労働力や天然資源などの優位性から正常利潤を超える利潤を生み出すが，こうした超過利潤に対する課税状況を考慮に入れた上で，企業は海外市場への進出を判断すると考えられる．第2段階として，FDI を行うことを決定した後で，どこの国で現地生産を始めるかを判断するが，この場合にも第1段階と同じ理由により立地先に影響を及ぼすのは平均実効税率である．

第3段階では，投資先が決まった後の判断として，投資先に対する FDI の規模を決めなければならない．この判断に影響を及ぼす税率は限界実効税率と考えられる．なぜなら，企業の投資判断は資本コストに対する課税に影響を受けるものの，超過利潤に対する課税には影響を受けないからである．第1段階と第2段階における離散選択の問題には，企業利潤のうちどの程度が税金としてとられるかを決める平均実効税率が重要であるのに対して，FDI の規模については設備投資理論に従って限界実効税率が決め手となる[3]．

さらに第4段階として，海外に進出した多国籍企業がどの地域で利潤を

計上するかの判断には法定税率が影響すると考えられる．多国籍企業は，移転価格の操作等を通じて，世界全体として税額を最小化するインセンティブを持つ．所得移転は，移転価格操作や負債比率操作を通じて各地域の投資配分とは無関係に行われるものであることから，減価償却制度などの課税ベースの変化には影響を受けず，単純に表面税率の大きさに反応すると考えられる．

このように，法定税率そのものが直接影響を及ぼすのは多国籍企業の租税回避行動に対してのみであり，企業の立地選択や投資規模に対する法人税の効果を把握するためには平均及び限界実効税率を計算しなければならない．その意味で，法定税率のみに着目した法人税改革の議論は，法人税の企業活動全体への影響という観点からみてミスリーディングである．

第2に，実効税率はフォワードルッキング（事前的）な実効税率とバックワードルッキング（事後的）な実効税率の2つに分けられる．バックワードルッキングな平均実効税率の最も単純な指標は，「税額／税引き前利潤」として計算される平均実効税率である．「税額＝法定税率×課税ベース」であるから，このように計算される平均実効税率は減価償却などの課税ベースの影響を含むという点で実効税率として機能する．しかし，各期の法人税額は投資活動の結果を反映した減価償却額を用いて計算されるため，こうした実効税率はある税制の下で企業が行動した結果を表したものである．また，税務上の減価償却額は過去の投資活動や繰越欠損金の影響をも反映している．このような理由から，「税額／税引き前利潤」として計算される実効税率はバックワードルッキングな平均実効税率と呼ばれている[4]．

---

3) 新規企業ではなく，既存企業の投資の大きさを決めるのも限界実効税率である．
4) 但し，バックワードルッキングな平均実効税率は，①税務上の減価償却率が一定で，②資本ストックの成長率が実質利子率に等しいとき，フォワードルッキングな平均実効税率に一致する．さらに，こうした条件に規模に対する収穫一定の条件が加われば，バックワードルッキングな平均実効税率はフォワードルッキングな限界実効税率に等しくなる．Sørensen（2004）及びGordon, Kalambokidis and Slemrod（2004）を参照されたい．

第4章　法人実効税率　　91

　これに対して，フォワードルッキングな実効税率はある仮想的な投資プロジェクトを想定して，そのプロジェクトが生み出す利潤がどの程度課税されるかを端的に捉えたものである．実現した税額と課税所得から計算されるバックワードルッキングな税率とは対照的に，フォワードルッキングな実効税率は税制要因のみによって計算されるので，企業の税制インセンティブを直接反映する．このため，法人税の投資及びFDIに対する影響や租税競争の存在を実証的に分析する際には，フォワードルッキングな実効税率を用いることが適切である．

　但し，いかなる分析においてもフォワードルッキングな実効税率がバックワードルッキングな実効税率よりも優れているわけではない．フォワードルッキングな実効税率はその情報が仮想的な投資プロジェクトに限定されるが，バックワードルッキングな実効税率には企業の租税回避などフォワードルッキングな実効税率にはない貴重な情報が含まれている．このため，バックワードルッキングな実効税率の使用が望ましい分析もある．フォワードルッキングな実効税率とバックワードルッキングな実効税率を状況に応じて使い分けることが大切である．

2.2　Devereux-Griffith 型の法人実効税率

　現在フォワードルッキングな実効税率として多くの実証研究に用いられているのは Devereux and Griffith (2003) の実効税率であり，本章でもそれを用いる．Devereux-Griffith の法人実効税率は，次のように導かれる．法人段階と個人段階を統合して，企業価値は第1章の (1.5) 式のように表される．

$$V_t = \sum_{s=0}^{\infty} \left\{ \frac{\gamma D_{t+s} - N_{t+s}}{(1+\rho)^s} \right\} \quad (1.5) \quad (再掲)$$

ここで，V_t は t 期末の企業（株式）価値，D_t は t 期末の配当，N_t は t 期の新株発行，ρ は株主の割引率，γ は1単位の新株発行により1単位の配当支払を行うことに対する税の効果を表す．

企業による純配当は，生産や負債調達等の収入から投資，利払費，税額を除いたキャッシュフローによって制約される．税額は，生産から利払費と税務上の減価償却費を除いたものとして表される．

$$D_t - N_t = Q_t(K_{t-1}) - I_t + B_t - (1+i)B_{t-1} - T_t \quad (4.1)$$

$$T_t = \tau[Q_t(K_{t-1}) - iB_{t-1} - \phi(I_t + K_{t-1}^T)] \quad (4.2)$$

ここで，$Q_t(K_{t-1})$ は生産，K_{t-1} は資本ストック，I_t は投資，B_t は負債，i は名目利子率，T_t は法人税額，τ は法定税率，ϕ は税務上の減価償却率，K_{t-1}^T は税務上の資本ストックの価値，を表す．(4.1) 式と (4.2) 式は，まとめて (4.3) 式のように表される．

$$D_t - N_t = Q_t(K_{t-1})(1-\tau) - I_t + B_t - [1 + i(1-\tau)]B_{t-1} + \tau\phi(I_t + K_{t-1}^T) \quad (4.3)$$

税務上の資本ストックは (4.4) 式のようになり，実際の資本ストック ((4.5) 式) とは区別される．ここで，δ は資本減耗率を表す．

$$K_t^T = (1-\phi)K_{t-1}^T + I_t \quad (4.4)$$

$$K_t = (1-\delta)K_{t-1} + I_t \quad (4.5)$$

投資の NPV（キャッシュフローの現在価値）R_t は，企業価値の拡大に反映されると考えられるため，(1.5) 式を用いて次のように定義される．

$$R_t = dV_t = \sum_{s=0}^{\infty} \left\{ \frac{\gamma dD_{t+s} - dN_{t+s}}{(1+\rho)^s} \right\} \quad (4.6)$$

投資資金が内部留保によって賄われるとき，$N = B = 0$ だから (4.3) 式は (4.7) 式のように表される．

$$D_t = Q_t(K_{t-1})(1-\tau) - I_t + \tau\phi(I_t + K_{t-1}^T) \quad (4.7)$$

(4.6) 式と (4.7) 式より，投資資金が内部留保によって賄われる際の投資

第4章 法人実効税率

の NPV (R_t^{RE}) は,

$$R_t^{RE} = \sum_{s=0}^{\infty} \gamma \frac{dD_{t+s}}{(1+\rho)^s}$$

$$= \gamma \left[\sum_{s=0}^{\infty} \frac{dQ_{t+s}(1-\tau)}{(1+\rho)^s} - \sum_{s=0}^{\infty} \frac{dI_{t+s}}{(1+\rho)^s} + \tau\phi \sum_{s=0}^{\infty} \frac{dI_{t+s} + dK_{t+s-1}^T}{(1+\rho)^s} \right] \quad (4.8)$$

ここで,Devereux and Griffith (2003) は t 期のみ 1 単位の投資が行われて資本ストックが増え,$t+1$ 期には資本ストックが元の水準に戻る状況を考えた (one-period perturbation). すなわち,$dK_t = 1$,$dK_s = 0 \quad \forall s \neq t$ 及び $dI_t = 1$,$dI_{t+1} = -(1-\delta)(1+\pi)$ (π はインフレ率)が想定される.t 期における資本ストックの増加は $t+1$ 期の生産に反映されるので,名目生産の変化は $dQ_{t+1} = (p+\delta)(1+\pi)$ となる (p は純利潤率). こうした仮定の下では,(4.8) 式は (4.9) 式のように表される.

$$R_t^{RE} = -\gamma(1-A) + \frac{\gamma}{1+\rho} \left[(1+\pi)(p+\delta)(1-\tau) + (1+\pi)(1-\delta)(1-A) \right]$$
(4.9)

但し,

$$A = \tau \times PDV$$

ここで,PDV は減価償却の現在価値 (present discounted value of depreciation allowances) を表し,法人実効税率の計算で法定税率と並んで重要な役割を果たす. 減価償却期間を通じて償却率が一定の場合,定率 (DB) 法及び定額 (SL) 法における PDV はそれぞれ (4.10) 式及び (4.11) 式のように表される.

$$PDV_{DB} = \phi \left[1 + \left(\frac{1-\phi}{1+\rho} \right) + \left(\frac{1-\phi}{1+\rho} \right)^2 + \cdots \right] = \frac{\phi(1+\rho)}{\rho + \phi} \quad (4.10)$$

$$PDV_{SL} = \phi \left[1 + \left(\frac{1}{1+\rho} \right) + \left(\frac{1}{1+\rho} \right)^2 + \cdots + \left(\frac{1}{1+\rho} \right)^{T-1} \right]$$

$$= \frac{\phi(1+\rho)}{\rho}\left[1-\left(\frac{1}{1+\rho}\right)^{1/\phi}\right] \quad (4.11)$$

資金調達が内部留保でないときは追加的な要素が発生し,投資の NPV は (4.12) 式のようになる.ここで,追加要素 F_t は (4.13) 式のように表される.

$$R_t = R_t^{RE} + F_t \quad (4.12)$$

$$F_t = \gamma dB_t\left[1-\frac{1+i(1-\tau)}{1+\rho}\right]-(1-\gamma)dN_t\left[1-\frac{1}{1+\rho}\right] \quad (4.13)$$

EATR は,税がない場合の NPV (R^*) と税がある場合の NPV (R) を比較したものとして表される.税がない場合の NPV (R^*) は,(4.14) 式のように表される(フィッシャー方程式より,$1+i=(1+r)(1+\pi)$ が成り立つ).

$$R_t^* = -1+\frac{1}{1+i}[(1+\pi)(p+\delta)+(1+\pi)(1-\delta)] = \frac{p-r}{1+r} \quad (4.14)$$

EATR は $(R_t^* - R_t)/R_t^*$ と定義されるのが自然かもしれないが,これでは $R_t^* = 0$ のときに定義できない.このため,Devereux and Griffith (2003) は EATR の分母として税引き前の純利潤を用いた[5].

$$EATR = \frac{R^* - R}{p/1+r} \quad (4.15)$$

$R_t = 0$ のとき,限界的な利潤率 ($\tilde{p}$) は (4.16) 式のように表される.

$$R_t = 0 \Rightarrow \tilde{p} = \frac{1-A}{(1-\tau)(1+\pi)}[\rho+\delta(1+\pi)-\pi]-\frac{F(1+\rho)}{\gamma(1-\tau)(1+\pi)}-\delta \quad (4.16)$$

EMTR は,これを (4.15) 式に代入するか,または King and Fullerton (1984) 流に (4.17) 式を用いることで計算される.

---

5) Devereux and Griffith (2003) は,分母に R_t^* を用いた指標の性質についても考察を行っている.

第 4 章　法人実効税率

$$EMTR = \frac{\tilde{p} - r}{\tilde{p}} \quad (4.17)$$

　ここで，開放経済下の法人税を考えるため，個人段階の資本所得税はないものとする．また，簡単化のために資金調達が内部留保または新株発行で行われる場合を考える．このとき，$\gamma = 1$ かつ $F = 0$ となるから，EATR と EMTR はそれぞれ (4.18) 式，(4.19) 式のように表される．

$$EATR = \tau - \frac{rA - \delta(\tau - A)}{p} \quad (4.18)$$

$$EMTR = \frac{(r + \delta)(\tau - A)}{(r + \delta)(1 - A) - \delta(1 - \tau)} \quad (4.19)$$

すなわち，EATR と EMTR は実質利子率 r，資本減耗率 δ，利潤率 p を所与として，法定税率 τ と課税ベース A（インフレを反映）によって決まる．

　Devereux-Griffith 型の法人実効税率の性質を確認しよう．第 1 に，平均実効税率が法定税率と限界実効税率の加重平均として表されることである．EATR は，EMTR と法定税率の加重平均として (4.20) 式のように表される．(4.20) 式より，$p = \tilde{p}$ となる限界的な投資プロジェクトについては EATR = EMTR が成り立ち，高い利潤率が見込めるプロジェクトについては EATR が法定税率に近づくことがわかる．

$$EATR = \left(\frac{\tilde{p}}{p}\right) EMTR + \left(1 - \frac{\tilde{p}}{p}\right) \tau \quad (4.20)$$

　第 2 に，EATR は利潤率によって変化することである．税務上の減価償却率の高さと法定税率の低さのいずれによって EATR が押し下げられているかで，利潤率変化の影響は異なる．税務上の減価償却率の高さによって EATR が押し下げられている場合には，利潤率が上昇すると EATR が上昇しやすい．税務上の減価償却は，現在価値ベースで正常利潤を相殺するものの，超過利潤に対する課税には関係しない．このため，超過利潤が大きくなると減価償却の EATR 押し下げ効果が大きい国の EATR が大きく上昇

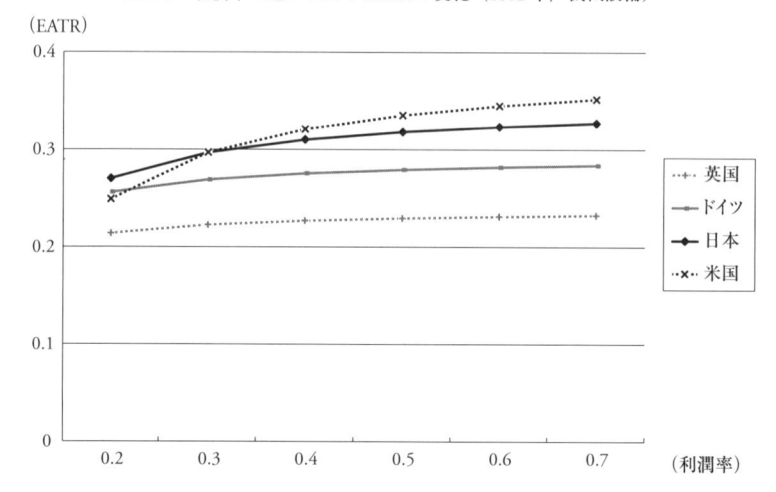

図 4-2 利潤率の違いによる EATR の変化（2012 年，機械設備）

する．税務上の減価償却率の高い国と低い国を比べると，低い利潤率を仮定した場合と高い利潤率を仮定した場合で両者の EATR の大きさが逆転する可能性がある．

例えば，機械設備について日本，米国，英国，ドイツを比べると利潤率が 20％（超過利潤率が 10％）のとき米国は 2 番目に EATR が低いが，利潤率が 40％（超過利潤率が 30％）以上になると，米国の EATR が最も高くなる（図 4-2）．これは，米国では投資の 50％ 特別償却という他国と比べて寛大な減価償却が認められているためである．50％ 特別償却は限界価値ベースで将来発生する正常利潤の半分を相殺するが，超過利潤については全く相殺しない．このため，利潤全体のうち超過利潤の部分が厚くなるにつれて 50％ 特別償却の EATR 引き下げ効果は急速に低下する．換言すれば，利潤率の高い投資プロジェクトに対しては特別償却の導入よりも法定税率の引き下げを行った方が EATR を引き下げる効果が高い．これは，我が国の法人税減税のあり方にも示唆を与えるものである．

第 4 章　法人実効税率

3. Devereux-Griffith 型実効税率による分析

3.1　主要国におけるフォワードルッキングな実効税率の計測

　Devereux and Griffith（2003）に従って，主要国に関するフォワードルッキングな実効税率（EATR，EMTR）の計算を行う．実効税率の計算を有形固定資産にとどめ，投資サンプルとして機械設備（耐用年数 8 年）と建物（耐用年数 25 年）の 2 つを取り上げる．EATR と EMTR は機械設備と建物の加重平均として計算される（64：36）．その他の仮定としては，機械設備の資本減耗率が 12.25％，建物のそれは 3.61％，実質利子率は 10％，インフレ率は 3.5％，利潤率は 20％ とした．これらは，全て先行研究である Devereux, Griffith and Klemm（2002）及び Devereux and Klemm（2004）に従っている[6]．

　2005 年までのデータについては，原則として Devereux, Griffith and Klemm（2002）のデータ（IFS の HP にて 2005 年までデータ更新されたもの）を利用し[7]，2006 年以降のデータは近年における各国の税制改正を踏まえて筆者が独自に計算した．対象国は，日本，米国，英国，ドイツ，フランスの主要国に，スウェーデン，ノルウェー，フィンランドの北欧諸国を加えた．

　実効税率の計算結果をみると，2013 年において EATR は米国と日本がほぼ 30％ と高い水準にあり，ドイツ，フランス，ノルウェーが 20％ 台半ばで続く（図 4-3）．英国などいくつかの国の EATR は 20％ かそれを下回る水準まで引き下げられており，近年その引き下げに拍車がかかっている．さらに，執筆時点では 2014 年には英国が法定税率を 21％[8]に，フィンランドは同 20％ まで引き下げることが決まっており，それらを考慮に

---

6)　Devereux et al.（2009）は，1998 年以降の期間を対象に実効税率を計算しているため，別の前提値を用いている．このため，各国の実効税率は Devereux, Griffith and Klemm（2002）のそれとは異なる．
7)　日本の 98 年以降の建物の PDV については，筆者の計算による．
8)　英国では，2015 年には法定税率が 20％ まで引き下げられる予定である．

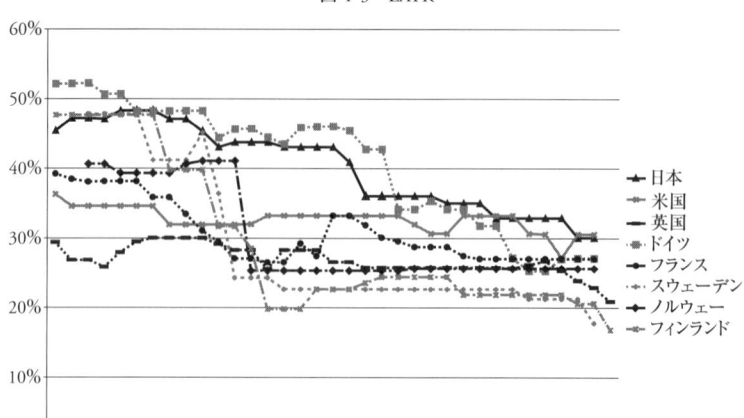

図 4-3　EATR

(注) 超過利潤率が 10% のケース．7 月 1 日時点．
(資料) 05 年までは IFS データ．06 年以降は筆者の計算による．2014 年は 2013 年時点で制度変更がほぼ確定している国のみ表示．

入れて 2014 年まで計算を先延ばしすると EATR は英国が 21%，フィンランドが 17% に低下する．このように，先進国でも税率の低い国は EATR が 20% 前後となっており，日本と約 10% の差がある．他の主要国との比較で言えば，こうした差をどのような手段で埋めるかが日本の法人税改革の論点となる．

EMTR については，2013 年で最も高いのは日本で，2 番目はドイツである (図 4-4)．ドイツは，2009〜10 年に金融危機による不況に対応するため，一時的に機械設備の減価償却率を高めたことから EMTR が低下していたが，ここ数年はそれが終了したために EMTR がやや上昇した．英国は，2000 年代後半に課税ベースを拡大したことから一時は EMTR が上昇に転じたものの，その後は積極的な法定税率引き下げを行っており，再び EMTR は低下傾向にある．スウェーデンやフィンランドでは償却率が比較的高い上に法定税率引き下げを行っているので，近年 EMTR は他国と比べて明らかに低い．

第4章 法人実効税率

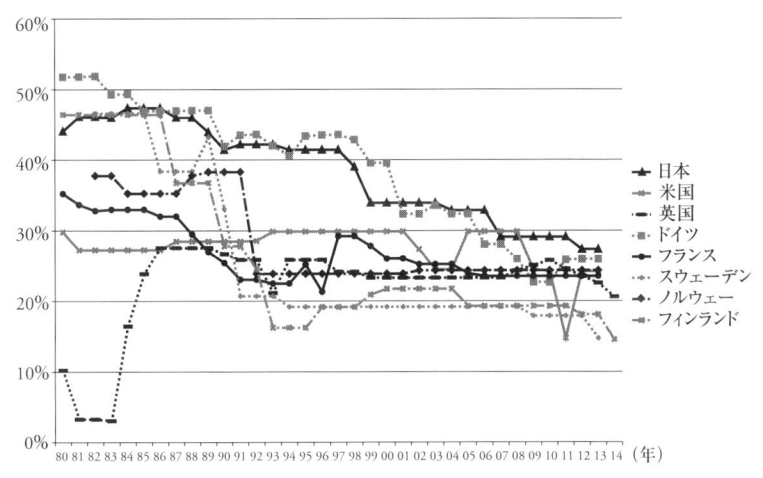

図 4-4 EMTR

凡例: 日本、米国、英国、ドイツ、フランス、スウェーデン、ノルウェー、フィンランド

(資料) 図 4-3 と同じ.

3.2 法人税改革の選択肢と実効税率の変化

では，こうした国際比較から日本はどのような法人税改革を行うべきと考えられるであろうか．日本の法人税改革の選択肢として，法定税率と償却率をそれぞれ変更するケース，またその両方を変更するケースを想定し，各ケースが EATR と EMTR をどの程度変化させるかを考えよう．話を簡単にするため，資産としては機械設備のみを取り上げる．実効税率は法定税率と償却率によって決まるが，法定税率と償却率の組み合わせによって，EATR と EMTR は表 4-1 と表 4-2 のように変化する．各欄には，それぞれの実効税率，国名，対象年が書かれている．

日本の機械設備の EATR は，現在 27% である．仮に，これを 5% 引き下げて 22% にすることを考える．この場合，まず特別償却を導入して課税ベースを縮小させるか，法定税率を引き下げるかの 2 つの方法が考えられる[9]．50% 特別償却を導入するか，もしくは法定税率を 7% 引き下げれば，日本は EATR を 22% にすることができる．また，第 3 の方法として法定税率と償却率のいずれか 1 つを動かすのではなく，課税ベースを広げてその分法定税率を大きく引き下げる方法がある．これは，近年英国やド

表 4-1 法定税率と課税ベースの違いによる日本の EATR の変化（機械設備）

PDV \ 法定税率	20〜22%	23〜25%	26〜28%	29〜31%	32〜34%	35〜37%	38〜40%
68%（償却率20%）	19% 英国 (2014)	21% 英国 (2013)	24% ノルウェー (2013)	26% ドイツ (2013)			
71%							
73%（償却率25%）	16% フィンランド (2014)	20% フィンランド (2013)			25% フランス (2013)		
76%	15〜17% (償却率76%)	18〜19% (償却率76%)	20〜22% (償却率76%)	23〜24% (償却率76%)	25〜26% (償却率76%)	27% 日本 (2013)	
78%（償却率30%）	16% スウェーデン (2013)					26% (法定税率35%)	
80%						25% (法定税率35%)	
88%（償却率50%）						22% (法定税率35%)	25% 米国 (2013)
100%（即時償却）						18% (法定税率35%)	

（注）償却率は，DB 法の場合．

イツでみられる法人税改革である．日本がドイツや英国と同程度（償却率 20%）まで課税ベースを拡大するとともに法定税率を 10% 引き下げれば，22% の EATR を実現することができる．

次に，機械設備の EMTR については日本は既にドイツよりも低い水準にある（23%）．英国の EMTR は 19% と，日本のそれよりも 4% 低い．仮に 50% 特別償却を導入すると，日本の EMTR は 13% に低下する．EMTR の方が EATR と比べて特別償却による低下幅が大きいのは，償却率

---

9) このほか，償却資産にかかる固定資産税を法人税の一形態と捉えれば，それを法人税改革の手段として利用することもできる．償却資産にかかる固定資産税の法人実効税率の押し上げ効果については鈴木（2012）を参照されたい．また，（執筆時点の情報では）日本では 2014 年度より一定の条件を満たす設備に対して期限付きで即時償却が認められるようになるが，表 4-1, 表 4-2 よりこうした措置の実効税率引き下げ効果がかなり大きいことがわかる．

第4章　法人実効税率

表4-2　法定税率と課税ベースの違いによるEMTRの変化（機械設備）

PDV＼法定税率	20〜22%	23〜25%	26〜28%	29〜31%	32〜34%	35〜37%	38〜40%
68%（償却率20%）	17% 英国 (2014)	19% 英国 (2013)	22% ノルウェー (2013)	24% ドイツ (2013)			
71%							
73%（償却率25%）	13% フィンランド (2014)	20% フィンランド (2013)			20% フランス (2013)		
76%	12〜13% (償却率76%)	14〜15% (償却率76%)	16〜17% (償却率76%)	18〜20% (償却率76%)	21〜22% (償却率76%)	23% 日本 (2013)	
78%（償却率30%）	12% スウェーデン (2013)					21% (法定税率35%)	
80%						19% (法定税率35%)	
88%（償却率50%）						13% (法定税率35%)	15% 米国 (2013)
100%（即時償却）						0% (法定税率35%)	

（注）償却率は，DB法の場合．

が高まるとその分だけ減価償却が将来の正常利潤を現在価値ベースで相殺する割合が高まるからである．一方で，50％特別償却のEATRへの影響は小さい．(4.20) 式を利用すれば，EATRはEMTRと法定税率の加重平均として表されるため，課税ベース縮小のEATRへの影響はEMTRを通じて，それと法定税率との加重平均として間接的に現れるのみである．

第2の選択肢として，EATRと同様に課税ベースを維持したまま法定税率を7％引き下げる場合には，EMTRは17％になる．こうした手段により，50％特別償却の場合と同様にEATRは目標の22％を達成するが，EMTRは50％特別償却の場合ほど低下しない．さらに，EATRを22％にするための第3の方法として，英国やドイツ並みに課税ベースを拡大すると同時に法定税率を10％引き下げる場合は，EMTRは19％とその低下幅はより小さくなる．このように，法人税減税を法定税率引き下げで行う

か課税ベース縮小で行うかによって，EATR と EMTR の変化は異なる．

　以上を踏まえると，法人税改革を行うにあたって重要なことは次の点と考えられる．第 1 に，法定税率と課税ベースという 2 つの手段を用いて，望ましい EATR と EMTR を設定することである．EATR と EMTR を設定する際には，特別償却等による課税ベース縮小が EMTR を大きく引き下げ，一方で法定税率引き下げが EATR を大きく引き下げるという減税手段による効果の違いを十分に考慮に入れる必要がある．EMTR は投資量に，EATR は企業の立地選択に影響を及ぼすことから，減税手段が異なれば同じ税収コストがかかる政策でも企業行動に及ぼす影響が異なる．EATR を引き下げるためには法定税率の引き下げが有効だが，EATR の引き下げを法定税率引き下げのみで実現する必要はない．法定税率引き下げは EATR と同時に EMTR も引き下げるため，EATR のみを引き下げたい場合には法定税率引き下げと課税ベース拡大の組み合わせが適切な手段である．

　第 2 に，Summers（1981）等により従来から指摘されているように，同じコストで投資を刺激する効果は特別償却や即時償却のような投資減税の方が法定税率引き下げよりも大きい．法定税率引き下げが過去に行った投資から生じる利潤全体に対する減税になるのに対して，投資減税は新しい資本に対する減税であるため減収幅が小さくて済む[10]．法定税率が古い資本に対して「たなぼた利益（windfall gains）」をもたらすのに対して，投資減税は新しい資本のみに対する減税と言える．米国財務省（2007）は，法人税減税の手段として①初年度 30％ の特別償却，②法人税率の引き下げ，③配当・キャピタルゲイン税率の引き下げ，④非課税貯蓄口座の拡大の 4 つのケースを比較し，各ケースにおいて 1 ドルの減税がどの程度の投資を刺激するか（Bang-for-the-Buck）を試算した．その試算によれば，初年度 30％ の特別償却による投資刺激効果を 100％ とした場合に法人税率の引き下げは 60％，配当・キャピタルゲイン税率の引き下げは 60％，非課税貯蓄口座の拡大は 65％ の効果にとどまる．よって，投資量を拡大する

---

10)　投資減税では，過去に行った投資に対する減税は行われない．

ことが政策目的であれば，法人税改革の手段として投資減税が望ましい．

第3に，グローバルな資本移動への影響を考慮した法人税減税である．これまで法人税減税は景気対策のなかで投資刺激が目的とされることが多かったことから，法人税減税の手段としては投資減税，すなわち償却率引き上げによる課税ベース縮小の方が効率的であるとの議論がなされてきた（但し，実際の政策はこれとは異なる）．しかし，小国開放経済を前提に法人税減税を考える場合には，減税手段が企業の立地選択や所得移転に及ぶことまで考慮に入れる必要がある．前述のように，設備の即時償却は正常利潤に対する税率を現在価値ベースでゼロにするものの，超過利潤に対する課税は残る．開放経済では超過利潤に対する課税が企業の立地選択を歪めるため，正常利潤に対する課税をゼロにするだけで法人税の企業活動への悪影響がなくなるわけではない．資本の海外流出を抑制することが法人税改革の目的である場合には，法定税率引き下げによるEATR引き下げが必要になる．そして，限られた財源のなかでEATRのみを出来るだけ引き下げるためには，法定税率引き下げと課税ベース拡大の組み合わせが有効である．

また，法定税率の変化は多国籍企業の所得移転のインセンティブにも影響する．即時償却による課税ベースの縮小だけでは，投資インセンティブが付与されるだけで所得移転による租税回避のインセンティブは低下しない．このため，所得移転のインセンティブ低下を政策目標とする場合には，法定税率の引き下げが優先される．租税回避に対する対応として法定税率引き下げと課税ベース拡大の組み合わせが最適になり得ることは理論モデルでも示されている（Haufler and Schjelderup, 2000 ; Fuest and Hemmelgarn, 2005）．

1990年代初頭に足の速い資本の問題に直面した北欧諸国は，資本に対して低税率で対応する課税に移行し，現在でも法定税率の引き下げを続けている．英国やドイツも同様の道を辿っている[11]．グローバル経済の下では，日本の法人税改革もこうした方向で進めていくのが基本的な戦略と考えられる．

4. Firm-specific な実効税率による分析

次に，法人税改革によって個別企業の実効税率がどのように変化するかをみてみよう．企業の保有資産構成や資金調達構成の違いによって，個別企業が直面する実効税率は異なる．そして，ある法人税減税の手段が選択されたとき，その影響の大きさは企業によって異なる．課税ベース拡大を目的として機械設備の償却率が引き下げられる場合には，機械設備を多く保有する企業の実効税率は高まるが，機械設備を全く保有していない企業の実効税率は変わらない．支払利子控除の制限によって課税ベースが拡大する場合には，負債が多い企業が打撃を蒙る．このため，課税ベース拡大の個別企業への影響を把握するためには，国の (country-specific な) 実効税率ではなく企業の保有資産構成や資金調達状況を考慮に入れた個別企業の (firm-specific な) 実効税率を計算する必要がある．Devereux-Griffith 型の firm-specific な実効税率については，Egger et al. (2009) が 20 カ国について計測した例がある．彼らは，65 万社の膨大なデータを基に実効税率における個別企業の差異と国別の差異のどちらが重要であるかを検討した[12]．本章では，こうした手法を日本の法人税改革の評価に活用し，日本が法定税率引き下げと課税ベース拡大という組み合わせの改革を実施した場合に，個別企業の EATR と EMTR がどのように変化するかを考える．

4.1 Firm-specific な実効税率の計算方法

まず，firm-specific な実効税率の計算方法を確認する．これまでと同様に，法人段階の課税のみに焦点を当てて，個人段階での利子所得税，配

---

11) これとは逆に課税ベースを縮小している国は，米国，ベルギー，イタリア等である．
12) 但し，Egger et al. (2009) が用いたデータベースからは企業別の資産構成比が得られないため，(別の情報を用いて) 産業別に資産構成比が特定されている．このため，彼らの試算は完全な意味での firm-specific な実効税率にはなっていない．

第4章 法人実効税率

当・キャピタルゲイン税は法人税の実効税率には含めない．Egger et al. (2009) は，資産として機械設備，建物のほかに土地，無形固定資産等を入れているが，本稿では機械設備と建物のみで firm-specific な実効税率を計算する．これは，法人税改革の議論では通常機械設備と建物のみが念頭に置かれて検討されるからである．減価償却のない土地を含めてしまうと，firm-specific な実効税率が資産に占める土地の割合に大きく左右される．対象とする資産を機械設備と建物に絞ることで，マクロでみたときに望ましいとされる法人税改革がミクロのレベルでどのような影響を受けるかを端的に捉えることができる．

Firm-specific な実効税率では，前節で用いた実効税率に加えて，①負債調達ケース及び②資産構成・負債比率の実効税率への影響の2つを考慮に入れなければならない．まず，負債調達ケースについては，企業のレント (R) の計算には内部留保の場合の企業のレント (R^{RE}) に加えて，追加的な要素 (F^D) を考慮する必要がある ($R = R^{RE} + F^D$)．引き続き個人段階の資本所得税がないものとすれば，負債調達の場合，追加的な要素 (F^D) は次のように表される．

$$F^D = dB\left\{1 - \frac{1+i\,(1-\tau)}{1+\rho}\right\} \quad (4.21)$$

ここで，i は名目利子率を表す．個人段階の資本所得税を考えないから，割引率 ρ は名目利子率 i に等しい．1円の投資を賄うのに必要な資金は，税務上の減価償却を考慮すれば $1-\phi\tau$（ϕ は税務上の減価償却率，τ は法定税率）となるから，$dB = 1-\phi\tau$ として負債調達ケースの追加的な要素 (F^D) は最終的に次のように表される．

$$F^D = \frac{(1-\phi\tau)\rho\tau}{1+\rho} \quad (4.22)$$

これより，負債調達ケースの EATR と EMTR はそれぞれ (4.23) 式，(4.24) 式のように表される．

$$EATR = \tau - \frac{rA - \delta(\tau - A)}{p} - \frac{F^D(1+r)}{p} \quad (4.23)$$

$$EMTR = \frac{(r+\delta)(\tau - A) - F^D(1+r)}{(r+\delta)(1-A) - \delta(1-\tau) - F^D(1+r)} \quad (4.24)$$

企業の資産構成については，次のように計算する．ある企業 j が保有する機械設備を MACH，建物を BUIL とし，それぞれのシェアを Θ_j^{MACH}, Θ_j^{BUIL} で表せば，(4.25)，(4.26) 式のようになる．両シェアの合計は 1 になる ((4.27) 式)．

$$\Theta_j^{MACH} = \frac{MACH_j}{MACH_j + BUIL_j} \quad (4.25)$$

$$\Theta_j^{BUIL} = \frac{BUIL_j}{MACH_j + BUIL_j} \quad (4.26)$$

$$\Theta_j^{MACH} + \Theta_j^{BUIL} = 1 \quad (4.27)$$

企業 j の資本減耗率 (δ_j)，税務上の減価償却率 (ϕ_j)，税務上の減価償却の割引現在価値 (A_j) は，機械設備，建物それぞれの資本減耗率を δ^{MACH}，δ^{BUIL} として，(4.28)～(4.30) 式のように表される．

$$\delta_j = \delta^{MACH} \Theta_j^{MACH} + \delta^{BUIL} \Theta_j^{BUIL} \quad (4.28)$$

$$\phi_j = \phi^{MACH} \Theta_j^{MACH} + \phi^{BUIL} \Theta_j^{BUIL} \quad (4.29)$$

$$A_j = A^{MACH} \Theta_j^{MACH} + A^{BUIL} \Theta_j^{BUIL} \quad (4.30)$$

以上のような資産構成を反映した償却率等を用いて，内部留保ケースと負債ケースの実効税率がそれぞれ計算される．Firm-specific な実効税率は，内部留保ケースと負債調達ケースの実効税率を負債比率で加重平均することによって求められる．負債比率は，資産に占める有利子負債の比率とした．本来は固定資産を購入する際の資金の調達方法を特定すべきであるが，これは事実上困難であるため資産全体に対する有利子負債の割合と

第 4 章 法人実効税率

表 4-3 企業データの特性

	建物比率	機械比率	負債比率	企業数
全産業				2045
平均	0.78	0.22	0.16	—
最大	1.00	0.99	0.90	—
最小	0.01	0.00	0.00	—
製造業				1032
平均	0.69	0.31	0.09	—
最大	1.00	0.89	0.71	—
最小	0.11	0.00	0.00	—
非製造業				1013
平均	0.90	0.10	0.23	—
最大	1.00	0.99	0.90	—
最小	0.01	0.00	0.00	—

（資料）日経 NEEDS「企業財務データ」．

固定資産の購入に充てられる資金に対する有利子負債の割合が等しいとの仮定の下で，負債比率を (4.31) 式のように計算した．

$$b_j = \frac{SL_j + CB_j + LL_j}{TA_j} \quad (4.31)$$

ここで，b_j は有利子負債比率，SL_j は短期借入金（コマーシャルペーパー等を含む），CB_j は社債・転換社債，LL_j は長期借入金，TA_j は資産合計を表す．

以上が，本稿で用いる firm-specific な EATR と EMTR の計算方法である．EATR と EMTR の計算に用いるその他の前提については，前節と同じく Devereux, Griffith and Klemm (2002) に従う．企業データは，日経 NEEDS「企業財務データ」に収録されている全ての上場企業を用いた（サンプル数は 3451 社）．前述のマクロの実効税率では機械設備と建物が 64 : 36 で加重平均されていたが，ミクロデータを用いた実効税率では全産業平均で機械設備：建物 = 22 : 78 となっている．機械設備の比率が高い自動車でも，機械設備：建物 = 47 : 53 である．これは，企業が現在でも機械設備と建物の投資をこの比率で行っていることを保証するものではなく，実際には現時

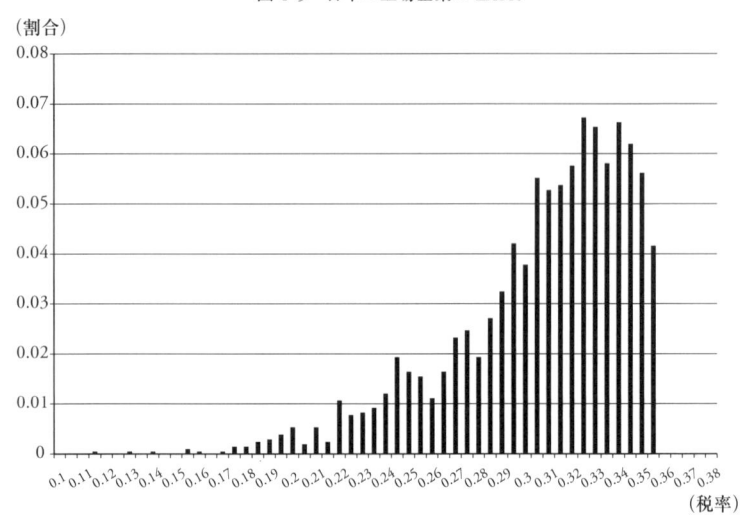

図 4-5　日本の上場企業の EATR

(割合) / (税率)

点の投資に占める機械設備の割合はもっと高いかもしれない．しかし，個別企業の資産データを用いる限り，多くの企業で投資における建物の割合が大きくならざるを得ない．企業が資産構成比とは異なり現在は機械設備を中心に投資を行っている場合には，本章で用いる firm-specific な実効税率には建物の影響が強く出るバイアスがあることに注意されたい．

4.2　Firm-specific な実効税率を用いた法人税改革の分析

まず，現在の EATR の分布をみると図 4-5 のようになる．機械設備の方が建物よりも償却率が高いため，機械設備の投資をより多く行っている企業の方が EATR が低い．また，負債の支払利子は課税ベースから控除されるため，負債を利用して投資を行っている企業ほど EATR が低い．EATR の中央値は 31% であり，現在約 8 割の企業の EATR が 27% 以上に分布している．最も高い EATR は，設備投資が全て建物でかつ投資資金を全て内部留保で賄っている企業の 35.5% である．

次に，法定税率引き下げやそれと同時に機械設備や建物の償却率引き下げを実施した場合に，個別企業の EATR と EMTR がどのように変化する

表 4-4　法人税改革の選択肢

選択肢1	法定税率 5% 引き下げ（課税ベースの変更なし）
選択肢2	法定税率 5% 引き下げ＋機械設備の償却方法の 250% DB 法から SL 法への変更（課税ベース拡大ケース）
選択肢3	法定税率 5% 引き下げ＋機械設備の償却方法の 250% DB 法から SL 法への変更＋建物の償却率 3% から 2% への引き下げ（課税ベース拡大ケース）
選択肢4	法定税率 8% 引き下げ＋機械設備の償却方法の 250% DB 法から SL 法への変更＋建物の償却率 3% から 2% への引き下げ（課税ベース拡大ケース）
選択肢5	機械設備の即時償却（課税ベース縮小ケース）
＋	支払利子の損金算入の 50% 制限

かを考えよう．ここでは，表 4-4 のように政策の選択肢を設定し，それに伴う EATR と EMTR の変化を考える．具体的には，単純に法定税率を引き下げるケース（選択肢 1）と法定税率引き下げと課税ベース拡大を組み合わせるケース（選択肢 2～4）である．課税ベース拡大の手段として，選択肢 2 では機械設備の償却方法の SL 法への切り替え（PDV が 0.76 から 0.67 に変更される），選択肢 3 では建物の償却率の（現在の 3% から）2% への引き下げ（PDV が 0.24 から 0.17 に変更される）が想定される．機械設備の償却方法の SL 法への切り替えは 2008 年のドイツの改革を，建物の償却率引き下げは 2008 年の英国の改革を念頭に置いている．選択肢 4 は，課税ベースの拡大方法は選択肢 3 と同じだが，法定税率の引き下げ幅を 8% にしたケースである．これは，法定税率引き下げをより大きく引き下げる一方で課税ベースを拡大するケースの効果をみるためのものである．選択肢 5 として，機械設備に関して即時償却を認めるケースを考える．さらに，選択肢 1～5 に支払利子の損金算入の 50% 制限を加えたケースも考える．支払利子の損金算入の 50% 制限は，減価償却とは異なる課税ベース拡大方法と位置づけられる．

選択肢 1～5 の法人税改革を行うと，EATR と EMTR の変化幅は図 4-6, 4-7 のようになる．法人税率を 5% 引き下げると，EATR は中央値で 4.5% 低下する（選択肢 1）．課税ベースを拡大すると EATR の変化幅が裾野のやや広い分布になり，全体として右へ移動する（選択肢 2～3）．しかし，法人

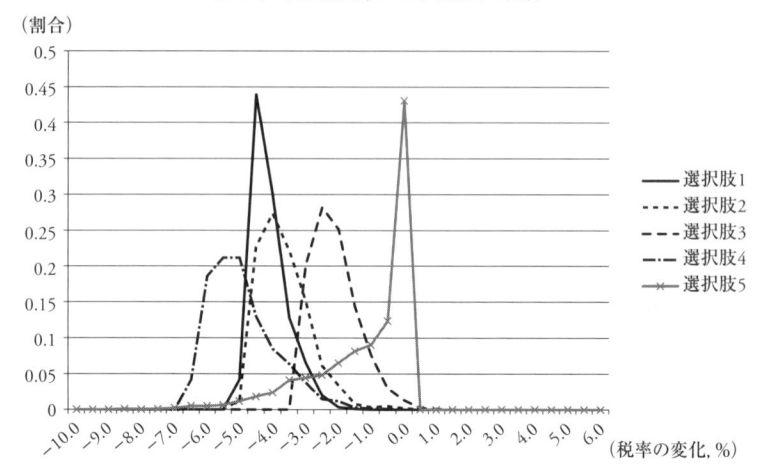

図 4-6 法人税改革による EATR の変化

(割合)

(税率の変化, %)

凡例：選択肢1／選択肢2／選択肢3／選択肢4／選択肢5

税率の引き下げ幅を 8% にすると，EATR の引き下げ幅は全体として大きくなり，中央値で 5.4% になる（選択肢 4）．課税ベースを拡大しても法定税率を大きく引き下げることで，企業の EATR を全体的により大きく低下させることができることがわかる．機械設備の即時償却のケースでは，機械設備投資を行う企業であるか否かによって EATR の変化に開きが出るが，平均的には EATR は大きく低下しない（選択肢 5）．

EMTR は，EATR よりも想定している利潤率が小さいため，各企業の課税ベースの違いや負債の大きさが反映されやすい．このため，法人税改革による EMTR の変化幅には EATR よりもばらつきがみられる（図 4-7）．課税ベース拡大を含む法人税改革では EMTR の変化幅は裾野の大きい分布になる（選択肢 2～4）．負債調達の場合，法定税率低下によって資本コストが低下するものの，法定税率引き下げによって負債の節税効果 (tax shield) が減少するため，EMTR が上昇する企業が数多く存在する．EMTR の低下幅は，法人税率を 5% 引き下げるケース（選択肢 1）では中央値で 3.7% であるのに対して，法人税率引き下げと課税ベース拡大を組み合わせるケース（選択肢 4）では同 2.7% にとどまる．また，EMTR が上昇する企業の

第 4 章　法人実効税率　　　　　　　　　　　　　　　　　　　　111

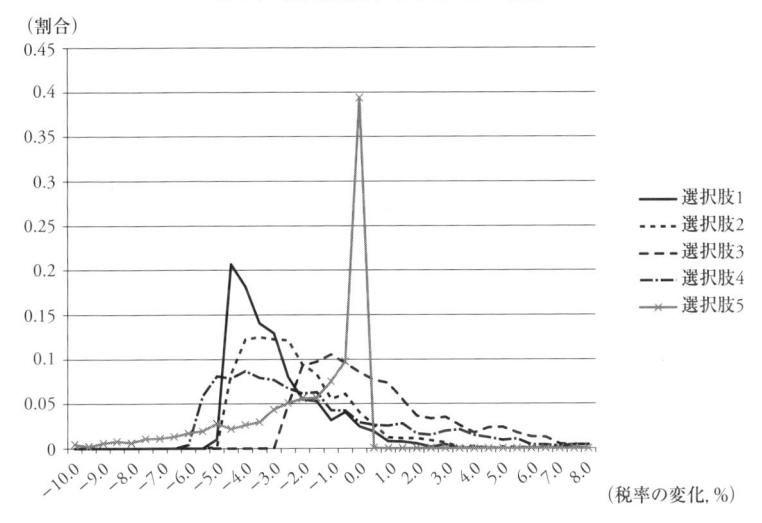

図 4-7　法人税改革による EMTR の変化

(割合)

凡例：
― 選択肢 1
---- 選択肢 2
-- 選択肢 3
-･- 選択肢 4
-×- 選択肢 5

(税率の変化, %)

割合は，選択肢 1 が 5% 未満であるのに対して選択肢 4 では約 25% となる．このため，課税ベース拡大をどのように法人税改革に組み合わせていくかは，EMTR が上昇する企業を政策的にどの程度許容できるかの判断にも左右される．

次に，選択肢 1〜5 に支払利子の損金算入の 50% 制限を加えたケースを考える．単純に支払利子の損金算入が 50% に制限される場合，EATR は中央値で 1.6% 上昇する (図 4-8)．但し，EATR の上昇幅にはばらつきが大きく，3% 以上上昇する企業も少なくない．選択肢 1〜5 の改革を行った場合の EATR の低下幅 (中央値) は選択肢 1 で 3.1%，選択肢 4 で 4.2% であり，EATR が上昇する企業の割合は選択肢 1 では 14.0%，選択肢 4 では 10.4% になる．EMTR については，選択肢 1 と選択肢 4 では，EMTR の変化幅は中央値でほぼゼロであるが，ともに約半数の企業で EMTR が上昇する (図 4-9)．EMTR が上昇する企業についてもその上昇幅にはかなりのばらつきがある．

このように，法人税改革では法定税率と課税ベースを変化させることで

図 4-8 法人税改革による EATR の変化（支払利子の損金算入に制限があるケース）

（割合）

凡例：
― 選択肢1+支払利子の控除制限
--- 選択肢2+支払利子の控除制限
‐ ‐ 選択肢3+支払利子の控除制限
―・― 選択肢4+支払利子の控除制限
―*― 選択肢5+支払利子の控除制限
…… 支払利子の控除制限のみ

（税率の変化, %）

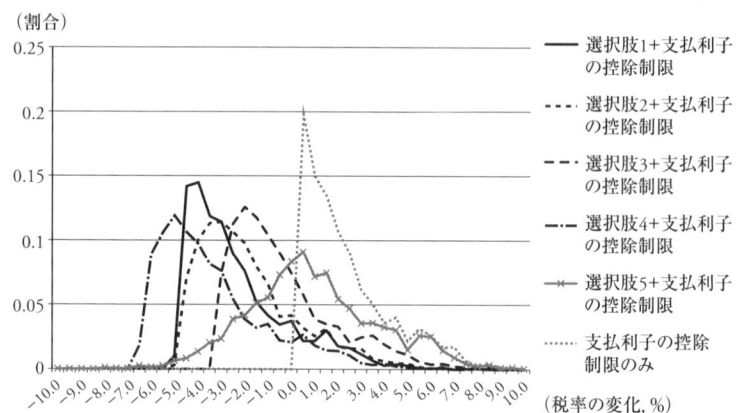

図 4-9 法人税改革による EMTR の変化（支払利子の損金算入に制限があるケース）

（割合）

凡例：
― 選択肢1+支払利子の控除制限
--- 選択肢2+支払利子の控除制限
‐ ‐ 選択肢3+支払利子の控除制限
―・― 選択肢4+支払利子の控除制限
―*― 選択肢5+支払利子の控除制限
…… 支払利子の控除制限のみ

（税率の変化, %）

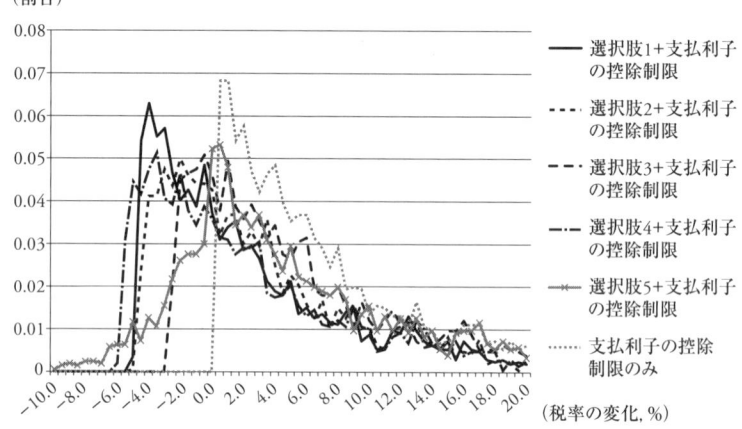

政策意図を反映した EATR と EMTR を実現することができるが，個別企業にまで視野を広げると法人税改革の手段によって予想を超える税率の上昇が生じる場合がある．しかし，選択肢 4 の結果が示唆するように，課税ベースを広げてもそれを相殺する十分な法定税率の引き下げがあれば，多くの企業で EATR をより大きく引き下げることができる．課税ベース拡大

第4章　法人実効税率

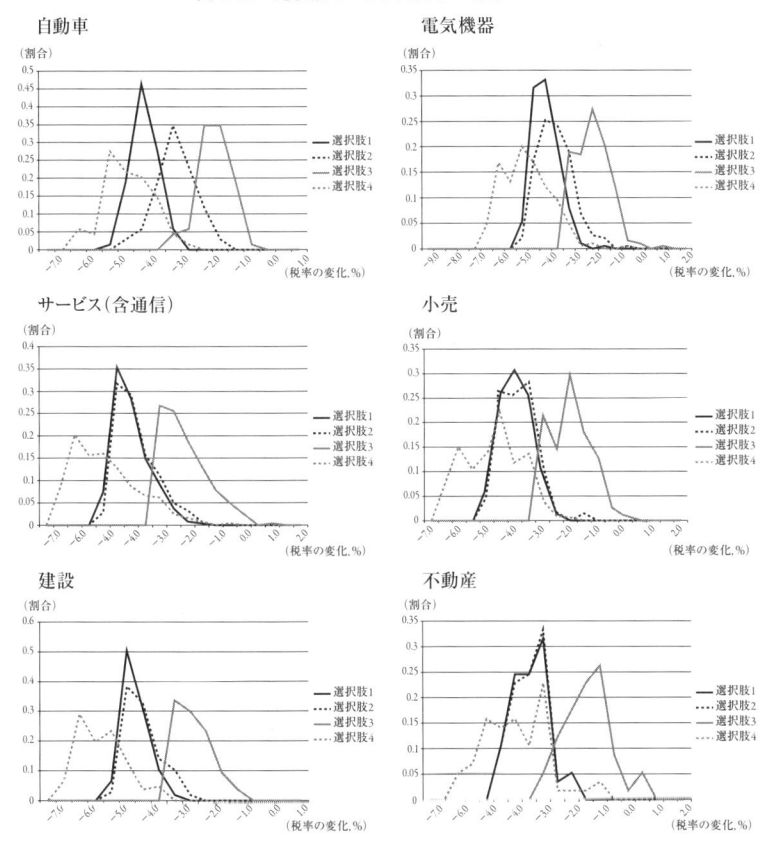

図4-10　選択肢1～4を実施した場合のEATR

を行う場合には，企業によってはEMTRの上昇で投資インセンティブが阻害される恐れがあることを考慮に入れつつ，法定税率を大胆に引き下げることが重要であることがわかる．

最後に，法人税改革による業種別の違いをみる（図4-10, 図4-11）．法人税改革のEATRとEMTRに及ぼす影響として，次のことを指摘できる．第1に，機械設備の課税ベース拡大（選択肢1）はサービス業，小売業，建設業，不動産業のEATRにほとんど影響を及ぼさない．対照的に，自動車業は機械設備投資の割合が高いことから，機械設備の償却率引き下

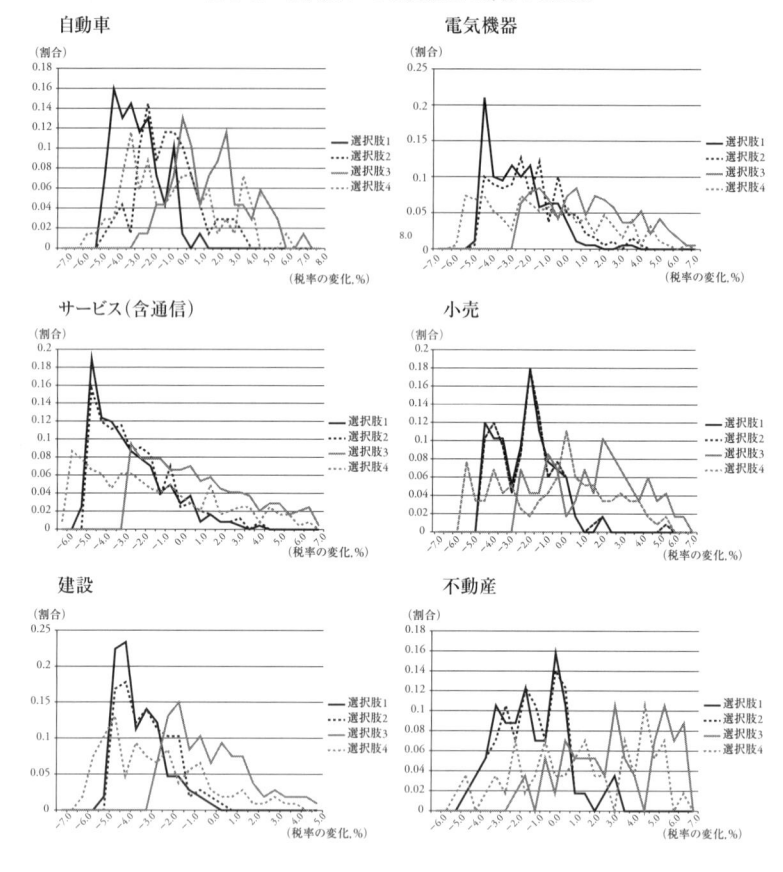

図 4-11 選択肢 1〜4 を実施した場合の EMTR

自動車

電気機器

サービス（含通信）

小売

建設

不動産

げが EATR を明確に押し上げる．建物に関する課税ベース拡大は，いずれの業種においても EATR を大きく押し上げる．さらに，（図には描かれていないが）機械設備の即時償却（選択肢5）は，サービス業，小売業，建設業，不動産業に対してはあまり効果がない一方で，自動車業の EATR を中央値で 2.8% 引き下げる効果がある．

第2に，法定税率引き下げと課税ベース拡大の組み合わせによる EATR 引き下げ幅は，業種による大きな違いはない．選択肢 4 による EATR の引き下げ幅（中央値）は，製造業では自動車業が 4.7%，電気機器業が 5.1%

とほぼ同じであり，非製造業では不動産業の4.3%から建設業の5.6%の間に収まる．

第3に，課税ベース拡大によってEMTRが上昇する企業の割合は業種によって大きく異なる．選択肢2では，EMTRが上昇する企業の割合は小売業が5.1%，建設業が9.3%と小さいのに対して，不動産業が21.1%，自動車業が23.2%に達する．選択肢4では，EMTRが上昇する企業の割合は建設業が12.1%であるのに対して，自動車業が36.2%，小売業が40.2%，不動産業が64.9%である．選択肢4では，不動産業では6割以上の企業でEMTRが上昇してしまうことから，こうした改革に対する業界の反発は強いものになることが予想される．

実際には，企業の投資に占める機械設備と建物の割合はこの試算の前提とは異なるかもしれず，また企業の負債政策が税制に反応してEMTRの上昇が緩和されるかもしれない．このため，試算結果は幅を持って解釈されなければならないが，以上の結果は様々な法人改革の実効税率に及ぼす影響に関する業種別の基本的な差異を示していると考えられる．法人税改革の際には，こうした業種ごとの影響の違いが政治的な決断の難しさにつながる可能性がある．

5. 法人税改革における着目点

以上より，Devereux-Griffith型実効税率を用いた法人税改革の分析から得られる政策的含意をまとめると，次のようになる．

第1に，法人税改革にはいくつかの選択肢があり，マクロでみてもそのどれを選択するかによって企業活動に及ぼす影響が異なる．諸外国との比較からは日本のEATRが高止まりしていること，そして日本が構造改革として日本企業の海外流出防止，対内直接投資の促進などを目指していることを考えれば，法定税率の引き下げによりEATRを引き下げ，国内への企業立地を促すことが必要と考えられる．一般に，生産性が高く利潤率が高い企業ほど超過利潤に対する課税の影響を強く受けるため，生産性の高い

企業の海外流出を防止するためには，超過利潤に対する税率すなわちEATRを低く設定する必要がある．日本が少子高齢化に対応して国内活動の生産性向上を目指しているのであれば，重厚長大型の既存企業の利幅の薄い投資を促進するよりも，高い利潤を生み出す高付加価値企業に対して税制上の支援を与えることが優先されるべきである．構造改革との整合性という観点からも，EATRの引き下げが求められる．

　第2に，EATRの引き下げを法定税率引き下げと課税ベース拡大で行うのが基本的な戦略と考えられる．EATRを効果的に引き下げるためには法定税率引き下げが必要であるが，限られた財源のなかで改革を行わなければならないのであれば，同時に課税ベース拡大を行って法定税率の引き下げ幅を大きくすることが適切な手段である．これまでの日本の税制改正でも，法定税率引き下げと財源確保のための課税ベース拡大が同時に行われてきたが，過剰な課税ベース拡大によりEATRやEMTRがあまり変化しないこともあった．法定税率の引き下げ幅ばかりに注目するのではなく，法人税改革の目標を実効税率に据えて，課税ベース拡大を伴う場合には目標とする実効税率の引き下げ幅以上に法定税率を大きく引き下げなければならない．

　第3に，法定税率引き下げと課税ベース拡大の戦略が採用された場合にどのような課税ベース拡大を行うかという問題がある．機械設備の償却率を引き下げるか，建物の償却率を引き下げるか，それとも支払利子の損金算入を制限するかの判断が必要になる[13]．課税ベース拡大の影響は各企業及び業界によって大きく異なり，場合によっては多くの企業で実効税率が上昇することもあり得る．このため，どのような課税ベース拡大を行うにせよ，ミクロ的な視点も入れた法人税改革が求められる．

---

13) 但し，日本ではこうした一般的な課税ベース拡大の手段の前に無駄な租税特別措置の整理，縮小が必要かもしれない．

第5章
アジアの租税競争

1. はじめに

　日本の法人税率の高さが日本企業の海外流出を招くとの指摘はよく聞かれるが，その際日本企業の流出先として中心的な役割を担うのはアジアである．アジア諸国に対してはここ数十年にわたってその豊富な労働力等を求めて日本企業が多数進出し，その結果日本の国内空洞化懸念とアジアでの生産拡大が半ばセットとして語られてきた．アジア諸国に日本企業の進出を促す要因は安価な労働力だけではなく，潜在的な市場，労働力の質の向上，日本企業の集積，政治的安定化など様々なものがあるが，そのうちの1つが現地政府による積極的な企業誘致である．アジアでは，外資誘致の手段としてタックスホリデー（一定期間の免税措置）などの税制優遇措置が積極的に用いられてきた．

　このため，日本企業のアジア諸国への流出を防ぐために，日本の法人税率引き下げをアジア諸国を強く意識した形で行うべきとの主張がなされることも少なくない．アジア諸国との比較において高すぎる日本の法人税率を引き下げるべきとの主張である．しかし，アジア対策を考えるためには，まずアジア諸国の法人実効税率が税制優遇措置によってどの程度引き下げられているかを知ることが必要である．残念ながら，アジア諸国の法人実効税率は時系列の変化を追うことができる包括的なデータベースは見当たらず，少なくとも Devereux-Griffith 型実効税率に関するデータは全く整備されていない．現状では，日本の法人実効税率がアジアと比べてどの

程度高いのかを示す情報が不足しているのである．

　そこで，本章では第1の目的としてアジア諸国について税制優遇措置を含めたDevereux–Griffith型実効税率を計測し，1980年代以降のアジア諸国の実効税率がどのように変化してきたかを明らかにする．そして，第2の目的として，そのデータを用いてタックスホリデーによって実効税率がどの程度押し下げられているかについての分析を行う．タックスホリデーの導入は一見実効税率を必ず引き下げるようにみえるが，実際には減価償却制度がタックスホリデーの実効税率引き下げ効果に大きく影響する．表面的なタックスホリデーの期間とそれによる実効税率の低下幅の関係は自明ではない．各国のタックスホリデーの効果は，減価償却との関係を踏まえてタックスホリデーによる実効税率引き下げ幅を具体的に計測してみなければわからない．各国におけるタックスホリデーの実効税率引き下げ効果を知ることは，日本企業が進出先のタックスホリデーをどう評価すべきかという点からも重要である．

　第3の目的として，アジア諸国に関するDevereux–Griffith型実効税率を用いて，日本を含めたアジア諸国間で租税競争が行われているかどうかを実証的に検証する．国際的な租税競争の実証研究は先進国を対象にしたものが多く，途上国に関するものが少ない．そもそもタックスホリデー等の税制優遇措置を考慮に入れた租税競争の実証分析自体が極めて少なく，しばしば指摘されるような税制優遇措置を用いた途上国の租税競争を支持する証拠は実際にはほとんど存在しない．例外的に，Klemm and Van Parys (2012) がアフリカ諸国，カリブ海諸国，ラテンアメリカ諸国を対象に，タックスホリデー等の税制優遇措置に関する租税競争の有無を検証しているが，彼らの分析にはアジア諸国は含まれていない．タックスホリデーなどの税制優遇措置を多用し，それを経済成長に結びつけてきた典型はアジアの国々であることから，現実に税制優遇措置による租税競争が行われていることの一般的な証拠を得るという観点からもアジア諸国の分析は欠かせない．

　アジア諸国を対象とした租税競争の実証分析がこれまで行われてこな

かった最大の理由は，実証分析用の既成の実効税率データがなかったことである．アジアでは，タックスホリデーなどの税制優遇措置の利用が長期かつ広範囲に及んでおり，税制優遇措置の内容も企業によってかなり異なる．実効税率データを作成するためにはアジア各国の税制優遇措置の時系列的な変化を網羅的に捉える必要があり，そのハードルの高さからこれまで十分な研究が行われてこなかったものと思われる．

　もちろん，アジアに関する実効税率の研究がこれまで手つかずであったわけではない．Botman, Klemm and Baqir (2010) は東南アジア7カ国（タイ，マレーシア，フィリピン，インドネシア，ベトナム，カンボジア，ラオス）を対象に，単年におけるDevereux-Griffith型実効税率を計測し，タックスホリデーの実効税率への影響を検討した．彼らの分析は，Devereux-Griffith型実効税率をアジア諸国の現実の税制に当てはめた初の試みであり，タックスホリデーの実効税率に対する影響が新たなデータによって確認されるなど興味深い結果が提供された．しかし，彼らの分析は特定の年に限定されており，かつ比較的税制が似ている国のみが分析の対象とされている．中国，韓国，シンガポールのような経済的に重要な国が分析に含まれていない．また，最近ではAbbas and Klemm (2013) がそれまで先進国中心だったDevereux-Griffith型実効税率の計測を世界の途上国に拡張し，アジア諸国も含めた分析を行っている．この研究は，Devereux-Griffith型実効税率をアジア，アフリカ，ラテンアメリカ，欧州の50の途上国に適用するという野心的かつ包括的な研究として貴重である．しかし，データ期間が1996〜2007年と限られているうえ，実効税率については地域別の平均値が提示されているのみで，租税競争の検証も行われていない．また，アジア諸国に限って言えば，1996〜2007年はアジア諸国の実効税率の変化が乏しい時期であり，たとえ租税競争の実証分析を試みたとしても同時期のデータのみを用いた分析には限界があったものと推測される．

　このように，アジア諸国に関するDevereux-Griffith型実効税率のデータは部分的に構築されてきたものの，これまで十分に蓄積されてきたとは言えず，アジアの租税競争の実証分析を行うためのデータセットは用意され

ていない．そこで本章では，Suzuki (2014) に基づき，アジア 12 か国（日本，中国，韓国，台湾，香港，フィリピン，タイ，シンガポール，マレーシア，インドネシア，ベトナム，インド）を対象に過去 30 年間の税制優遇措置の推移を調べ，Devereux-Griffith 型実効税率のデータを構築する．そして，同データを用いて各国のタックスホリデーが法人実効税率に及ぼす影響の分析とアジア諸国間の租税競争に関する実証分析を行う．

2. 税制優遇措置

まず，実効税率の計測に必要な税制優遇措置について説明する．

2.1 税制優遇措置の分類

税制優遇措置とは，特定の投資プロジェクトに対する差別的な優遇策を指す (Fletcher, 2002)．一般的な法人税率の引き下げは税制優遇措置とは言えず，特定の技術を持つ企業に対する税率引き下げは税制優遇措置に当てはまる．アジア諸国では，税制優遇措置によって技術力の高い外国企業を積極的に誘致する政策がとられてきた．税制優遇措置が支持される理由は，それが国内の投資増加を通じて雇用を増加させること，そして正の外部性を持つ技術の獲得によって他の事業に波及効果が生じること等である．アジア諸国ではこれまで外資誘致を国内経済活動の起爆剤とすることへの期待が強く，税制優遇措置が大胆に利用されてきた．

税制優遇措置の代表的な措置としては，タックスホリデー (tax holidays)，税率引き下げ(lower CIT rate)，投資控除・税額控除(investment allowances and tax credits)，加速償却 (accelerated depreciation) の 4 つが挙げられる．それぞれ次のような特徴が指摘されている (Zee, Stotsky and Ley, 2002)．タックスホリデー（一定期間の免税措置）は，税務執行コストが低いという利点に加えて，設立当初から利潤が生じる企業にとっては恩恵が大きい．逆に，設立当初のコストが大きく利潤が後で生じる企業にとっては，繰越損失の制度が適切に組み合わされていなければタックスホリデーによる節税メリッ

トは小さい．また，投資受入国からみれば，タックスホリデーなしでも投資したであろう高利潤企業に対して大きな恩恵を与えることになり，その分だけ政府の税収損失につながる．タックスホリデーの期間に合わせた短期の事業を優遇することになるという欠点もある．

軽減税率は，タックスホリデーの効果を小さくしたものであるため，基本的にはタックスホリデーと同じ性質を持つ．但し，タックスホリデーと同規模の減税を想定する場合，タックスホリデーよりも適用期間が長くなるため，短期の事業を優遇するという欠点が薄れる．また，法定税率の引き下げは一般に理解されやすいため，外国企業に対して政府が誘致の姿勢を示しやすいという利点もある．

投資控除・税額控除は，通常の減価償却分に加えて一定割合が上乗せとして損金算入されるか，もしくは税額控除が与えられる制度である．具体的には，投資費用に対する通常の2倍の損金算入（double deduction）を認める措置などがある．投資税額控除は，法人税率が一律の場合は投資控除と同じことを別の方法で行うものであり，投資控除と本質的には変わらない．投資控除・税額控除は，正の外部性の高い投資のみをターゲットとした柔軟な政策を実現することが可能であり，タックスホリデーと比べて税収コストが小さいという利点がある．一方で，税務執行コスト及び企業のコンプライアンスコストが高いことや，投資を行うたびに同措置を受けることができることから耐用年数の短い設備が選択されるという欠点がある．

加速償却は，通常の減価償却の合計を超えた償却が認められるわけではないので，投資控除・税額控除でみられる耐用年数の短い設備が選択されやすいという欠点が回避される．一方で，比較的低い税収コストで投資インセンティブが高められる．Zee, Storsky and Ley (2002) は，加速償却を最も欠点の少ない税制優遇措置と位置づけている．

2.2 アジア諸国の税制優遇措置

現実にみられるアジア諸国の税制優遇措置の典型は，タックスホリデー

の単独利用またはタックスホリデーと軽減税率の組み合わせである。このほかに、研究開発費に対する投資控除や源泉税の免除、輸入関税の減免などもアジア諸国ではよくみられる措置であるが、後述する機械設備及び建物に関する EATR, EMTR の計算にはこれらの措置は反映されない。日本を除くアジア 11 か国の税制優遇措置を国別に簡単に述べると、以下のようになる。以下の情報は、PricewaterhouseCoopers's "Worldwide tax summaries"や Ernst & Young's "Worldwide corporate tax guide"、その他の会計事務所の刊行物に加え、各国の政府機関・会計事務所等を訪問して入手したデータを基にしている。後の推計に用いられる情報も全て同様である。

まずシンガポールでは、外国企業を国内に誘致して経済活動の生産性を引き上げることが産業政策の重点に置かれており、そのために経済開発庁 (Economic Development Board, EDB) 等が補助金や税制面での様々な優遇措置を用いて外国企業を積極的に誘致している。現在、EDB が積極的に誘致を進めている分野は、バイオ、化学、航空機、環境などである。シンガポールにおける法人税関連の税制優遇措置として重要なのは、タックスホリデーである。シンガポールでは、1960 年より技術力の高い事業にはパイオニア・ステータスが認められ、最長 5 年間のタックスホリデーが適用されるようになった。その後タックスホリデーの期間は拡大され、1975 年に最長 10 年に、2004 年以降は最長 15 年に引き上げられている。

タイでは、1960 年にタイ投資委員会 (Board of Investment, BOI) が設立され、BOI の下で企業誘致策が進められてきた。タックスホリデーの期間は当初 2 年であったが、その後拡大されて 1972 年には現在と同じ 3～8 年になった。1989 年以降は、投資地域によってタックスホリデーの期間が異なる設定がなされている。第 1 ゾーン (Zone 1) は、バンコクとその周辺 5 県からなる地域であり、そこに投資した BOI 認定企業は 3 年間のタックスホリデーを受けることができる。第 2 ゾーン (Zone 2) は、首都圏周辺 11 県及びプーケットで、そこに投資した BOI 認定企業は最大 5 年間のタックスホリデーを受けることができる。第 3 ゾーン (Zone 3) は、首都圏以外の開発の遅れた地域であり、そこに投資する BOI 認定企業は最大 8

年間のタックスホリデーを受けることができ，さらにタックスホリデー終了後5年間にわたって法人税が50%軽減される．

　フィリピンは，1987年からフィリピン投資委員会（BOI）の下で最長8年のタックスホリデーが実施されている．その後，フィリピンでは多数の輸出加工区が設置され，多くの外国企業が輸出加工区の税制優遇措置を利用するようになった．輸出加工区に投資するためには生産の70%以上の輸出などの条件が課せられるものの，国内市場が小さいフィリピンではそれが外資誘致の障害にはなっていないという．輸出加工区で最大のものは，フィリピン経済区庁（PEZA）で1995年に創設された．PEZAは，BOIとは独立して企業に対して税制優遇措置を与えている．その措置は，伝統的なBOIの税制優遇措置よりも寛大であり，投資企業には最長8年のタックスホリデーとその後5%の法人税(無期限)が適用されている．PEZAのほかにもクラーク開発公社（CDC）やスービック湾都市開発庁（SBMA）などがあり，各管轄区域に投資した企業はPEZAとほぼ同様の税制優遇措置が受けられる．

　マレーシアでは，1968年に投資奨励法が制定され，タックスホリデーを含む税制優遇措置が導入された．そこでは，パイオニア事業に対して2年間のタックスホリデー及び条件に応じてタックスホリデーの最大3年間までの延長が認められていた．1986年には投資促進法によって税制優遇措置がサービス業にも拡大されるなど，税制優遇措置の整備が行われた．投資促進法に基づくマレーシア投資開発庁（MIDA）の税制優遇措置は，パイオニア事業に対する5年間のタックスホリデーである．また，1986～1991年10月までは免税対象が資本控除前の所得であったことから，6年目に初年度償却と年度償却を使い始めることができた．1991年11月以降は，5年間の免税が70%に縮小されるとともに，免税対象が資本控除後に変わったために，免税期間中に初年度償却と年度償却が進む（6年目以降の各償却がその分小さくなる）ことになった．パイオニア事業ではタックスホリデーの代わりに投資税額控除（ITA）を選択することもできる．ITAは5年間で投資額の60%の免税枠を持ち，毎年所得の70%が免税される

（免税枠は毎年使った分だけ減っていく）．

インドネシアでは，1983年までは2年間のタックスホリデーが認められていた．1984年にタックスホリデーが廃止され，その後約10年間変化はなかったが，1997年には一部の事業に対してタックスホリデーが復活した．しかし，タックスホリデーの適用はアドホックに行われるものであった．1999年にはタックスホリデーの適用業種や期間（ジャワ島などが3年，それ以外は5年）の公表などが行われたが，アジア通貨危機と時期が重なるなかで結局タックスホリデーが完全に復活することはなかった．その代りに，2000年に特定産業または特定地域に対する新たな税制優遇措置として2倍償却（償却率が通常の2倍）などの措置が導入された．2010年8月からはタックスホリデーが復活したが，約100億ドル以上の投資規模などの条件が課されていることから，インドネシアに投資される一般的な案件が受けられる優遇措置とは言えない．

ベトナムでは，ドイモイ政策導入後の1987年にベトナム外国投資法が施行された．その後部分的に改定され，1996年11月に全面的に改定された．また，1999年1月より国内企業に適用される法人税法と外国投資企業に適用される外国投資法が1つの法人税法に統一され，2004年からは標準法人税率が28%に統一された．ベトナムの税制優遇措置は，業種と立地場所に応じて様々な税制優遇措置がある．それらは必ずしも明確な基準によって決められているものではなく，ベトナム外国投資庁が企業ごとに判断する．重要業種に対する基本的な優遇措置の例は，「15年間の基礎税率10%＋4年間の免税＋免税後数年間の法人税50%軽減（法人税が5%になる）」である．免税後の法人税50%軽減措置の期間は，1997～2003年が最長4年間，2004年以降が最長9年間である．このため，2013年時点で上記のような優遇措置が受けられれば，1～4年目は免税，5～13年目は税率5%，14～15年目は税率10%，16年目以降は税率25%（標準税率）となる．

インドでは，1991年の投資ガイドラインにより経済開放が行われた．それ以前は，インドに進出していた外国企業は稀であった．その後も外国

企業のインド進出に対する規制が厳しく，2000年代に入ってからようやく対内投資が増加した．インドの税制優遇措置には，①後進地域への投資 (location-based)，②エネルギー，インフラ，通信など特定産業の投資 (industry-based)，③輸出企業の投資 (export-based) に対するものがある．タックスホリデーの期間は概ね5〜10年であるが，各投資に対して細かい税制優遇措置及び適用期間が定められており，インド投資に対する税制優遇措置を一括りに語ることはできない．また，特定産業及び企業に対する税制優遇措置を除けば，インド投資に対する税制優遇措置はほとんどない．例えば，現地の市場を求めて進出する製造業（自動車など）の場合，後進地域に対する投資でない限り，税制優遇措置を受けることはできない．

中国の外資企業に対する税制優遇措置として注目されるのは，1991年の改革で導入された措置である．1991年7月以降，外資企業は国の開発区での活動に対しては15%，地方の開発区での活動に対しては24%の軽減税率がそれぞれ適用されるようになった．また，10年以上の経営期間を持つ外資企業に対しては，「2免3減」の優遇措置（2年間のタックスホリデー＋タックスホリデー終了後3年間の法人税50%軽減（すなわち，国の開発区なら7.5%，地方の開発区なら12%））が与えられた．また，輸出比率が70%以上であるかハイテク認定を受けた企業に対しては，その条件が満たされる限り50%の免税措置が継続された．2008年からは，法人税率が内外資ともに33%から25%に引き下げられる一方で，外資企業の開発区への投資に対する優遇税率の適用や「2免3減」といった措置は廃止された．ハイテク認定は，内外資を問わない制度に改定されて15%の軽減税率の適用となったが，ハイテク認定を得るためのハードル（売上に占めるR&D比率や大卒人員の比率など）が高く，現在多くの日本企業がそれを利用できない状況にある．

韓国では，古くから機械設備に対して税額控除が認められてきたが，1990年代に投資額の10%とされてきた税額控除率は縮小が続き，2011年末で廃止された．外資企業向けの税制優遇措置は，アジア通貨危機後の1999年に設けられた制度が現在まで続いており，ソウル地域以外への投

資に対して5年間のタックスホリデーとタックスホリデー終了後2年間の法人税50％軽減措置が与えられている．

台湾では，1960年の投資奨励条例以来5年間の免税措置が導入されてきた．1991年には産業高度化促進条例によって，重要ハイテク産業及び重要投資産業に対しては引き続き5年間の免税措置が適用されることになった．しかし，同条例の税制優遇措置は2009年末に廃止され，2010年から産業創新条例（産業創新条例の成立は2010月5月だが，税制優遇措置は2010年1月まで遡及されて適用）によって免税措置は廃止された．

香港は，タックスホリデーや投資税額控除のような税制優遇措置は存在しない．基本的には，簡素で低税率の税制が敷かれている．減価償却は1997年度まで初年度償却が60％と寛大であり，1998年度からは多くの機械設備に対して即時償却が認められるようになった．

3. アジア諸国の法人実効税率

では，アジア12カ国の税制優遇措置の内容を踏まえつつ，Devereux-Griffith型実効税率を計算しよう．

3.1 税制優遇措置を考慮に入れたDevereux-Griffith型実効税率

Devereux-Griffith型実効税率は，前節でみたようにone-period perturbationにより導かれるため，タックスホリデーなど多期間にわたる税制優遇措置を反映させることができない．Klemm（2012）は，タックスホリデーをDevereux-Griffith型実効税率に反映させられるように，Devereux-Griffith型実効税率を次のように拡張した．

まず，t期に投資してその後資本ストックの水準が維持される状況が想定される（$dI_t = 1$及び$dI_{t+s} = 0$ $\forall s \geq 1$）．引き続き個人段階での資本所得税を無視すれば（$\gamma = 1$, $\rho = i$），投資のNPV（キャッシュフローの現在価値）は

第5章 アジアの租税競争

$$R_t = \sum_{s=0}^{\infty} \frac{dD_{t+s}}{(1+\rho)^s} = \sum_{s=0}^{\infty} \frac{dQ_{t+s}(1-\tau)}{(1+\rho)^s} - \sum_{s=0}^{\infty} \frac{dI_{t+s}}{(1+\rho)^s} + \tau\phi \sum_{s=0}^{\infty} \frac{dI_{t+s} + dK_{t-1+s}^T}{(1+\rho)^s}$$

$$= \sum_{s=1}^{\infty} \frac{(p+\delta)(1-\tau)(1+\pi)(1-\delta)^{s-1}}{(1+\rho)^s} - 1 + A \quad (5.1)$$

と書ける．ここで，A は定率法の場合は

$$A = \frac{\tau\phi(1+\rho)}{\rho+\phi}\left(\frac{1-\phi}{1+\rho}\right)^Y$$

定額法の場合は

$$A = \frac{\tau\phi(1+\rho)}{\rho}\left[\left(\frac{1}{1+\rho}\right)^Y - \left(\frac{1}{1+\rho}\right)^{1/\phi}\right] \quad \forall Y \leq 1/\phi$$

である（前章とは異なることに注意）．タックスホリデーがあるとき，(5.1) 式の第一項は次のようになる $(1+\rho=(1+r)(1+\pi)$ を利用）．

$$\sum_{s=1}^{Y} \frac{(p+\delta)(1+\pi)^s(1-\delta)^{s-1}}{(1+\rho)^s} + \sum_{s=Y+1}^{\infty} \frac{(p+\delta)(1-\tau)(1+\pi)^s(1-\delta)^{s-1}}{(1+\rho)^s}$$

$$= \sum_{s=1}^{\infty} \frac{(p+\delta)(1+\pi)^s(1-\delta)^{s-1}}{(1+\rho)^s} - \tau \sum_{s=Y+1}^{\infty} \frac{(p+\delta)(1+\pi)^s(1-\delta)^{s-1}}{(1+\rho)^s}$$

$$= \frac{p+\delta}{r+\delta}\left(1-\tau\left(\frac{1-\delta}{1+r}\right)^Y\right)$$

よって，税がある場合の投資の NPV（R）は次のように表される．

$$R_t = \frac{p+\delta}{r+\delta}\left(1-\tau\left(\frac{1-\delta}{1+r}\right)^Y\right) - 1 + A \quad (5.2)$$

税がない場合の投資の NPV（R^*）は，

$$R_t^* = -1 + \frac{(1+\pi)(p+\delta)}{1+i}\left[1 + \frac{(1+\pi)(1-\delta)}{1+i} + \left(\frac{(1+\pi)(1-\delta)}{1+i}\right)^2 + \cdots\right]$$

$$= \frac{p-r}{r+\delta} \quad (5.3)$$

である.

EATR は,前章と同様に,税の現在価値を利潤率の現在価値で割ったものとして表される.但し,投資の影響が無限の将来まで続くことを考慮して,分母の利潤率は $r+\delta$ で除される.

$$EATR = \frac{R^* - R}{p/(r+\delta)} \quad (5.4)$$

$R_t = 0$ として p について解けば,限界利潤率は

$$\tilde{p} = \frac{(1-A)(r+\delta)}{1-\tau\left(\frac{1-\delta}{1+r}\right)^Y} - \delta \quad (5.5)$$

となるから,これを (5.4) 式に代入すれば EMTR が得られる.

アジア諸国の税制優遇措置は,タックスホリデーのみではなく,タックスホリデー期間終了後に 50% の法人税軽減措置などが続くことが多い.そこで,本章では上記の計算を免税後に法人税が軽減されるケースに対応できるように変形する.すなわち,(5.1) 式の第 1 項は次のように変形される.

$$\sum_{s=1}^{Y} \frac{(p+\delta)(1+\pi)^s(1-\delta)^{s-1}}{(1+\rho)^s} + \sum_{s=Y+1}^{Y+Z} \frac{(p+\delta)(1-0.5\tau)(1+\pi)^s(1-\delta)^{s-1}}{(1+\rho)^s}$$

$$+ \sum_{s=Y+Z+1}^{\infty} \frac{(p+\delta)(1-\tau)(1+\pi)^s(1-\delta)^{s-1}}{(1+\rho)^s}$$

$$= \frac{p+\delta}{r+\delta}\left[1 - \tau\left(\frac{1-\delta}{1+r}\right)^{Y+Z} - 0.5\tau\left(\frac{1-\delta}{1+r}\right)^Y\left\{1 - \left(\frac{1-\delta}{1+r}\right)^Z\right\}\right] \quad (5.6)$$

このとき,$R_t = 0$ として p について解けば,

第 5 章　アジアの租税競争

$$\tilde{p} = \frac{(1-A)(r+\delta)}{1-\tau\left(\frac{1-\delta}{1+r}\right)^{Y+Z} - 0.5\tau\left(\frac{1-\delta}{1+r}\right)^{Y}\left\{1-\left(\frac{1-\delta}{1+r}\right)^{Z}\right\}} - \delta \quad (5.7)$$

　このほか，タックスホリデーが 70％ 限定されるマレーシアなどの計算については，必要に応じて上記の計算式を変形した．以上が，本章で用いる実効税率の計算方法である．実効税率計算における基本的な仮定は前章と変わらない．資産として機械（耐用年数 8 年）と建物（同 25 年）を想定し，EATR と EMTR は機械と建物に関して 64：36 の比率で按分したものとする．資金調達は，内部留保ケースを想定する．このため，実効税率は法定税率，税務上の減価償却率，税制優遇措置（タックスホリデー，投資税額控除など）によって決まる．

　実効税率の計測で想定される典型的な投資プロジェクトについては 2 つの注意点がある．第 1 に，税務上の減価償却（資本控除）については先行研究と同様に，各国で同じ資産に適用される減価償却方法を考える．例えば，機械設備の減価償却は日本では 8 年間の定率法で計算されるが，これと同じ設備が中国では 10 年間の定額法で計算される[1]．多くの国では減価償却方法が選択制になっているが，この場合は企業が減価償却が最も早く終わる（すなわち PDV が最も高い）方法を選択すると仮定した．しかし，タックスホリデーが適用される場合には，タックスホリデーの期間中の減価償却が小さいほどタックスホリデー終了後の減価償却が大きくなる．このため，タックスホリデーがある場合には PDV が最も小さくなるような減価償却方法を選択すると仮定した[2]．

　第 2 に，本章では典型的な投資に対する典型的な税制優遇措置を想定し

---

1) 国によっては減価償却年数に関して機械設備が細かく分類されている．この場合にはいずれの機械設備を典型的とするかの判断が必要だが，その場合本章では自動車部品等を製造するための機械設備を想定する．より軽い製品を製造するための機械設備を想定すれば，より短い減価償却期間が適用される．想定する資産が異なれば，実効税率の計測結果に違いが生じる．
2) 減価償却方法は，原則として途中で切り替えることがないと仮定した．日本など途中での切り替えが一般的な手続きとされている場合には切り替えを仮定した．

た．各国のタックスホリデーをみると，タックスホリデーを比較的広範にわたる産業に適用している国がある一方で，特定の技術を持つ一部の企業に対してのみタックスホリデーを適用する国もある．また，タックスホリデーの適用条件や適用期間が必ずしも明確なガイドラインとして示されていない国もあり，Devereux-Griffith 型実効税率で想定する典型的な投資の特定が難しい．このため，先行研究では仮想的な投資が最大の税制優遇措置を受けられるものと仮定されている．税制優遇措置の上限は法律等に明記されている場合が多いので，典型的な投資がそれを利用できると仮定することで実効税率の計測が容易になり，恣意性の少ない計測が可能になる．

しかし，現実には必ずしも多くの企業が最大の税制優遇措置を受けられているわけではない．アジアでは制度上はかなり長いタックスホリデーが可能でも，実際には最長のタックスホリデーを受けられる企業がほんの一握りであることが少なくない．資源産業など特定の国にとって重要な産業に属する企業に対してのみ，手厚い優遇措置が適用される場合もある．こうした国で最大の税制優遇措置を仮定すると，典型的な投資に対する実効税率ではなく，一握りの特殊な投資に対する実効税率が計算されることになってしまい，実証分析でミスリーディングな結果を招く．我々の関心は，特殊な企業ではなく平均的な企業に対する実効税率及びそれに関して租税競争が行われているかどうかにある．そのため，本章では税制優遇措置の現実の使用状況を考慮に入れた上で，平均的な投資を想定し，そのプロジェクトに対する税制優遇措置を仮定して実効税率を計測した．少なくともアジア諸国については，このアプローチが現実的に意味のある結果をもたらすと判断した．アジア諸国の典型的または平均的な投資に対する税制優遇措置は，表 5-1 のようになる．

3.2　アジアにおけるフォワードルッキングな実効税率

アジア諸国の法定税率と EATR を計測した結果，図 5-1 及び図 5-2 のようになった．各国の法定税率は，1980 年代から 1990 年代半ばにかけ

第 5 章　アジアの租税競争　　　　　　　　　　　　　　　　　　　　131

表 5-1　アジアにおける税制優遇措置の前提（1981～2012 年）

シンガポール	10 年間の免税.
タイ	8 年間の免税と免税終了後 5 年間の法人税 50% 軽減.
フィリピン	1986 年まで免税なし. 1987 年～1994 年は 8 年間の免税（BOI），1995 年以降は 8 年間の免税とその後法人税率 5%（PEZA）.
マレーシア	1991 年まで 5 年間の免税. 1992 年からは ITA（投資の 60% の免除枠を持ち，毎年所得の 70% まで免税）.
インドネシア	1983 年まで 2 年間の免税，1984 年以降は免税なし.
インド	なし.
ベトナム	1997 年以降 10% の基本税率，4 年間の免税. 1997～2003 年は免税終了後 4 年間の法人税 50% 軽減除，2004 年以降は免税終了後 9 年間の法人税 50% 軽減.
中国	1991～2007 年まで 2 年間の免税と免税終了後 3 年間の法人税 50% 軽減.
韓国	2011 年まで投資税額控除（3～10%）. 1999 年以降，5 年間の免税と免税終了後 2 年間の法人税 50% 軽減.
台湾	2009 年まで 5 年間の免税.
香港	なし.
日本	なし.

て，そして 1990 年代半ばから現在にかけて概ね低下している（図 5-1）．但し，韓国，フィリピン，ベトナム，インドでは法定税率が上昇している時期も観察される．現在，香港，シンガポール，台湾が最も法定税率が低い国であるが，香港が 1980 年代から低い税率を保っているのに対して，シンガポールは 2000 年以降，台湾は 2010 年に大幅な税率引き下げがあった．法定税率の水準が中程度の国は，韓国，台湾，フィリピン，マレーシア，インドネシア，ベトナム，中国であり，これらの国の多くは過去 5 年間に税率が大きく引き下げられた．インドと日本は比較的高い法定税率を保ってきたが，大きな流れでみると両国ともに法定税率は引き下げられる傾向にある．

　これに対して，EATR の動きは税制優遇措置の違いにより，法定税率のそれとは著しく異なる（図 5-2）．第 1 に，シンガポール，タイ，フィリピン，ベトナムの EATR はほんの数 % しかない．EATR は，計算上利潤が無

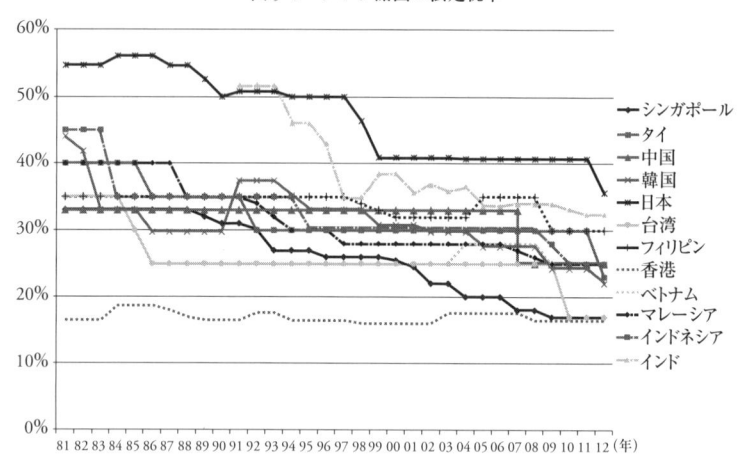

図 5-1　アジア諸国の法定税率

凡例：シンガポール、タイ、中国、韓国、日本、台湾、フィリピン、香港、ベトナム、マレーシア、インドネシア、インド

横軸：81 82 83 84 85 86 87 88 89 90 91 92 93 94 95 96 97 98 99 00 01 02 03 04 05 06 07 08 09 10 11 12 (年)

限に発生すると仮定しているため EATR が正になっているが，実際にはゼロの場合もある．例えば，シンガポールでは典型的な投資プロジェクトに対して 10 年間のタックスホリデーが認められており，一方で機械設備の耐用年数が 8 年であるため，仮に 8 年で機械設備が取り替えられる場合には EATR がゼロになる．こう考えると，上記の国の EATR は極めてゼロに近く，これは Gordon（1986）等のゼロ資本税仮説を支持するものと考えられる．タイを除けばこれらの国は小国であることから，図 5-2 は開放経済では立地特殊的レントが小さい小国は「底辺への競争」(race to the bottom) に巻き込まれることを示唆している．この結果は，Abbas and Klemm (2012) のアフリカ諸国を対象とした実証結果とも整合的である．

第 2 に，大国の EATR は比較的高い．日本，インド，インドネシアはアジアの小国よりも一貫して高い税率を維持している．中国は，長期にわたって低い EATR を設定してきたものの，近年では EATR を引き上げている．このように大国が高い税率を課す傾向は，第 3 章でみた人口の大きさが非対称な国の間で起こる租税競争の結果（Bucovetsky, 1991；Wilson, 1991 b）と整合的である．また，大きな市場を抱える中核国が高い税率を保つことができることは新貿易理論（Haufler and Wooton, 1999；Baldwin and Krug-

第5章 アジアの租税競争

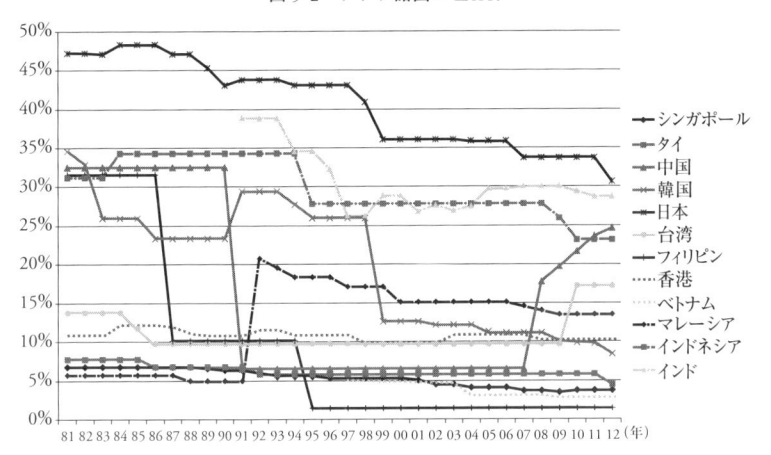

図 5-2　アジア諸国の EATR

凡例：シンガポール／タイ／中国／韓国／日本／台湾／フィリピン／香港／ベトナム／マレーシア／インドネシア／インド

man, 2004 等) が示唆するところとも一致する．

　第3に，いくつかの国が法定税率引き下げと同時に税制優遇措置を廃止し，法定税率引き下げと課税ベース拡大の組み合わせを実現している．中国は，1991〜2007 年に 2 年間のタックスホリデーとその後 3 年間の 50% 税率軽減によってアジアで最も低い EATR を持つ国の 1 つであったが，2008 年以降法定税率を 25% に引き下げると同時に多くの税制優遇措置を廃止した．この結果，中国の EATR は急激に高まった．台湾も 2010 年に法定税率を 25% から 17% に引き下げると同時に，製造業向けの 5 年間のタックスホリデーを廃止した．タイも 2012 年に法定税率を 30% から 23% に引き下げたが，一方で技術力の低い企業に対しては税制優遇措置を与えない方針に転換した．

　税制優遇措置の廃止は，一見 EATR を高めることから租税競争を弱める要因になるように思われるが，Keen (2001) は税制優遇措置を廃止することで法定税率に関する租税競争が激化し，結果として租税競争による厚生損失が大きくなることを理論的に示した．Janeba and Smart (2003) は，Keen (2001) の結果が資本ストック一定の特殊ケースであり，より一般的な場合には税制優遇措置の廃止が租税競争の悪化をもたらすとは限らないと指

摘した．こうした理論的な考察に対して，実証的な観点から税制優遇措置の廃止が租税競争にどのような影響をもたらすかを検証することは興味深いところである．理論的な論争の現実への妥当性について，今後アジアで法定税率による租税競争が起こるかどうかが 1 つの判断材料になるかもしれない．

4. タックスホリデーの実効税率への影響

次に，タックスホリデーの実効税率への影響を考える．先行研究では，タックスホリデーと実効税率の関係が税務上の減価償却率（資本控除の大きさ）に依存することが示されている．Mintz (1990) は，税務上の減価償却が寛大な国ではタックスホリデーが限界実効税率を引き下げるとは限らないことを指摘した．Klemm (2010) は，Devereux–Griffith 実効税率を用いて，タックスホリデーが EATR を低下させるものの，EMTR を上昇させる可能性があることを示した．また，Botman, Klemm and Baqir (2010) は，タックスホリデーの実効税率への影響を現実の税制に当てはめて分析し，Klemm (2010) と同様の結果を得た．すなわち，東南アジアの 7 か国においてタックスホリデーが限界的な投資インセンティブではなく対内 FDI のインセンティブを高めることが示された．本章では，こうした分析をより多様な税制を持つアジア 12 か国に対象を広げて，タックスホリデーと実効税率の関係を考察する．

2012 年の税制を前提に，タックスホリデーが機械設備の実効税率にどのような影響を及ぼすかを検討する．マレーシアはタックスホリデーが 70% に限定されているため，以下の計算にもそれを反映させるが，他の国は 100% のタックスホリデーを前提とする．タックスホリデーを導入していない国についても，ここでは税制上の特徴を考えることが目的であるため，タックスホリデーの効果を計測する．

タックスホリデーの効果は，2 つのグループに分けられる．1 つ目のグループは，寛大な減価償却（資本控除）制度を持っている国である．日

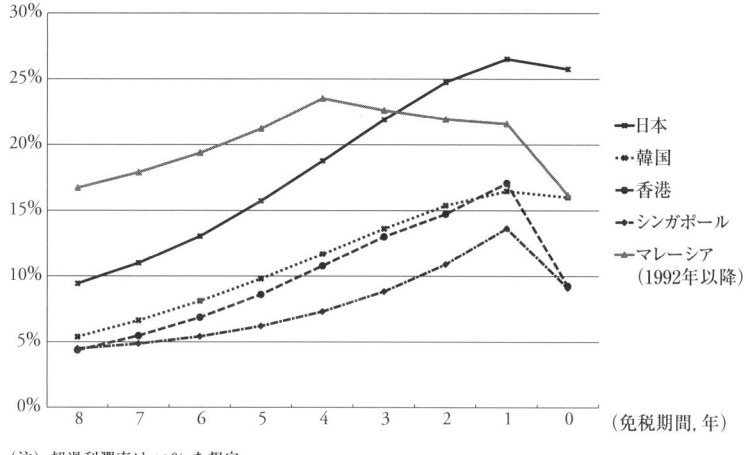

図 5-3 タックスホリデーの EATR 引き下げ効果（減価償却率の高い国）

（注）超過利潤率は 10% を想定.

本，韓国，香港，シンガポール，マレーシアがこれに相当する．これらの国では，減価償却が寛大であるため，短いタックスホリデーでは必ずしも実効税率が低下しない．EATR を引き下げるために必要なタックスホリデーの期間を計算すると，日本と韓国では 2 年以上，シンガポールでは 3 年以上，香港では 5 年以上となる（図 5-3）．マレーシアでは，8 年のタックスホリデーでも EATR は低下しない．

シンガポールでは，企業は 1 年目に 75%，2 年目に 25% の減価償却（資本控除）を用いることができる[3]ため，タックスホリデーがなくても寛大な減価償却によって EATR は 9% にとどまる．2 年以内のタックスホリデーでは企業はこの減価償却の恩恵を受けることができないため，タックスホリデーの導入が逆に EATR を押し上げてしまう．香港はさらに極端なケースである．香港では機械設備の即時償却が可能であることから，5 年

---

3) 2 年を超えるタックスホリデーを利用する場合，企業は（加速償却ではない）通常の減価償却，すなわち 20% の初年度償却と残り 80% の年度償却が利用できるものと仮定した．これは，タックスホリデー後に出来るだけ多くの減価償却を使えるようにするためである．

以上のタックスホリデーでなければ EATR は低下しない．マレーシアでは，寛大な減価償却に加え，タックスホリデーが 70% に制限されているため，タックスホリデーが EATR を引き下げる効果がより小さい．

　第 2 のグループは，減価償却率が低い国である．これらの国では，減価償却率が高い国とは対照的に 1 年間のタックスホリデーでも EATR を引き下げることができる．中国では EATR を 1 年間のタックスホリデーで約 5%，2 年間のタックスホリデーで約 10% 引き下げることができる（図 5-4）．1991〜2007 年に，中国では平均的な投資に対して 2 年間のタックスホリデーとその後 3 年間法人税の 50% 軽減が認められていた．上記の結果から，こうした措置が比較的短いタックスホリデーにもかかわらず，外資誘致策としては強力なものであったことが理解できる．フィリピンでは，PEZA（輸出加工区）に投資する企業は 8 年間のタックスホリデーとその 5% の税率適用が認められているが，この場合は税率が低いことからタックスホリデーの効果はあまりない（タックスホリデーがなくても EATR が低い）．これに対して，輸出加工区以外に適用される BOI（Board of Investment）の税制優遇措置では，軽減税率がないため，8 年間のタックスホリデーによって EATR が約 20% 引き下げられる．

　但し，利潤率が高い場合には上記のとおりとはならない．例えば，利潤率が 50% である場合には，1 年間のタックスホリデーでさえ香港を除く全ての国で EATR を引き下げることができる[4]．これは，減価償却が現在価値ベースで正常利潤のみを相殺するものだからである．減価償却は超過利潤を相殺するものではないため，超過利潤率が高まると減価償却が EATR を引き下げる効果が弱まり，その分だけタックスホリデーの効果が増す．このため，高利潤の投資プロジェクトの誘致に対しては，寛大な減価償却制度を持つ国においてさえタックスホリデーによる EATR 引き下げ効果が比較的大きく，タックスホリデーが有効な企業誘致策になる．

　以上の結果にはいくつかの注意が必要である．計算では 1 年目から利潤

---

4)　香港でも EATR を引き下げるために必要なタックスホリデーの期間は 2 年である．

第5章 アジアの租税競争

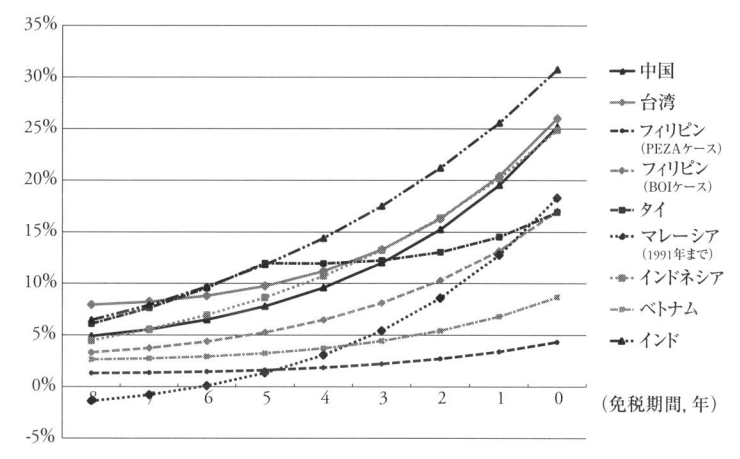

図5-4 タックスホリデーのEATR引き下げ効果（減価償却率の低い国）

- 中国
- 台湾
- フィリピン（PEZAケース）
- フィリピン（BOIケース）
- タイ
- マレーシア（1991年まで）
- インドネシア
- ベトナム
- インド

（免税期間, 年）

（注）超過利潤率は10%を想定．

が発生することが仮定されている．実際には，新子会社を現地に設立してすぐに利潤を発生させることができるとは限らない．また，アジアの国では利潤が発生してからタックスホリデーを利用できる国とそうでない国がある．このため，実際には利潤の発生時期やタックスホリデー適用に関する細かいルールが実効税率に影響する．こうしたことから，上記の結果はある程度の幅をもって解釈する必要があるが，ここで行ったアジア12か国の分析結果は先行研究と整合的であり，各国のタックスホリデーの実効税率への影響の基本的な特徴を捉えているものと考えられる．

本章の分析から得られた新しい事実は2つある．第1に，アジアではタックスホリデーが（Botman, Klemm and Baqir（2010）と同じ10%の超過利潤率を想定した場合に）EATRを引き下げるとは限らないことである．過去の研究ではアジア諸国のタックスホリデーはEMTRを引き上げる可能性があるものの，EATRについては引き下げると概ね整理されていた．本章の分析から明らかになったことは，アジアでは減価償却が著しく寛大な国があるため，そうした国ではEMTRのみならず（先行研究と同じ超過利潤率の下で計算される）EATRもタックスホリデーによって押し上げられる可能性が

あることである.

　第2に，タックスホリデーの実効税率引き下げ効果が小さい国ほど外資誘致策としてタックスホリデーを積極的に利用しており，タックスホリデーの実効税率引き下げ効果が大きい国ほどタックスホリデーを利用していないという事実である．これは，減価償却が寛大な国がタックスホリデーのような他の措置でも企業活動を促進する積極策を展開していることを示しているだけなのかもしれない．しかし，減価償却が寛大な国ではタックスホリデーの税収損失が見かけよりも小さいという事実を踏まえれば，これらの国ではタックスホリデーによって小さい税収損失で大きな税制優遇があるような印象を作り出すことに成功しているとみることもできる．一方で，減価償却率が低い国では少なくとも平均的な投資に対しては現在タックスホリデーがほとんど利用されていない．中国と台湾はそれぞれ2008年と2010年に一般的な税制優遇措置を廃止し，インドネシアとインドは典型的な投資に対するタックスホリデーを実施していない．これは，タックスホリデーによる税収損失を恐れてのことではないかと思われる．減価償却率が低い国のなかでタックスホリデーを積極的に利用しているのは，フィリピン（BOIの税制優遇措置）のみである．

5. アジアにおける租税競争の実証分析

　最後に，アジア諸国間の租税競争についてDevereux-Griffith型実効税率を用いて実証分析を行う．

5.1　推計式とデータ
5.1.1　推計式の特定化

　Devereux, Lockwood and Redoano（2008）など租税競争に関する多くの実証研究では，税率がナッシュ均衡として決まるように定式化される[5]．本

5）　例外的に，Altshuler and Goodspeed（2002）ではシュタッケルベルグ均衡が想定されている．

稿でも先行研究にしたがって，推計式を次のように特定化する．

$$R_{it} = \rho \sum_{j \neq i} w_{j,t} R_{j,t} + x'_{it-1} \beta + T_t + \eta_i + \varepsilon_{it} \quad (5.8)$$

ここで，R_{it} は t 年における i 国の法人税率，$\sum_{j \neq i} w_{j,t} R_{j,t}$ は他国の法人税率の加重平均（空間ラグ項），x_{it} はコントロール変数ベクトル，T_t は共通タイムトレンド，η_i は個別固定効果，ε_{it} は攪乱項を表す．ウエイト行列 ($w_{j,t}$) としては，単純平均や距離の逆数による加重平均等を用いる[6]．コントロール変数は 1 期ラグを用いる．これは，政府が前年の経済指標に基づいて税率決定の判断を行うと考えられるからである．

5.1.2　推計上の問題

空間ラグ項（他国の税率の平均値）の係数が 0 から 1 の間に有意に検出されるかどうかを調べる．一般的には，各国間の税率の相互作用がそのまま租税競争を示すわけではない．税率の相互作用は，国民が自国政府のパフォーマンスを他国政府と比べることから生じるヤードスティック競争 (Besley and Case, 1995) の結果かもしれないし，単純に低税率が経済活動にとって望ましいとする考え方がある国から他の国に波及したことを反映したものであるかもしれない．このように異なる国の間の税率の相互作用については様々な解釈が可能だが，それらの判別が容易ではないことからここでは税率の相互作用を租税競争と解釈する．

各国の税率がナッシュ均衡として決まることから，ある国の税率が他国の税率に依存し，空間ラグ項は内生変数となる．このため，内生性の問題に対応するために操作変数を用いた固定効果推計 (Fixed-effect estimation with instrument variables, FEIV) を行う．操作変数としては，先行研究にしたがってコントロール変数の加重平均のなかから選択した．操作変数の選択では，標準的な過剰識別テストを用いた．

こうしたパネル推計では，各年特有の変動を捉えるために年ダミーが用

---

[6]　距離データは，CEPII のデータを利用した．

いられることが多い．しかし，空間ラグ項として他国の税率の単純平均を用いた場合に，年ダミーが空間ラグ項に吸収されてしまう可能性がある．よって，推計には年ダミーではなく線形の共通タイムトレンドを用いた．これは，先行研究でしばしば用いられている手法である（Devereux, Lockwood and Redoano, 2008 等）．

5.1.3 データ

データセットは，1985〜2012 年におけるアジア 12 か国の unbalanced panel である．推計期間の設定は主にデータの入手可能性から限定されている[7]．インドとベトナムのデータは，それぞれ 1991 年と 1997 年から用いる．両国ではそれより前には対内投資に対する厳しい規制が行われており，それらの期間では資本誘致を目的とした税率設定が行われていたとは考えにくい．このため，両国についてはデータ期間を制限する．

被説明変数の法人税率としては，法定税率（STR），平均実効税率（EATR），限界実効税率（EMTR）の3つを用いる．前章でみたように，これら3つの税率に関する相互作用は異なる意味合いを持っている．EATR に関する租税競争は企業立地に関するもので，EMTR に関する租税競争は企業の投資量に関するものである．STR は，EATR 及び EMTR を変化させるほか，多国籍企業の所得移転にも関係する．また，タックスホリデー等の税制優遇措置は，EATR と EMTR に対してのみ影響する．

コントロール変数として，個人所得税の最高税率，1 人当たり GDP，人口，開放度，政府支出の対 GDP 比，老年従属人口比率，若年従属人口比率，「法と秩序」指数を用いる．法人税率は，租税回避を防ぐために個人所得税の最高税率を意識して設定されると考えられるため，個人所得税の最高税率は法人税率のアンカーとしての役割を果たすと考えられる．個人所得税の最高税率は法人税率に対して正に影響すると考えられる．1 人

---

7) 後述する PRS グループのデータは 1984 年から入手可能であり，インドネシアの個人所得税の導入は 1984 年である．

当たり GDP と人口は国内市場の大きさをコントロールする変数である．同時に，1人当たり GDP が大きいほど消費者は高水準の政府活動を要求するようになるので，1人当たり GDP と法人税率の関係は正になる．開放度は，資本の移動性を捉えるものである．資本の移動性が高いほど租税競争圧力は強まると考えられる．開放度の変数としては貿易の対 GDP 比が用いられることが多いが，ここでは同比における小国の上方バイアスを避けるために Squalli and Wilson (2006) の開放度指数を用いる．政府支出の対 GDP 比は，公共財への選好と税収制約をコントロールするために用いられる．老年従属人口比率と若年従属人口比率は，政府の歳出圧力を測るものとして用いられる．両従属人口比率が高くなればなるほど歳出圧力が高くなり，法人税率が高まると考えられる．以上のコントロール変数は，世界銀行の"World Development Indicators"データベースから入手した．

　本分析では，こうしたコントロール変数に加えて PRS グループの「法と秩序」指数を制度要因をコントロールする変数として用いる．この指数は，租税競争に関する先行研究ではこれまで利用されてこなかったが，FDI に対する法人税の影響を調べる研究ではしばしば用いられてきたものである[8]．この変数を推計に用いるのは，法制度が整備されている欧州と比べてアジアでは制度要因の影響が大きいことから，租税競争の決定要因を考える際にその影響を考慮に入れる必要があると判断されるためである．「法と秩序」指数が高いことは投資環境が良いことを意味するため法人税率引き下げの圧力が小さくなるかもしれないが，一方で同指数は投資に関する制度的な透明度の高さを意味することから進出企業と政府との癒着が少なくなり，法人税による誘致合戦が増す可能性もある．係数の符号は実証的に判断されるべきものと考えられる．各変数の記述統計は，表5-2のようになる．

---

[8] Klemm and Van Parys (2012) は，PRS グループのデータから「汚職」指数と「法と秩序」指数の2つを FDI を説明する推計に用いているが，両指数には相関があるためここでは「法と秩序」指数のみを用いた．

表 5-2 記述統計 (1985～2012 年)

変数	単位	サンプル数	平均	標準偏差	最低	最高
STR	%	318	0.28	0.11	0.05	0.56
EATR	%	318	0.16	0.12	0.01	0.48
EMTR	%	318	0.14	0.13	−0.01	0.47
個人所得税の最高税率	%	318	0.37	0.10	0.17	0.70
1 人当たり GDP	千	318	9.68	11.62	0.25	46.24
人口	百万	318	234	403	3	1,340
開放度	%	318	0.50	0.96	0.00	5.56
政府支出	%	318	0.12	0.03	0.06	0.21
老年従属人口比率	%	318	0.10	0.05	0.05	0.37
若年従属人口比率	%	318	0.41	0.15	0.15	0.78
「法と秩序」指数	−	318	4.10	1.19	1.00	6.00

(注) 1 人当たり GDP とそれより下の変数は 1984～2011 年.

5.2 推計結果

5.2.1 ベースライン推計

ベースラインとして,推計期間を変えた 3 つの推計を行う.推計期間は, 1985～2012 年(インドは 1991 年から,ベトナムは 1997 年からデータに加入), 1991～2012 年(ベトナムは 1997 年からデータに加入), 1997～2012 年(全ての国のデータ)である. 1991 年はインドがデータに加わる年であるばかりでなく,中国が外資誘致のための税制優遇措置を実施した年でもあることに注意されたい. 1997～2012 年のデータは balanced panel であることから,空間ラグ項の影響がサンプル構成の変化ではなく全て税率要因と解釈できる.

空間ラグ項の加重平均に用いるウエイトは,単純平均のほか距離の逆数,GDP,GDP ウエイト付きの距離の逆数などいくつかのケースを試したが,単純平均以外は有意な結果を得ることはできなかった.このため,以下に示される結果は,空間ラグ項のウエイトとして単純平均を用いた結果である.全ての推計で,操作変数として若年従属人口比率と「法と秩序」指数を用いた.

表 5-3 の (1)～(3) 列は,フルサンプルである 1985～2012 年の結果を

示している．このサンプルでは，空間ラグ項はいずれも有意にはならなかった．1991〜2012年のEATRとEMTR（(5)，(6) 列）では空間ラグ項がそれぞれ5％，10％の有意水準で有意になった．係数の大きさは，概ね先行研究と一致している[9]．この結果は，アジア諸国が法人税の設定に関して立地インセンティブと投資インセンティブの両面から競争していることを示唆している．一方で，1997〜2012年の推計期間については，空間ラグ項について有意な結果が得られなかった．これは，近年中国と台湾が他国とは逆に税率を引き上げたことが影響しているものと思われる．

コントロール変数については，いくつかの有意な結果が得られた．法人税が個人所得税のバックストップであるとの考え方と整合的に，個人所得税の最高税率は有意な結果が得られた．また，「法と秩序」指数は法人税率に対して負の影響を及ぼすとの結果が得られた．

5.2.2 推計の拡張

いくつかの点で推計の拡張を行う．まず，機械設備と建物それぞれの実効税率を用いた推計である．ベースラインでは，EATRとEMTRとして機械設備と建物を64:36で按分したものが用いられた．しかし，実際には各投資プロジェクトが機械設備と建物をその比率で用いているとは限らない．そこで，税率設定に関する政府の意図をより正確に把握するために，資産別の租税競争を調べる．

推計結果は表5-4に示したとおりである．機械設備のケースでは，1991〜2012年においてEATRとEMTRの係数が有意となった（(3) 列と (4) 列）．しかし，1997〜2012年には両係数が有意にはならなかった（(5) 列と (6) 列）．こうした結果は，ベースラインの結果と同じである．建物に関する推計も行ったが，いずれの推計式においてもEATRとEMTRの係数は有意にはならなかった．

---

9) 例えば，Klemm and Van Parys（2012）は1985〜2004年におけるラテンアメリカ，カリブ海，アフリカの40か国の法定税率に関して，空間ラグ項の係数が0.44との結果を得ている．

表 5-3 推計結果:ベースライン

	1985–2012			1991–2012			1997–2012		
	(1)	(2)	(3)	(4)	(5)	(6)	(7)	(8)	(9)
他国の税率 (STR)	0.323 (0.55)			0.377 (1.04)			0.419 (0.56)		
他国の税率 (EATR)		0.050 (0.05)			0.458** (2.38)			0.352 (0.48)	
他国の税率 (EMTR)			0.667 (0.71)			0.477* (1.89)			−0.065 (−0.11)
個人所得税の最高税率	0.142 (1.43)	0.057 (0.56)	0.036 (0.40)	0.186 (1.29)	0.266*** (3.39)	0.245*** (4.36)	0.202* (1.72)	0.164*** (3.07)	0.135** (2.04)
1人当たり GDP	0.021 (1.23)	0.030 (1.15)	0.020 (1.37)	0.006 (0.25)	0.023 (1.08)	0.021 (1.15)	−0.013 (−0.67)	0.027 (0.85)	0.030 (0.93)
人口	−0.192 (−1.55)	0.164 (0.81)	0.033 (0.16)	−0.032 (−0.30)	−0.100 (−0.67)	−0.328** (−2.55)	0.034 (0.25)	−0.324* (−1.67)	−0.443** (−2.04)
開放度	0.024* (1.68)	0.020 (1.34)	0.031** (2.19)	0.012 (0.91)	0.034*** (3.20)	0.038*** (3.64)	−0.013 (−1.54)	0.016* (1.92)	0.018** (2.10)
政府支出	−0.466 (−0.80)	−1.317*** (−3.28)	−1.217*** (−2.89)	−0.315 (−0.51)	−0.785*** (−2.67)	−0.692*** (−2.58)	0.092 (0.41)	−0.892** (−2.41)	−0.915*** (−2.73)
老年従属人口比率	0.632 (1.37)	0.915 (1.20)	0.811 (0.90)	0.682 (1.10)	−0.305 (−0.85)	−0.788** (−1.99)	0.102 (0.22)	−0.955** (−2.22)	−1.311*** (−2.75)
若年従属人口比率	−0.44*** (−2.95)	−0.279 (−0.78)	−0.249 (−0.58)	−0.426*** (−3.02)	0.171 (0.82)	0.475*** (2.66)	−0.436*** (−2.89)	0.348 (1.41)	0.641*** (2.61)
「法と秩序」指数	−0.012 (−1.61)	−0.021*** (−3.78)	−0.015** (−2.55)	−0.012* (−1.71)	−0.008** (−2.36)	−0.007* (−1.95)	−0.005 (−1.59)	−0.006 (−1.05)	−0.002 (−0.40)
共通タイムトレンド	−0.007** (−2.30)	−0.011 (−1.37)	−0.007 (−0.97)	−0.007** (−2.48)	0.002 (0.41)	0.008** (2.41)	−0.005 (−1.36)	0.007* (1.71)	0.011*** (2.62)
サンプル数	314	314	314	254	254	254	188	188	188
Hansen J test P-value	0.891	0.611	0.996	0.252	0.598	0.833	0.124	0.088	0.105

Cluster-robust t-statistics in parentheses, * p<0.1, ** p<0.05, *** p<0.01

第5章　アジアの租税競争

表 5-4　推計結果：機械設備のみ

	1985-2012		1991-2012		1997-2012	
	(1)	(2)	(3)	(4)	(5)	(6)
他国の税率（EATR）	0.478		0.476**		−0.038	
	(0.43)		(2.33)		(−0.05)	
他国の税率（EMTR）		1.003		0.646*		−0.593
		(0.91)		(1.93)		(−0.95)
個人所得税の最高税率	−0.043	−0.124	0.190***	0.101	0.121***	0.135***
	(−0.36)	(−0.85)	(2.90)	(0.97)	(2.97)	(2.60)
1人当たり GDP	0.021	0.016	0.021	0.021	0.028	0.038
	(1.06)	(1.03)	(1.08)	(0.99)	(0.85)	(1.09)
人口	0.122	−0.040	−0.191	−0.509***	−0.398*	−0.474**
	(0.52)	(−0.15)	(−1.43)	(−3.11)	(−1.85)	(−2.07)
開放度	0.028*	0.036**	0.041***	0.043***	0.019*	0.020
	(1.85)	(2.13)	(3.27)	(2.99)	(1.78)	(1.60)
政府支出	−1.310***	−1.356***	−0.795***	−0.762***	−0.837**	−0.949**
	(−2.90)	(−2.77)	(−2.98)	(−2.64)	(−2.38)	(−2.27)
老年従属人口比率	0.835	0.372	−0.429	−1.368**	−0.999**	−1.496***
	(0.90)	(0.33)	(−0.95)	(−2.06)	(−2.01)	(−2.67)
若年従属人口比率	−0.293	−0.090	0.225	0.721***	0.337	0.733***
	(−0.69)	(−0.17)	(1.18)	(3.04)	(1.33)	(2.84)
「法と秩序」指数	−0.017**	−0.013*	−0.005	−0.004	−0.002	0.004
	(−2.42)	(−1.69)	(−1.31)	(−0.96)	(−0.49)	(0.71)
共通タイムトレンド	−0.009	−0.004	0.004	0.014***	0.009*	0.014***
	(−1.05)	(−0.38)	(0.95)	(2.78)	(1.90)	(2.91)
サンプル数	314	314	254	254	188	188
Hansen J test P-value	0.904	0.684	0.960	0.338	0.192	0.209

Cluster-robust t-statistics in parentheses, * $p<0.1$, ** $p<0.05$, *** $p<0.01$

次に，3つの拡張ケースを推計する（EATR と EMTR の係数のみを表 5-5 に提示）．まず，1991〜2012 年においてサンプルから日本を除いた推計を行う（表 5-5 (1)〜(4) 列）．これは，日本は推計期間を通じて唯一の先進国であり，日本は他のアジア諸国の税率設定とは異なる行動を行っている可能性があるからである．表 5-5 の (1) 列にみられるとおり，EATR の係数は正に有意となり，表 5-3 の (5) 列とほぼ同様の結果となった．機械設備のみの推計では，EATR と EMTR の係数（表 5-5 の (3), (4) 列）が日本を除かないケース（表 5-4 の (3), (4) 列）よりも大きくなった．

表 5-5 推計結果：日本を除く，期間短縮，税制優遇措置なしのケース

	日本を除くケース（1991～2012 年）			
	機械設備と建物		機械設備のみ	
	(1)	(2)	(3)	(4)
他国の税率(EATR)	0.469* (1.87)		0.529** (2.16)	
他国の税率(EMTR)		0.534 (0.11)		0.792** (2.40)
	期間短縮ケース（1991～2007 年）			
	機械設備と建物		機械設備のみ	
	(5)	(6)	(7)	(8)
他国の税率(EATR)	0.503** (2.05)		0.505** (2.39)	
他国の税率(EMTR)		0.427 (1.26)		0.632 (1.40)
	税制優遇措置なし（1991～2012 年）			
	機械設備と建物		機械設備のみ	
	(9)	(10)	(11)	(12)
他国の税率(EATR)	0.231 (0.50)		0.453 (0.75)	
他国の税率(EMTR)		0.390 (0.77)		0.719 (0.96)
	税制優遇措置なし（1991～2007 年）			
	機械設備と建物		機械設備のみ	
	(13)	(14)	(15)	(16)
他国の税率(EATR)	0.413 (1.54)		0.599* (1.80)	
他国の税率(EMTR)		0.516* (1.72)		0.788* (1.85)

Cluster-robust t-statistics in parentheses, * p<0.1, ** p<0.05, *** p<0.01

次に，推計期間を 1991～2007 年に短縮する（表 5-5 (5)～(8) 列）．この推計期間は，中国と台湾が実効税率を引き上げる前までの期間に相当する．表 5-6 の (5) 列と (7) 列にみられるように，EATR の係数は機械設備と建物の加重平均のケースでも機械設備のみのケースでも有意になっ

た．一方で，EMTR については有意な結果が得られなかった．

最後に，タックスホリデーや投資税額控除，特別な軽減税率などの税制優遇措置がない場合を考える（表 5-5 (9)～(16) 列）．これによって，アジア諸国が税制優遇措置ではなく，一般的な減価償却制度などを用いて租税競争を行っているかどうかを調べることができる．推計の結果，1991～2007 年において有意水準 10% では EATR と EMTR の係数が有意になった（表 5-6 の (14)～(16) 列）．これは，アジア諸国が特定企業を狙った資本誘致策とともに，一般的な法人税制の構築の際にも他国の税制の影響を受けていたことを示唆する．しかし，税制優遇措置を考慮に入れたケースと比べると係数の有意性が低く，税制優遇措置による租税競争ほど確かなことは言えない．

5.2.3 推計結果の解釈

以上の推計結果から，少なくとも 1990 年代以降アジア諸国間で EATR に関する租税競争が存在したと考えられる．1990 年代以降の推計結果において，STR ではなく EATR に関する租税競争が確認されたことから，アジア諸国は企業立地に関する租税競争をタックスホリデー等の税制優遇措置を用いて行っていたと推測される．しかし，2008 年以降は日本，韓国，インド，インドネシアが税率を引き下げる一方で，中国と台湾が税率を引き上げており，アジアにおける租税競争に変化が生じた可能性がある．2007 年までのアジアの租税競争を示す結果は，欧州などの租税競争の結果と整合的であるものの，近年租税競争が統計的に確認されなくなったことは欧州とは異なる．このように欧州または先進国を対象とした先行研究と異なる結果が得られた理由として，技術的には次のことが挙げられる．

第 1 に，推計式において法人税の税率設定に関するいくつかの要因が欠落してしまっている可能性である．先行研究で用いられた重要なコントロール変数は出来る限り多く盛り込んで推計したものの，アジアではさらにコントロールすべき（かつそれを表す適当な指標が存在しない）要因があるの

かもしれない．アジア諸国は，発展段階，政治状況，歴史，宗教，天然資源などの点で多様性がある．租税競争に影響を及ぼす様々な要因をコントロールすることの必要性は欧州諸国など他の地域にも当てはまるが，アジアにおいては十分にコントロールできないその他の要因の影響が強い可能性がある．

　第2に，より重要なこととして，本章で行った分析は典型的または平均的な投資プロジェクトに関するものであることである．平均的な投資に対する税制優遇措置が廃止されても，ハイテク投資に対しては税制優遇措置を続けているケースがあり，本章の分析ではそうしたハイテク投資に関する租税競争が捉えられていない．実際に，中国では2008年に多くの税制優遇措置が廃止されたが，その後もハイテク投資に対する税制優遇措置は続けられている．平均的な投資に関する租税競争がみられなくなったとしても，ハイテク投資については租税競争が続いている可能性がある．

　理論的な解釈としては，中国政府や台湾政府が既に国内に十分な投資を呼び込むことができたと判断し，外国企業に対して租税輸出を始めたことが考えられる．企業が十分に集積したことや過去に多くのサンクコストが投下されたことを考えると，現地政府が租税輸出のインセンティブを持つようになったとしても不思議ではない．しかし，仮にそうした解釈が正しいのであれば，将来資本の海外流出によって国内資本が足りなくなった場合には，中国と台湾が税制優遇措置による強力な企業誘致策を復活させ，再び量的な意味で資本誘致を図ることが予想される．少なくとも現時点では，中台政府は以前の税制優遇措置に戻る姿勢を一切みせていない．

　もう1つの解釈は，中国や台湾が経済構造の高度化に伴って量的な投資の拡大から質的な投資の向上へと戦略を変えたことである．この解釈が正しいとすれば，将来中国と台湾が再び東南アジアの途上国と生産性の低い資本を求めて競う状態に戻ることはない．こうした投資の質的な変化を伴う租税競争は，各国が同質な資本を取り合う単純な租税競争のモデルと租税輸出モデルの組み合わせでは説明が難しい．中国や台湾の動きがこれまでのモデルで説明可能なのか，それともより複雑な租税競争のメカニズム

を内包するものであるかは，中国と台湾の政策が今後どのように変化していくかによって明らかにされよう．

補論5　EMTRの結果

5A.1　アジア諸国のEMTR

EMTRは，基本的にはEATRと同じ特徴を持っているが，いくつかの異なる点がある（図5A-1）．第1に，マレーシアのEMTRは1991年までEMTRがゼロであり，2000年以降は負になることである．これは，機械設備のEMTRが1991年以前はほぼ-10%，2000年以降は-7〜8%であることに起因する（図5A-2）．1991年までEMTRが負になっていたのは，当時タックスホリデーを利用し，その後に資本控除を完全に使うことができる制度があったからである[10]．1992年以降は，タックスホリデーの期間中に資本控除が減少するように制度が改正されたためEMTRが上昇した．2000年以降は，投資資本控除（ITA）と資本控除（CA）の拡大によって，再び負のEMTRが作り出されている．

第2に，香港は1998年以降に機械設備に対して税務上100%の減価償却を認めたことから，機械設備のEMTRがゼロになっている（図5A-2）．

第3に，機械設備については日本がアジアで最も高いEMTRを持つ国ではないことである（図5A-2）．日本の機械設備に関する課税ベースは狭いことから，そのEMTRはインド，中国，インドネシアよりも低い[11]．こうした事実は，日本が世界で最も法人税率の高い国であるとの一般的な認識と異なるものであり，法人税率の国際比較を実効税率の観点から行なうことの重要性を示すものである．

5A.2　タックスホリデーのEMTRへの影響

EMTRはEATRと同じように計算されるが，投資のNPVをゼロにするより小さい利潤率が仮定されるため，タックスホリデーが実効税率に及ぼ

10）　この時期のマレーシアの税制の特徴は，Mintz（1990）によって既に指摘されている．
11）　課税ベースの狭さは，EATRよりもEMTRを顕著に低下させる．

第5章　アジアの租税競争

図 5 A-1　アジア諸国の EMTR

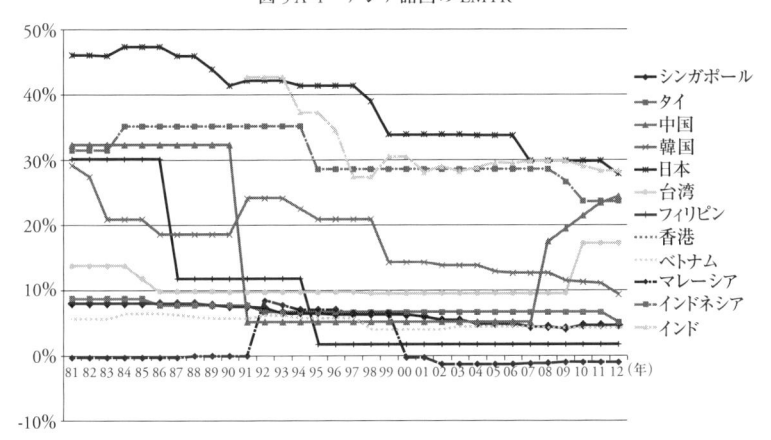

図 5 A-2　アジア諸国の EMTR（機械設備）

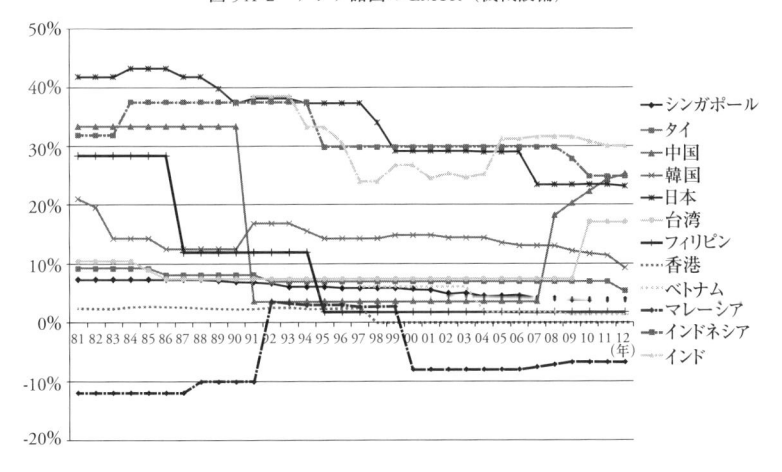

ず逆効果が EATR よりも大きい．シンガポール，香港，マレーシアは 8 年間のタックスホリデーを導入してもタックスホリデーがない場合よりも EMTR が高くなる（図 5 A-3）．日本と韓国は EMTR を引き下げるために 5 年間以上のタックスホリデーが必要である．

　対照的に，減価償却率の低い国では EATR と同じように EMTR もタッ

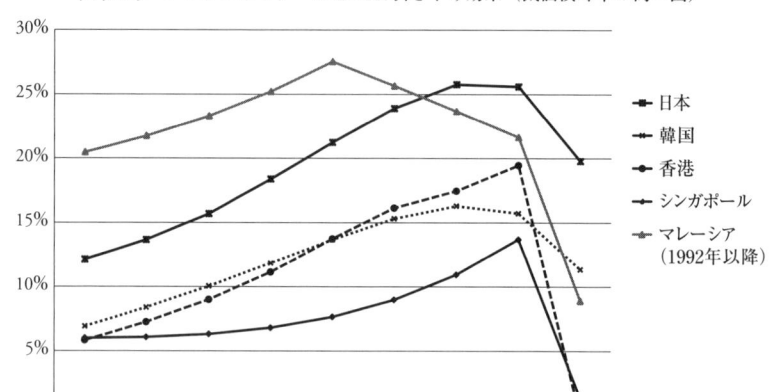

図5 A-3　タックスホリデーのEMTR引き下げ効果（減価償却率の高い国）

凡例：日本、韓国、香港、シンガポール、マレーシア（1992年以降）

横軸：8 7 6 5 4 3 2 1 0（免税期間，年）

図5 A-4　タックスホリデーのEMTR引き下げ効果（減価償却率の低い国）

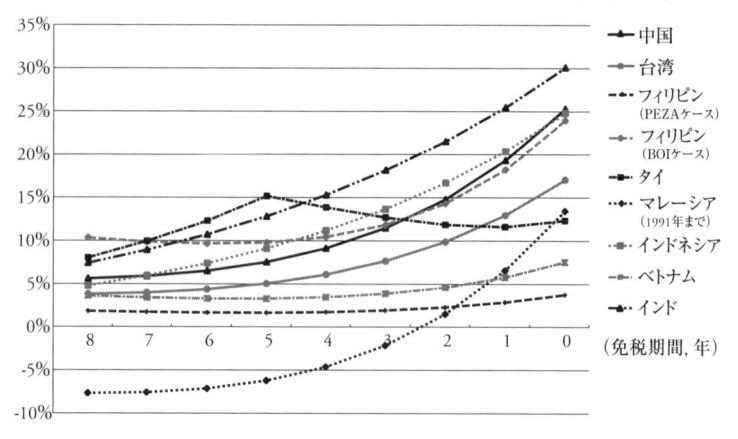

凡例：中国、台湾、フィリピン（PEZAケース）、フィリピン（BOIケース）、タイ、マレーシア（1991年まで）、インドネシア、ベトナム、インド

横軸：8 7 6 5 4 3 2 1 0（免税期間，年）

クスホリデーによって容易に引き下げることができる．中国は2年間のタックスホリデーでEMTRを約8％引き下げることができる（図5 A-4）．台湾，フィリピン（BOIのケース），インドネシア，インドも短い期間のタックスホリデーでEMTRを引き下げることができる．タイのみが5年以内のタックスホリデーでEMTRが上昇する．

第6章
抜本的な法人税改革案

1. はじめに

　法人税の議論のなかでしばしば現れるものに，抜本的法人税改革案というものがある．抜本的と評される法人税改革は日本でもしばしば行われ，1998～99年の法人税（国税）率の国際水準並みへの引き下げなどはその典型である．しかし，日本の法人税改革における抜本的という形容は制度改正の規模が大きいという程度の意味で用いられることが多い．そこで行われる改革は，課税ベースを根本から見直し，理想的な課税ベースへの移行を目指すものではない．本章で議論される抜本的法人税改革案は，課税ベースの見直しにより，現行税制（利潤型法人税）が持つ欠点を根本的に解消する法人税改革案であり，課税ベースを本質的に変えずに法定税率を大胆に変更するだけの改革案とは一線を画す．

　現行の法人税が持つ問題点とは次の4つである．第1に，法人税が企業の投資活動を抑制すること（投資に対して非中立的）である．現行の法人税は超過利潤のみならず正常利潤にも課税するため，資本コストが高まり投資が抑制される．第2に，負債調達を株式調達よりも優遇すること（資金調達に対して非中立的）である．現行の法人税では，投資資金を株式で調達した場合には配当が税引き後利潤から行われるのに対して，負債調達の場合は支払利子が課税ベースから控除されるため，株式調達よりも負債調達の方が有利になる．こうした税制の歪みは企業の負債比率を必要以上に高め，結果として企業倒産が増加する可能性がある．第3に，内部留保を配

当よりも優遇すること（利潤の分配に対して非中立的）である．企業が投資を株式調達で行うか，それとも内部留保で賄うかの選択をする場合，個人段階の課税を考えると配当に対しては配当税がかかり，内部留保に対してはそれがキャピタルゲインに反映されてキャピタルゲイン税がかかる．表面的には配当税率とキャピタルゲイン税率を等しく設定すれば配当と内部留保に対して中立的になるようにも見えるが，実際にはキャピタルゲインは実現ベースでのみ課税されるため，課税の繰延が可能である．このため，企業は利潤の分配として内部留保を選択する方が有利になる．最後に4つ目の点として，非法人形態を法人形態よりも優遇すること（組織形態に対して非中立的）がある．法人企業と非法人企業（パススルー事業体，米国のS企業等）で課税方法が異なるため，法人税が事業の組織形態の選択に対して影響を及ぼす．米国では，非法人企業の増加が税収確保の観点から大きな問題となっている．以上の問題を克服するために，これまでに様々な抜本的法人税改革案が考案されてきた．Auerbach, Devereux and Simpson (2010) によれば，代表的な源泉地主義の抜本的法人税改革案はキャッシュフロー法人税 (Cash Flow Tax)，ACE (Allowance for Corporate Equity)，包括的事業所得税 (Comprehensive Business Income Tax, CBIT)，二元的所得税 (Dual Income Tax, DIT) の4つである．

以下では，これら4つの抜本的法人税改革案に関してやや掘り下げた検討を行い，各抜本的法人税改革案の長所と短所を整理する．また，こうした法人税の導入経験のある国の事例を取り上げ，各抜本的法人税改革案の現実への適用可能性を考える．しかし，上記の代表的な抜本的法人税改革案はいずれも源泉地主義課税であり，それゆえ開放経済に完全に対応した法人税とは言えない．近年では，国際的な企業立地や所得移転といった開放経済で生じる問題を根本的に解決する源泉地主義以外の法人税も提案されている．本章では，そうした新しい構想についても言及する．

2. 現行法人税の問題点と抜本的法人税改革案

各法人税改革案はその課税ベースによって表6-1のように分類される．現行の法人税では，企業の利潤が正常利潤と超過利潤の区別なく課税され，かつ負債の支払利子が課税ベースから控除されるため，株式調達による投資によって生じた利潤全体が課税されている．これに対して，キャッシュフロー法人税とACEは消費課税ベースの法人税であり，株式調達による超過利潤のみが課税されるため，投資に対する中立性が確保される．CBITと二元的所得税は所得課税ベースの法人税であり，現行の法人税と同様に超過利潤のみならず正常利潤も課税される（すなわち投資への悪影響が残る）．しかし，現行の法人税と異なり，負債調達による投資の優遇が排除されることから企業の資金調達に対する税の歪みは解消される．

4つの法人税改革案の課税ベースは基本的に (6.1) ～ (6.6) 式のように表される[1]．T は税額，τ は税率，R は粗利潤，ϕ は税務上の減価償却率，K^T は税務上の資本ストック，i は市場利子率，B は負債を表すもの

表6-1 法人税改革案の特徴

	課税ベース		
	株式調達による利潤全体（正常利潤＋超過利潤）	株式調達による超過利潤	株式調達と負債調達による利潤全体
源泉地主義	現行の法人税	キャッシュフロー法人税 ①投資 ②資金調達 ③利潤の分配 ④組織形態 ACE ①投資 ②資金調達 ③利潤の分配 ④組織形態	CBIT ②資金調達 ③利潤の分配 ④組織形態 二元的所得税 ②資金調達 ③利潤の分配 ④組織形態（部分的に）

(注) ①～④は，各法人税の下で成り立つ中立性．
(資料) Devereux and Sørensen (2005) を加筆・修正．

とする．現行の法人税では，粗利潤から減価償却と支払利子を除いて課税ベースが計算される．

$$\text{現行の法人税}: T = \tau(R - \phi K^T - iB) \quad (6.1)$$

キャッシュフロー法人税は，即時償却が可能であるため投資 (I) を課税ベースから除くことができる．

$$\text{キャッシュフロー法人税}: T = \tau(R - I) \quad (6.2)$$

ACE の課税ベースは，現行の法人税の課税ベースに株式控除 ($\hat{i}(K^T - B)$，$\hat{i}$ は帰属利子率）と呼ばれる新たな控除を加えたものである．これによって，株式調達についても負債調達と同じように，そのコストが課税ベースから控除される．特に，帰属利子率 $\hat{i}$ が市場利子率 i に等しいとき，税額は (6.4) 式のように簡素化される．

$$\text{ACE}: T = \tau[R - \phi K^T - \hat{i}(K^T - B) - iB] \quad (6.3)$$

$$T = \tau[R - (i + \phi)K^T] \quad (6.4)$$

CBIT の課税ベースは，現行の法人税の課税ベースにおいて支払利子控除を廃止したものである．

$$\text{CBIT}: T = \tau(R - \phi K^T) \quad (6.5)$$

後述する Cnossen (2000) による純粋な二元的所得税 (DIT) では，支払利子に対する源泉税が設定される．源泉税率は法人税率と同じで，国内投資家，海外投資家双方に対する支払利子が源泉税の対象となる．このとき，DIT の課税ベースは T^w を源泉税として次のように表される．

$$T^w = \tau iB$$

$$\text{DIT}: T + T^w = \tau(R - \phi K^T - iB) + \tau iB = \tau(R - \phi K^T) \quad (6.6)$$

---

1) Sørensen (2007) を参考にした．

第6章 抜本的な法人税改革案

すなわち，純粋な DIT の課税ベースは CBIT と同じになる．以下では，4つの抜本的法人税改革案についてより具体的な設計と現実に適用する際の問題点などを順にみていこう．

3. キャッシュフロー法人税

3.1 キャッシュフロー法人税の特徴

まず，キャッシュフロー法人税では投資の即時償却によって将来の正常利潤が相殺されることを確認する．企業が投資を行うとき，それに対応する利潤はその後長期間にわたって発生するが，キャッシュフロー法人税ではそれらが投資の即時償却によって現在価値ベースで相殺される．リスクはないものとし，インフレ率をゼロと仮定すれば，キャッシュフロー法人税下で 1 円の投資が生み出す税引き後利潤の現在価値 V は，投資の即時償却の価値と将来の税引き後利潤の現在価値の合計として次のように表される．

$$V = \tau + \frac{(1-\tau)(r+e+\delta)}{1+r} + \frac{(1-\tau)(r+e+\delta)(1-\delta)}{(1+r)^2} + \frac{(1-\tau)(r+e+\delta)(1-\delta)^2}{(1+r)^3} + \cdots \tag{6.7}$$

ここで，r は機会費用及び割引率，e は超過利潤，δ は資本減耗率を表す．(6.7) 式は次のように展開されることから，投資の即時償却が将来の正常利潤 $(r+\delta)$ を現在価値ベースで相殺し，結局超過利潤のみが課税されることがわかる．

$$\text{上式} = \frac{\tau(r+\delta)}{r+\delta} + \frac{(1-\tau)(e+r+\delta)}{r+\delta}$$

$$= 1 + \frac{(1-\tau)e}{r+\delta}$$

但し，キャッシュフロー法人税の下で投資に対する中立性が成り立つためには，法定税率が一定であることが必要である．法定税率の変化が見込

表6-2 キャッシュフロー法人税の課税ベース

	実物取引ベース (R base)	実物・金融取引ベース (R+F base)	資本取引ベース (S base)
キャッシュの流入	・製品, サービスの売上. ・固定資産売却.	・製品, サービスの売上. ・固定資産売却. ・借入金の増加額. ・受取利子.	・株式の買い戻し. ・配当支払.
キャッシュの流出 (控除項目)	・原材料費. ・賃金. ・固定資産購入.	・原材料費. ・賃金. ・固定資産購入. ・借入金の返済額. ・支払利子.	・新株発行. ・配当受取.

(資料) Auerbach, Devereux and Simpson (2010) を基に作成.

まれる場合にはその変化が資本コストに反映されるため、キャッシュフロー法人税は投資に対して中立的にはならない (Sandmo, 1979). また、法人段階と個人段階の統合で考えると、法人段階で投資に対して課税しなくても個人段階で配当税があれば資本コストが上昇する[2]. しかし、この場合でもキャッシュフロー法人税は正常利潤に課税しないことから二重課税の問題は回避できる.

キャッシュフロー法人税の具体案として、ミード報告 (1978) で提案された3種類のキャッシュフロー法人税が有名である. これらは、実物取引ベース (Rベース)、実物・金融取引ベース (R+Fベース)、資本取引ベース (Sベース) のキャッシュフロー法人税として知られている (表6-2).

Rベースのキャッシュフロー法人税は、実物取引のみを課税ベースとするもので、キャッシュの流入としては製品・サービスの売上と固定資産売却、キャッシュの流出としては原材料費、賃金、固定資産購入が計上される. R+Fベースのキャッシュフロー法人税は、実物ベースに金融取引のキャッシュフローを加えたものを課税ベースとし、具体的にはキャッシュ

---

2) これは、古い見方 (old view) に基づく議論である.

の流入に借入金の増加額と受取利子が追加される一方で，キャッシュの流出に借入金の返済額と支払利子が追加される．Rベース，R+Fベースともに固定資産購入は即時に課税ベースから控除されるため，投資に対する中立性が確保される．

Sベースのキャッシュフロー法人税は，キャッシュフローを資本取引の側からみたもので，キャッシュの流入に株式の買い戻しや配当支払が，キャッシュの流出に新株発行と配当受取がそれぞれ計上される．企業活動によるキャッシュの流入と流出の差は，株主への分配または納税に用いられることから，$R+F=S+T$（T：純租税支払）という恒等式が成り立つ．このため，Sベースのキャッシュフロー法人税は，実質的にR+Fベースのキャッシュフロー法人税を取引の裏側からみたものに相当する．

Rベースのキャッシュフロー法人税とR+Fベースのキャッシュフロー法人税を比べると，Rベースの方が簡素であるが課税範囲が狭い．また，Rベースでは実物取引と金融取引を区別する必要があり，これが租税回避を引き起こす可能性がある．例えば，金融機能を持つ自動車会社が自動車を通常よりも低い価格で販売し，一方で自動車ローン利子を通常よりも高く設定することで租税回避を行うことができる．一方で，R+Fベースではこうした問題は生じないが，株式と負債を区別しなければならないため，金融商品の発達により両者の区別が難しくなる状況ではやはり租税回避の余地が生まれる．ミード報告（1978）は，金融機関に対して特別な措置を適用するよりも，金融取引を課税ベースとするR+Fベース（最終的にはSベース）のキャッシュフロー法人税を導入する方が望ましいとの見方を示した．Hall-RabushkaフラットタックスやXタックスでは，Rベースのキャッシュフロー法人税が提案されている．

キャッシュフロー法人税では，株式調達と負債調達に対する中立性も確保される．Rベースのキャッシュフロー法人税は，企業の実物のみを課税対象として支払利子控除を認めないため，株式調達と負債調達に対して中立的となる．R+Fベースのキャッシュフロー法人税では，支払利子控除が認められるため一見負債調達が有利なように見えるが，一方で借入金そ

のものが課税ベースに加えられるため,実質的に支払利子控除が排除される.これは,現在価値でみると借入金と「支払利子＋借入金の返済額」が等しいからである[3]．

　利潤の分配に対する中立性は,キャッシュフロー法人税を導入しても個人段階で実現ベースのキャピタルゲイン税がある限り成立しない．キャッシュフロー法人税の導入とともに個人段階の資本所得税が廃止される場合には,内部留保によって課税を繰り延べるインセンティブは生じず,利潤の分配に対する中立性が確保される．こうした税制の例は,Hall-Rabushkaのフラットタックスである．Hall-Rabushkaのフラットタックスでは,法人段階ではRベースのキャッシュフロー法人税が課され,個人段階では賃金税のみで資本所得税がない．米国大統領税制改革諮問委員会（2005）のように,フラットタックスやXタックスを基本に据えつつも再分配への配慮から個人段階でキャピタルゲイン税を課す抜本的税制改革案もあるが,この場合に利潤の分配に対する中立性を確保しようとすれば,次章で述べるロックイン効果が生じないキャピタルゲイン税を導入する必要がある．

　組織形態に対する中立性が成り立つためには,どのような法人税であれ,法人と非法人を同様に課税することが必要である．Hall-Rabushkaのフラットタックスでは,非法人企業に対してもキャッシュフロー法人税が適用されるので組織形態に対する中立性が確保される．

　キャッシュフロー法人税の欠点は,第1に,正常利潤には課税せず,超過利潤のみに対する課税であるため,現行の法人税と比べると課税ベースが小さくなり,税収中立を前提とすれば税率が高まることである．これは,閉鎖経済ではそれほど問題にならないかもしれないが,資本が国際的に移動する開放経済下では決定的に重要になる．もちろん,現在の日本の

---

[3] Rベースのキャッシュフロー法人税が支払利子控除を認めない「(反) 租税支出 (tax expenditure)」的な課税方法であるのに対して, R＋Fベースのキャッシュフロー法人税は借入金に対して最初に課税し,将来発生する正常利潤に対しては支払利子控除によって課税しない「税の前払い (tax prepayment)」的な課税方法である．

ように投資がキャッシュフローの範囲内で行われている場合にはキャッシュフロー法人税への移行によって法人税収が減少するとは言えないのかもしれない[4]．しかし，投資が未来永劫低迷を続けるとの理論的根拠はなく，投資刺激を1つの目的としてキャッシュフロー法人税を導入するのであれば，投資が活発になった場合に生じる課税ベース縮小の影響を考える必要がある．

第2に，キャッシュフロー法人税は，導入当初は税収の大部分が「古い」投資からのキャッシュフローに依存し，予期せざる資本課税が生じることである．キャッシュフロー法人税では減価償却制度が廃止されるため，長期の減価償却を期待して行われた投資に対しては思わぬ増税となる．特に，資本集約的な企業にとっては流動性欠如等の問題が生じる恐れがある．この問題を避けるために，キャッシュフロー法人税導入時に長期にわたる経過措置が必要になる．

第3に，キャッシュフロー法人税が投資に対して中立的になるためには，一定の税率という条件に加えて，税負担が負にもなり得る対称的な法人税（純粋なキャッシュフロー法人税）である必要がある．すなわち，企業の初期費用が大きい場合，政府は企業に税還付を行わなければならない．実際には政府はこうした税還付を嫌うため，資本コストにそうした事態を考慮に入れたリスクプレミアムが発生する恐れがある．日本では，現在欠損金の繰越期間は9年と短く，かつ大企業の場合は繰越額が欠損金の8割までに制限されており，対称的な法人税からは程遠い[5]．

3.2　キャッシュフロー法人税の現実への適用

キャッシュフロー法人税の現実への適用はほとんどみられない．例外と

---

[4] 田近・油井（2000）は，バブル期を含む1987～1996年度のデータを用いて税収中立の下でキャッシュフロー法人税へ移行する場合の税率への影響を試算し，Rベースのキャッシュフロー法人税率が90％となった．一方で，山田（2006）は1999～2003年度におけるキャッシュフロー計算書のデータを用いて同様の計算を行い，現行法人税よりもRベースのキャッシュフロー法人税の方が税率が低くなるとの結果を得た．

して，エストニアにおけるSベースのキャッシュフロー法人税がある[6]．これは厳密なSベースのキャッシュフロー法人税ではないが，それに近い税制と考えられる．エストニアでは2000年の抜本的な法人税改革で法人利潤に対する課税が廃止され，分配される配当のみが課税されることになった．企業が投資家に配当を分配するとき，それに対して21%の法人税が課せられる．企業の配当は税引き前利潤から行われるため，ネット（税引き後）の配当に対する税率は$21/79 = 0.266$として計算される．すなわち，グロス（税引き前）の配当に対する税率は21%であり，ネット（税引き後）の配当に対する税率は26.6%である．個人段階の配当税はないため，これが法人と個人の統合ベースの税率となる．分配される配当のみが課税されるため，企業が保有する株式のキャピタルゲインも課税されない．同キャピタルゲインは，それが配当として分配されるときに課税される．

　エストニアの法人税では，株式の買い戻しがある場合，配当のうち株式の買い戻し分を除く利益相当分のみが課税される．例えば，企業が1株1ユーロで100だけ株式資本を得た後，1株2ユーロで100の自社株買いを行ってそれを配当に回す場合，増加分に相当する100のみが課税される．この際，現在価値の概念はなく，株式資本の価値は100のままである．

　エストニアの法人税ではSベースのキャッシュフロー法人税とは異なり，企業の新株発行は課税ベースから控除されない．企業が倒産するとき，投入した株式が税務上優遇を受けることもない．このため，エストニ

---

5) 欠損金の繰越期間は，米国が20年，英国，フランス等が無制限であるなど，日本よりも長い国が多い．欠損金の繰戻期間は，米国では2年，英国では1年，フランスでは3年であるが，日本（大企業の場合）を含めて繰戻が全く認められていない国も少なくない．ちなみに，対称的な法人税との関係で言えば，欠損金の無期限の繰越が認められる場合でもそれが利付きでなければ対称的な法人税にはならない．また，（繰越欠損金を相殺する）将来の利潤に関する不確実性を考慮すると，利付きの無期限繰越がある場合でも対称的な法人税とは言えない．

6) Devereux and Sørensen（2005）で言及されている．以下の記述は，各種資料及びヒアリング情報による．

アの法人税は投資に対して中立的ではない．一方で，エストニアの税制では個人段階では配当所得に対する課税がなく，利子所得に対しては法人税率と同じ 21％ の税率がかけられる．このため，法人段階と個人段階の統合で考えると株式投資に対する二重課税はなく，株式調達と負債調達の中立性は確保される．しかし，エストニアの法人税は配当のみを課税ベースとするため，企業は利潤を配当として分配するよりも内部留保を好む傾向がある．個人段階では，キャピタルゲインが他の所得と同様に税率 21％ で課税されるものの，それは実現ベースであるため内部留保を選択するバイアスは避けられない（利潤の分配に対して非中立的）．但し，エストニアの法人税は法人企業のみならず非法人企業も課税対象としているため，組織形態に対する中立性は確保される．

4. ACE

4.1 ACE の特徴

ACE (Allowance for Corporate Equity) は，IFS (1991) によって提案された法人税である．ACE は，キャッシュフロー法人税と同様の効果を持つ一方で，キャッシュフロー法人税よりも現行の法人税に近く，その導入が比較的容易であることが利点の 1 つである．

ACE は，Boadway and Bruce (1984) の投資に対する中立性が成り立つ一般的な法人税を理論的な背景として実用化されたものである．Boadway and Bruce (1984) は，次のような法人税を提案した．

$$T_t = \tau \left[R_t - (s_t + \phi_t) K_t^T \right] \quad (6.8)$$

ここで，T は税額，τ は税率，R は粗利潤，s は株式コストと負債コストの加重平均，ϕ は税務上の減価償却率，K^T は税務上の資本ストックを表す．(6.8) 式は，加重平均された資金調達コストを税務上の減価償却とともに課税ベースから控除することで中立的な法人税が得られることを示している．Boadway-Bruce の法人税は通常の法人税とは異なり，実際に支払

われた支払利子は控除されず，その代わりに加重平均された資金調達コスト（Corporate Cost of Capital Allowance, COCA）が控除される．こうした法人税は，一般的に ACC（Allowance for Corporate Capital）と呼ばれている．キャッシュフロー法人税の分類で言えば，Boadway-Bruce の法人税は R ベースである．これに対して，ACE は支払利子控除を認めるため R＋F ベースの法人税である．

ACE の投資に対する中立性は，ACE がキャッシュフロー法人税と税等価（tax equivalence）であることから証明される．リスクを無視すれば，キャッシュフロー法人税では税額の現在価値（PDV）は

$$PDV^{CF} = \tau \left[\sum_{t=1}^{s} \frac{R_t}{(1+i)^t} - K_0^T \right] \quad (6.9)$$

となる[7]．ここで，τ は税率，R は粗利潤，i は市場利子率，K^T は期末の税務上の資本ストック（＝投資）を表す．ACE では，税額の PDV は「帰属利子率＝市場利子率」として，

$$PDV^{ACE} = \tau \left[\sum_{t=1}^{s} \frac{R_t - \phi K_{t-1}^T - i\left(K_{t-1}^T - B_{t-1}\right) - iB_{t-1}}{(1+i)^t} \right] \quad (6.10)$$

となる．ここで，ϕ は税務上の減価償却率，B は期末の負債，$K^T - B$ は期末の株主基金を表す．このとき，

$$\sum_{t=1}^{s} \frac{-\phi K_{t-1}^T - iK_{t-1}^T}{(1+i)^t} = \sum_{t=1}^{s} \frac{-\phi(1-\phi)^{t-1}K_0^T - i(1-\phi)^{t-1}K_0^T}{(1+i)^t} = -K_0^T$$

となるから，(6.9) 式と (6.10) 式は等しい（$PDV^{CF} = PDV^{ACE}$）．よって，キャッシュフロー法人税と同様に，ACE も投資に対して中立的である．

ACE には，負債の支払利子控除に相当する新株発行のコストに対する株式控除（Equity Allowance）が設けられ，それによって資金調達の中立性が

7）R ベースでも R＋F ベースでも最終的には同様に表される．

第6章 抜本的な法人税改革案

表6-3 株主基金と株式控除の計算

○株主基金は，前期の株主基金に以下の要因を加えたもの．	
資金の流入（＋）	・課税所得 ・株式（ACE）控除 ・純株式発行 ・受取配当
資金の流出（－）	・税額 ・支払配当 ・他社の株式純購入
○株式控除＝株主基金×帰属利子率（名目利子率）	

（資料）IFS（1991）を基に作成．

確保される．Rベースのキャッシュフロー法人税や後述するCBITは，支払利子控除の廃止によって資金調達に対して中立的となるが，ACEではこれとは対照的に法人段階に支払利子控除と同様の役割をする控除を株式についても認めることにより資金調達の中立性が確保される．

ACEでは，株式に係る帰属利子率（またはみなし利子率，notional interest rate）が設定され，それを前期末の株主基金（shareholders' funds）に乗じることにより株式（ACE）控除が計算される．実際の導入例をみると，帰属利子率は中期国債の利子率が目安とされることが多い．IFS（1991）によれば，株主基金は前期の株主基金に資金の流入から資金の流出を差し引いたものを加えて計算される（表6-3）．「資本の流入」は課税所得，株式控除，純株式発行，受取配当で，「資金の流出」は税額，支払配当，他社の株式純購入で構成される．基本的に，株主基金には内部留保が毎期蓄積され，それに帰属利子率を掛けて株式控除が計算される．

ACFの計算方法を簡単な例で確認しよう[8]．t期における税額T及び課税ベースΠは，税率をι，粗利潤をR，期末の税務上の資本ストックをK^J，税務上の減価償却率をψ，期末の株主基金をF，帰属利子率を$\hat{i}$，期末の負債をB，市場利子率iとすれば，

---

8) ACEの仕組みに関する言葉による本質的な説明は，佐藤（2010）を参照されたい．

$$T_t = \tau \Pi_t \quad (6.11)$$

$$\Pi_t = R_t - \phi K_{t-1}^T - \hat{i}E_{t-1} - iB_{t-1} \quad (6.12)$$

と表される．受取・支払配当及び他社の株式純購入を無視すれば，表 6-3 より前期末の株主基金 E_{t-1} は前々期末の株主基金 E_{t-2} に前期の課税所得 Π_{t-1}，前期の株主控除 $\hat{i}E_{t-2}$，前期の純株式発行 N_{t-1} の合計から前期の税額 T_{t-1} を引いたものであるから，株主控除は次のように表される[9]．

$$\hat{i}E_{t-1} = \hat{i}(E_{t-2} + \Pi_{t-1} - T_{t-1} + \hat{i}E_{t-2} + N_{t-1}) \quad (6.13)$$

ここで，(6.13) 式の括弧内は当初の内部留保 (E_{t-2})，利潤 ($\Pi_{t-1} - T_{t-1} + \hat{i}E_{t-2}$)，純新株発行 ($N_{t-1}$) の合計である．(6.13) 式を (6.12) 式に代入して，さらにそれを (6.11) 式に代入すると次式が得られる．

$$T_t = \tau[R_t - \phi K_{t-1}^T - \hat{i}(E_{t-2} + \Pi_{t-1} - T_{t-1} + \hat{i}E_{t-2} + N_{t-1}) - iB_{t-1}] \quad (6.14)$$

今期の投資（資本ストックに等しいものとする）が前期末の内部留保，今期の利潤，同純株式発行，同負債の合計で賄われるとき，

$$K_t^T = E_{t-1} + \Pi_t - T_t + \hat{i}E_{t-1} + N_t + B_t \quad (6.15)$$

が成り立つ．(6.14) 式と (6.15) 式より，

$$T_t = \tau[R_t - \phi K_{t-1}^T - \hat{i}(K_{t-1}^T - B_{t-1}) - iB_{t-1}] \quad (6.16)$$

が得られる．これは (6.3) 式である．つまり，表 6-3 の株式控除に関する会計上の計算式から (6.3) 式の株式控除 $\hat{i}(K^T - B)$ が導かれる．

ACE では，初期に減価償却を加速すると後期において株式控除が減少し，現在価値でみると初期における加速償却の効果が後期における株式控

---

9) 補論 6 の表現に合わせれば，(6.13) 式の右辺は $\hat{i}(E_{t-2} + \Pi_{t-1}^c - T_{t-1}^c + \tau \hat{i}E_{t-2} + N_{t-1})$ となる．但し，Π_{t-1}^c は現行税制の課税ベース，T_{t-1}^c は現行税制の税額を表す．

第 6 章　抜本的な法人税改革案

除の減少によって完全に相殺されるという性質がある．このため，ACEではどのような減価償却制度が用いられようと減価償却の現在価値は変化せず，設備投資の即時償却と同等の効果が得られる．この点を次の例で確認しよう．

t 期に減価償却を Δ だけ早めて，その代わりに $t+1$ 期に減価償却を Δ だけ少なくするケースを考える（変数に * をつけて表記）．資本は 2 年で償却されるものとする．通常の法人税であれば，こうした減価償却の加速は現在価値ベースで税額を減少させる．ACE でも通常の法人税と同様に，t 期には減価償却が Δ 増えた分だけ利潤が減少するため，t 期の課税ベースは

$$\Pi_t^* = R_t - (\phi K_{t-1}^T + \Delta) - \hat{i} E_{t-1} - i B_{t-1} = \Pi_t - \Delta \quad (6.17)$$

に縮小し，税額が $\Delta\tau$ 減少する．一方で，ACE では $t+1$ 期には株式控除が

$$\hat{i} E_t^* = \hat{i}(E_{t-1} + \Pi_t^* - T_t + \hat{i} E_{t-1} + N_t)$$

$$= \hat{i}[E_{t-1} + (\Pi_t - \Delta) - T_t + \hat{i} E_{t-1} + N_t]$$

$$= \hat{i} E_t - \Delta \hat{i} \quad (6.18)$$

となり，通常より $\Delta\hat{i}$ だけ減少する．$t+1$ 期には減価償却が Δ だけ少なくなることを考慮すれば，$t+1$ 期の課税ベースは次のように計算される．

$$\Pi_{t+1}^* = R_{t+1} - \phi K_t^{T*} - \hat{i} E_t^* - i B_t$$

$$= R_{t+1} - (\phi K_t^T - \Delta) - (\hat{i} E_t - \Delta \hat{i}) - i B_t$$

$$= \Pi_t + \Delta + \Delta \hat{i} \quad (6.19)$$

すなわち，税額が $\Delta\tau + \Delta\tau\hat{i}$ 増加する．よって，t 期に減価償却を Δ 早めることによる税額の変化は，

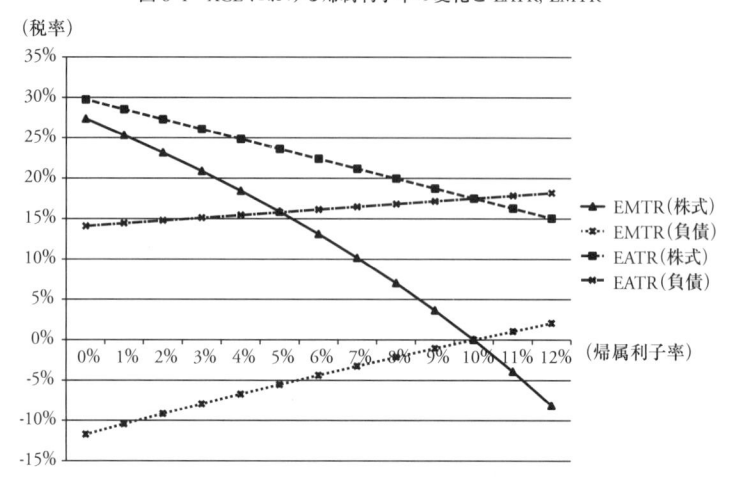

図 6-1　ACE における帰属利子率の変化と EATR, EMTR

(税率)縦軸／(帰属利子率)横軸のグラフ：EMTR(株式)、EMTR(負債)、EATR(株式)、EATR(負債)

$$-\Delta\tau + \frac{\Delta\tau + \Delta\tau \hat{i}}{1+i} \quad (6.20)$$

となる．ACE の帰属利子率が市場利子率に等しい（$\hat{i} = i$）とき，(6.20) 式はゼロになる．つまり，ACE 控除の帰属利子率が市場利子率に等しければ，ある時期に減価償却を早めても税額は変わらない．ACE の下ではどのような減価償却方法が用いられようと税額は同じになる．

では，ACE 控除の帰属利子率が市場利子率と乖離している場合には，株式調達（または内部留保）と負債調達による Devereux-Griffith 型の実効税率はそれぞれどのようになるであろうか[10]．前提値は，インフレ率はゼロ，市場利子率は 10％，利潤率は 20％（超過利潤率が 10％）とする．

まず，EMTR を考える．ACE の帰属利子率と市場利子率が等しいとき，株式調達ケースでも負債調達ケースでも EMTR はゼロになるはずである．図 6-1 をみると，株式調達ケースでは帰属利子率が低いときには株

---

10) Devereux and Griffith（2003）の実効税率は ACE にはそのまま適用できない．ここでは，Klemm（2007）の方法を用いた．計算方法は，補論 6 を参照されたい．

式コストを十分に控除できないため EMTR は高い水準にあり，帰属利子率が大きくなるにつれて EMTR は低下し，帰属利子率と市場利子率が一致するところで EMTR がゼロになる．負債調達ケースでは，帰属利子率が低いときには EMTR は支払利子控除の多くを利用できるために負となるが，帰属利子率が大きくなるにつれて支払利子控除が ACE 控除に相殺されて EMTR が上昇する[11]．そして，帰属利子率と市場利子率が一致するところで EMTR がゼロになる．このように，帰属利子率が適切に設定されると，ACE は投資に対して中立的であると同時に資金調達方法に対しても中立的になる．

EATR についても，同様の性質が見てとれる．EMTR とは水準は異なるものの，やはり帰属利子率＜市場利子率のときは株式調達ケースの EATR が負債調達ケースのそれを上回り，帰属利子率と市場利子率が一致するところで両ケースの EATR が一致する．

4.2　リスクがある場合の ACE の帰属利子率の設定

次に，リスクがある場合の ACE の帰属利子率の設定について考える．Boadway and Bruce (1984) のモデルではリスクが考慮されていないので，株式コストは単に安全利子率と同じに設定すればよいとされている．では，企業倒産などのリスクがある場合には ACE の帰属利子率をどのように設定すべきであろうか．一見，各企業の倒産確率によって ACE の帰属利子率を変える必要があるように思えるが，実際には株式コストを安全利子率で代替することが可能であることが知られている (Fane, 1987; Bond and Devereux, 1995, 2003)．以下では，やや説明が長くなるが，Bond and Devereux (2003) に従って帰属利子率を安全利子率に一致させることでリスクがある場合でも ACE が投資に対して中立的になる理由をみてみよう．

企業が 2 期間存在し，0 期に 1 の投資を行う状況を考える．企業は，投資資金のうち $\lambda \geq 0$ だけ借り入れを行い，1 期と 2 期に $\tilde{R}_t$ （変数のティルド

---

11)　ACE 税額が $T = \tau[R-(\phi+\hat{i})K^T+(\hat{i}-i)B]$ と表されることに注意されたい．

は不確実を表す．以下同じ）の純キャッシュフローを得る．企業が倒産しなければ負債は1期に返済され，企業は1期に新たな借り入れはしない．企業は1期に事業を中止するかどうかを判断する．2期には必ず事業を中止する．$\tilde{b}$ は倒産すれば1，そうでなければ0をとるダミー変数，$\tilde{w}$ は事業を中止すれば1，そうでなければ0をとるダミー変数とする．倒産がなければ，企業は利子率 i で負債を返済するが，企業が倒産した場合には企業の全ての資産が債権者に渡る．

以上の想定の下で，まず法人税がない場合を考える（＊で表す）．投資の NPV（Net Present Value）は，

$$NPV^* = -(1-\lambda^*) + V_1\left[(1-\tilde{b}^*)\{\tilde{R}_1 - (1+i^*)\lambda^* + \tilde{w}^*\tilde{K}_1\}\right]$$
$$+ V_2\left[(1-\tilde{b}^*)(1-\tilde{w}^*)\{\tilde{R}_2 + \tilde{K}_2\}\right] \quad (6.21)$$

となる．ここで，$V_t[\cdot]$ は，t 期に発生する不確実なキャッシュフローの0期における価値を表す．(6.21) 式の意味を確認しよう．倒産の有無及び事業継続の有無によって場合分けすると，$\tilde{b} = 0$（企業が倒産しない）かつ $\tilde{w} = 0$（企業が事業を継続する）のとき，

$$NPV^* = -(1-\lambda^*) + V_1\left[\{\tilde{R}_1 - (1+i^*)\lambda^*\}\right] + V_2\left[\{\tilde{R}_2 + \tilde{K}_2\}\right]$$

となる．1期には事業キャッシュフローを得ると同時に負債の元利金を返済し，2期には事業キャッシュフローと資産の売却代金を得る．$\tilde{b} = 0$（企業が倒産しない）かつ $\tilde{w} = 1$（企業が事業を中止する）のときは

$$NPV^* = -(1-\lambda^*) + V_1\left[\{\tilde{R}_1 - (1+i^*)\lambda^* + \tilde{K}_1\}\right]$$

となる．1期に負債の元利金を返済するとともに，事業を中止するため資産を全て売却する．$\tilde{b} = 1$（企業が倒産する）のとき，

$$NPV^* = -(1-\lambda^*)$$

となる.倒産により,企業の全ての資産が債権者に渡ってしまい,株主（投資家）は何も得られない.

ここで,価値関数 V の加法性を仮定する[12].資本市場が完全競争かつ情報が対称的なとき,負債にかかる利子率を決める投資家の無裁定条件は次のように表される.

$$\lambda^* = V_1\left[(1-\tilde{b}^*)(1+i^*)\lambda^* + \tilde{b}^*\{\tilde{R}_1 + \tilde{w}^*\tilde{K}_1\}\right] + V_2\left[\tilde{b}^*(1-\tilde{w}^*)\{\tilde{R}_2 + \tilde{K}_2\}\right]$$

(6.22)

すなわち,$\tilde{b}=0$（企業が倒産しない）のとき,

$$\lambda^* = V_1\left[(1+i^*)\lambda^*\right]$$

となる.0期の負債は確実性等価ベースで1期には $1+i^*$ 倍にならなければならない.$\tilde{b}=1$（企業が倒産する）,かつ $\tilde{w}=0$（債権者が事業を継続する）のとき

$$\lambda^* = V_1\left[\tilde{R}_1\right] + V_2\left[\{\tilde{R}_2 + \tilde{K}_2\}\right]$$

となる.債権者は,利子収入を得られないが,事業を引き継ぐことで企業の1期と2期における事業キャッシュフローと2期の資産売却益を得ることができる.それが確実性等価ベースで0期の負債価値に等しくなければならない.$\tilde{b}=1$（企業が倒産する）かつ $\tilde{w}=0$（債権者が事業を中止する）のとき,

$$\lambda^* = V_1\left[\{\tilde{R}_1 + \tilde{K}_1\}\right]$$

となる.債権者は1期の事業キャッシュフローを受け取るとともに,資産売却収入を得る.それらが確実性等価ベースで0期の負債価値に等しくな

---

[12] 加法性とは,キャッシュフロー $\tilde{X}$ と $\tilde{Y}$ に対して $V_t[\alpha\tilde{X}+\beta\tilde{Y}] = \alpha V_t[\tilde{X}] + \beta V_t[\tilde{Y}]$ が成り立つことである.Arrow-Debreu モデル,資本資産価格モデル（CAPM）等で用いられる仮定である.

らなければならない．(6.22) 式を (6.21) 式に代入すると，(6.23) 式が得られる．

$$NPV^* = -1 + V_1[\tilde{R}_1 + \tilde{w}^*\tilde{K}_1] + V_2[(1-\tilde{w}^*)\{\tilde{R}_2 + \tilde{K}_2\}] \quad (6.23)$$

この式は，事業キャッシュフローと事業中止に伴う資産価値が倒産リスクと独立であるとき，NPV^* が負債の水準とは無関係であることを示している．これは，Modigliani and Miller (1958) の定理の意味するところである．

次に，不確実性下の法人税の中立性を考える．Bond and Devereux (2003) は支払利子が損金算入されない firm tax と支払利子が損金算入される shareholder tax に分けて，法人税の中立性を考えた．Firm tax と shareholder tax は，それぞれ表 6-4 のように定義される．

Firm tax では，支払利子控除は認められない代わりに，資金調達コストに対する控除として機会費用分の控除が認められる．Shareholder tax では，株式控除と支払利子控除の両方が認められ，倒産時には追加的に株主基金を株式控除として使うことができる．また，両課税方式とも企業が事業を中止する場合には資産の市場価格と帳簿価格の差が課税される (balancing charge)．Firm tax は，Boadway–Bruce の法人税を念頭に置いており，その特殊ケースは R ベースのキャッシュフロー法人税である．一方で，shareholder tax には ACE や R+F ベースのキャッシュフロー法人税が含まれる．

Shareholder tax の中立性は，以下のように示される[13]．引き続き，資本市場は完全競争で非対称情報はないものとする．株式控除の帰属利子率は，安全利子率に等しく設定される．ここで，T が税額，τ が税率，z が税務上の減価償却，Z が税務上の資本の残存価額，r が安全利子率を表すものとすれば，shareholder tax の下で 0 期と 1 期の税額はそれぞれ次のように表される．

---

13) Firm tax の投資に対する中立性については Bond and Devereux (1995) を参照されたい．

第6章 抜本的な法人税改革案

表6-4 Firm tax と shareholder tax の定義

Firm tax

① 【対称的な法人税】（費用を除いた）粗利潤 R_t が一定税率 τ $(0 \leq \tau \leq 1)$ で課税される．課税ベースは正にも負にもなる．

② 【税務上の資産価値】任意の税務上の減価償却 z_t が与えられる．企業の資産の t 期末における税務上の資本の残存価値を $Z_t = \sum_{j=0}^{t} I_j - \sum_{j=0}^{t} z_j$ とする．I_t は設備投資を表す．

③ 【機会費用控除】倒産するか事業中止にするかにかかわらず，毎期「資金調達費用」控除が与えられる $(r_t Z_{t-1})$．r_t は，$t-1$ 期から t 期にかけての安全利子率を表す．

④ 【Balancing charge】企業が t 期に事業を中止したら，資産に関する市場価値と税務上の価値の差に対して balancing charge が課される $(\tau(K_t - Z_t))$．

Shareholder tax

① 【株式控除】倒産するか事業中止にするかにかかわらず，毎期「株式調達費用」控除が与えられる $(r_t(Z_{t-1} - \lambda_{t-1}))$．$\lambda_{t-1}$ は負債残高を表す．この控除は，「株式控除」などと呼ばれる．

② 【支払利子控除】企業が t 期に倒産しなければ $(b_t = 0)$，控除は $i_t \lambda_{t-1}$．ここで，i_t は負債にかかる名目利子率を表し，$i_t \lambda_{t-1}$ は支払利子を表す．

③ 【Balancing charge】企業が t 期に倒産せず事業を中止すれば $(b_t = 0, w_t = 1)$，$\tau(K_t - Z_t)$ の balancing charge が課される．

④ 【倒産時の株式控除】企業が t 期に倒産すれば $(b_t = 1)$，現在の株主は③の株式控除に加えて，$Z_{t-1} - \lambda_{t-1}$ の控除を得ることができる．

⑤ 【事業継続の有無】企業が t 期に倒産するとき $(b_t = 1)$，税務上の資産価値 Z_t は t 期における市場価値に等しく設定される．すなわち，事業を中止する場合 $(w_t = 1)$ は $Z_t = K_t$（balancing charge が課されない）．企業が事業を中止しなければ $(w_t = 0)$，Z_t はプロジェクトの税引き前のキャッシュフローの現在価値に等しく設定される．

（資料）Bond and Devereux（2003）

$$T_0 = -\tau z_0 \quad (6.24)$$

$$\tilde{T}_1 = \tau(1-\tilde{b})\bigl[\underbrace{\tilde{R}_1 - \tilde{z}_1}_{\text{減価償却}} - \underbrace{r_1(Z_0 - \lambda)}_{\text{株式控除}} - \underbrace{i\lambda}_{\text{支払利子控除}} + \tilde{w}(\tilde{R}_1 - \tilde{Z}_1)\bigr] - \tau\tilde{b}\underbrace{(r_1+1)(Z_0 - \lambda)}_{\text{1期の株式控除＋倒産時の株式控除}} \quad (6.25)$$

すなわち，$\tilde{b} = 0$（企業が倒産しない）かつ $\tilde{w} = 0$（企業が事業を中止しない）のとき，

$$\tilde{T}_1 = \tau\left[\tilde{R}_1 - \tilde{z}_1 - r_1(Z_0 - \lambda) - i\lambda\right]$$

（税額＝税率×（粗利潤－減価償却－株式控除－支払利子控除））

$\tilde{b} = 0$（企業が倒産しない）かつ $\tilde{w} = 1$（企業が事業を中止する）のとき，balancing charge が課せられて，

$$\tilde{T}_1 = \tau\left[\tilde{R}_1 - \tilde{z}_1 - r_1(Z_0 - \lambda) - i\lambda + (\tilde{K}_1 - \tilde{Z}_1)\right]$$

（税額＝税率×（粗利潤－減価償却－株式控除－支払利子控除＋balancing charge））

となる．$\tilde{b} = 1$（企業が倒産する）のとき，

$$\tilde{T}_1 = -\tau(r_1 + 1)(Z_0 - \lambda)$$

（税額還付＝税率×（1期の株式控除＋倒産時の株式控除）

となる．すなわち，企業が倒産するとき，1期の株式控除 $r_1(Z_0 - \lambda)$ と倒産時にもらえる株式控除 $(Z_0 - \lambda)$ の合計に税率を掛けた額が株主に還付される．

2期には企業は必ず事業を中止するから，2期の税額は次式のように表される．

$$\tilde{T}_2 = \tau\left[\tilde{R}_2 - \underbrace{\tilde{z}_2}_{\text{減価償却}} - \underbrace{\tilde{r}_2\tilde{Z}_1}_{\text{株式控除}} + \underbrace{(\tilde{K}_2 - \tilde{Z}_2)}_{\text{balancing charge}}\right] \quad (6.26)$$

Shareholder tax は超過利潤に対してのみ課税するが，完全競争の資本市場では投資家は超過利潤を得ることはできないから投資家は課税されない．このため，投資家の無裁定条件は課税されない場合と同じで (6.22) 式になる．税額の NPV は，

$$NPV^{TAX} = T_0 + V_1\left[\tilde{T}_1\right] + V_2\left[(1-\tilde{b})(1-\tilde{w})\tilde{T}_2\right] \quad (6.27)$$

となる．(6.24) ～ (6.26) 式を (6.27) 式に代入すると，shareholder tax における税額の NPV は，

第6章　抜本的な法人税改革案

$$NPV^{TAX} = -\tau z_0 + V_1\left[\tau(1-\tilde{b})\left[\tilde{R}_1 - \tilde{z}_1 - r_1(Z_0-\lambda) - i\lambda + \tilde{w}\left(\tilde{K}_1 - \tilde{Z}_1\right)\right] - \tau\tilde{b}(1+r_1)(Z_0-\lambda)\right]$$

$$+ V_2\left[(1-\tilde{b})(1-\tilde{w})\tau\left[\tilde{R}_2 - \tilde{z}_2 - \tilde{r}_2\tilde{Z}_1 + (\tilde{K}_2 - \tilde{Z}_2)\right]\right]$$

$$= -\tau z_0 + \tau V_1\left[(1-\tilde{b})(\tilde{R}_1 - \tilde{z}_1 - r_1(1-z_0-\lambda) - i\lambda + \tilde{w}(\tilde{K}_1 - (1-z_0-\tilde{z}_1))) - \tilde{b}(1+r_1)(1-z_0-\lambda)\right]$$

$$+ \tau V_2\left[(1-\tilde{b})(1-\tilde{w})(\tilde{R}_2 + \tilde{K}_2 - (1+\tilde{r}_2)(1-z_0-\tilde{z}_1))\right] \quad (6.28)$$

ここで，減価償却の項を整理すれば，

$$-\tau z_0 + \tau V_1\left[(1-\tilde{b})(-\tilde{z}_1 - r_1(1-z_0) - \tilde{w}(1-z_0-\tilde{z}_1)) - \tilde{b}(1+r_1)(1-z_0)\right]$$

$$-\tau V_2\left[(1-\tilde{b})(1-\tilde{w})(1+\tilde{r}_2)(1-z_0-\tilde{z}_1)\right] = -\tau \quad (6.29)$$

となる．(6.29) 式では，

$$V_1[\tilde{Y}_1] = V_2[(1+\tilde{r}_2)\tilde{Y}_1] \quad (6.30)$$

が用いられている．$\tilde{Y}_1$ は，その値が1期にはわかっているが，0期にはわからないペイオフを表す．(6.30) 式は，1期の不確実なペイオフとそれを安全運用した場合の2期のペイオフが0期の価値において等しいことを示している．これが成り立つのは，完全競争の資本市場かつ非対称情報がない場合，投資家は事前の判断としては1期から2期にかけての利回りが安全利子率に等しい分だけ得られればよいからである．このとき，税額の NPV は次のように表される．

$$NPV^{TAX} = -\tau + \tau V_1\left[(1-\tilde{b})(\tilde{R}_1 + r_1\lambda - i\lambda + \tilde{w}\tilde{K}_1) + \tilde{b}(1+r_1)\lambda\right] + \tau V_2\left[(1-\tilde{b})(1-\tilde{w})(\tilde{R}_2 + \tilde{K}_2)\right]$$

$$= \tau\left[-(1-\lambda) + V_1\left[(1-\tilde{b})(\tilde{R}_1 - (1+i)\lambda + \tilde{w}\tilde{K}_1)\right] + V_2\left[(1-b)(1-\tilde{w})(\tilde{R}_2 + \tilde{K}_2)\right]\right]$$

$$(6.31)$$

これは，(6.21) 式に税率 τ を掛けたものに等しい．(6.31) 式に投資家の無裁定条件 ((6.22) 式) を代入すると，

$$NPV^{TAX} = \tau\{-1 + V_1[\tilde{R}_1 + \tilde{w}\tilde{K}_1] + V_2[(1-\tilde{w})(\tilde{R}_2 + \tilde{K}_2)]\} \quad (6.32)$$

が得られる．これは，投資の NPV が

$$NPV = (1-\tau)\{-1 + V_1[\tilde{R}_1 + \tilde{w}\tilde{K}_1] + V_2[(1-\tilde{w})(\tilde{R}_2 + \tilde{K}_2)]\} \quad (6.33)$$

であることを意味する．事業継続の決定が課税による影響を受けず，$\{\tilde{R}_1, \tilde{R}_2, \tilde{K}_1, \tilde{K}_2\}$ が倒産確率と独立であるとき，

$$NPV = (1-\tau)NPV^* \quad (6.34)$$

が成り立つ．すなわち，shareholder tax では帰属利子率と安全利子率が等しく設定されるとき，株式控除の完全利用が保証されれば，倒産や事業中止のリスクがある場合でも投資に対する中立性が保たれる．但し，上記の証明において，完全競争の資本市場かつ非対称情報がないとの仮定の下で 1 期の不確実なペイオフが 2 期まで安全運用した場合のペイオフと確実性等価ベースで等しくなることを利用した（(6.30) 式).

完全競争の資本市場かつ非対称情報がないとの仮定が崩れた場合には，ACE は投資に対して中立的にはならない．投資家が貸出先企業からレントを含む利子を受け取る場合には，それが貸出先企業の課税ベースから控除されるため，貸出先企業の課税ベースがレントの分だけ小さくなる．投資家が企業でかつ同じ shareholder tax に服する場合には，投資企業のレントを含む受取利子が課税されることから税収は変わらないが，投資家に同じ shareholder tax が課せられていない場合には貸出先企業の税額の減少分だけ税収が減少する．

ACE は，Boadway–Bruce の法人税のように支払利子の損金算入が一旦否認されてその後資金調達控除（COCA）として費用が認められるわけではない．支払利子がそのまま課税ベースから控除されるという点については現行の法人税と同じである．負債に対する支払利子にレントが含まれている場合，支払利子を全て課税ベースから控除することは Boadway–Bruce の法人税からみると控除しすぎである．完全競争の資本市場かつ非対称情報

がないとの仮定が崩れ，借入利子率にレントが含まれる場合には，ACEの下でも依然として負債調達の優遇が続く．

こうした問題を解決する1つの方法は，支払利子の控除を認めず資金調達費用を別途認めること，すなわち ACE を ACC (Allowance for Corporate Capital) に変えることである．Kleinbard (2007) が提唱する Business Enterprise Income Tax (BEIT) はそうした法人税の1つである．しかし，ACC は firm tax (R ベース) であり，ACE は shareholder tax (R+F ベース) という根本的な違いがある．R ベースと R+F ベースにはそれぞれ一長一短があるため，それらを総合的に考えた上でいずれを選択するかを判断しなければならない．

4.3 ACE の現実への適用

マーリーズ報告 (2011) では ACE の導入が提案されたが，その理由の1つとして ACE が実際に数か国で導入経験があることが挙げられている．ACE はこれまでクロアチア，ブラジル，オーストリア，ベルギー，イタリア等で経験されてきた (表 6-5)．このうち，完全な ACE と言えるのはクロアチア，ベルギー，イタリアの ACE である．

ACE を最初に導入した国はクロアチアである．クロアチアの ACE (Protective Interest Deduction) は，1990年以降に生じた高税率を背景とした高所得層の脱税，そして一部の納税者に対する優遇措置による税制の歪みを是正する改革のなかで導入された (Rose and Wiswesser, 1998)．クロアチアのACE は 1994 年から 2000 年まで続き，ACE 初の実用実験となった．しかし，2001 年にはより明確な投資・雇用のインセンティブをつけることを狙った新政府の意向によって，法人税率引き下げ (35%から20%へ) とともに ACE は廃止されてしまった．クロアチアの ACE は ACE 初の応用事例としては残念な結果に終わったが，Keen and King (2002) はクロアチアの ACE 自体に制度的な欠陥があったものではないとの評価を下している．

ベルギーは 2006 年に ACE (Notional Interest Deduction) を導入し，現在でもそれを続けている．Gerard (2006 a, b) 等によれば，ベルギーの ACE はそれ

表6-5 ACE導入の主な例

国	期間（年）	名称	課税ベース	みなし利子率
クロアチア	1994～2000	Protective interest deduction	株式の帳簿価額	5％＋工業製品の価格上昇率（正の場合）
ブラジル	1996～	Remuneration of equity	株式の帳簿価額	10年国債利子率
オーストリア	2000～2004	Notional interest deduction	新規株式の帳簿価額	国債流通市場における平均利子率＋0.8％ポイント
ベルギー	2006～	Notional interest deduction	株式の帳簿価額	過去2年間における国債の平均利子率（月次ベース）．上限は6.5％，各年の変動は上下1％ポイント以内．中小企業は＋0.5％ポイント．
イタリア	1997～2003　2011～	Dual income tax　ACE（Aiuto alla Crescita Economica）	新規株式の帳簿価額	DIT（1997～2003）：1997～2000年は7％，2001年6％（2001年7月に制度凍結）．ACE（2011～）：2011～13年は3％に固定．その後は，国債利子率等を参考に決定．

（注）イタリアのDIT（1997～2003年）では正常利潤に対して19％，超過利潤に対して37％（2003年は34％）の課税が行われた．
（資料）Klemm（2007）に加筆・修正．

以前に存在していたコーディネーションセンター（Belgian Coordination Center, BCC）と呼ばれる多国籍企業の欧州金融統括会社に与えられる税制優遇措置の代わりに導入された．BCCは，規制により資産構成における株式の比率が高かったが，BCCに対する税制優遇措置があったことからそれはBCCにとって問題にならなかった．しかし，BCCに対する税制優遇措置が欧州委員会で問題視されその廃止を余儀なくされたことから，ベルギー政府はBCCを引き続きベルギー国内にとどめる別の措置を探さなければならなかった．ACEは主にそのために導入されたものである．投資に対する中立性の観点など理想の法人税を追及した結果としてACEが実現したわけではない．しかし，ベルギーのACEは現在まで廃止されること

第6章 抜本的な法人税改革案

表6-6 1998年の税制改革（イタリア）

	改革前	改革後
法人部門	・ILOR（地方法人税）：利潤の16.2% ・資産税：純資産の0.75% ・IRPEG（法人税）：利潤の37%	・IRAP（地方付加価値税）：付加価値の4.25% ・DIT：通常所得の19%，残余利潤の37%．
非法人部門	・ILOR（地方法人税）：利潤の16.2%だが，多くの控除や還付が認められる． ・資産税：総資産の0.75% ・個人所得税：10～51%	・IRAP（地方付加価値税）：付加価値の4.25% ・DIT：通常所得の19%，残余利潤に対する個人所得税（19～46%）

（資料）Bordignon, Giannini and Panteghini (2001)．

なく続いており，他のEU諸国にとっても貴重な経験となりつつある．ベルギーの経験を利用した実証研究からは，ACEの導入が負債比率を引き下げるとの結果が得られている（Princen, 2012 等）．

イタリアは，1997～2003年の二元的所得税（Dual Income Tax, DIT）と2011年以降のACE（Aiuto alla Crescita Economica）の2度にわたってACEを導入した例として興味深い．DITは完全なACEではなく，ACE控除に相当する部分に軽減税率を，ACE控除を超える部分に通常税率を適用する税制である．一方で，2011年に導入されたACEはベルギーの制度と似ており，ほぼ完全なACEの導入である．但し，法人税改革の激変緩和措置として，ACE適用が新規株式のみに限定されている．

1997～2003年に実施されたDITは，完全なACEではなく北欧のDITとも異なる税制である．1998年のイタリアの税制改革をまとめると表6-6のようになる．改革前には37%の法人税（IRPEG）と16.2%の地方法人税（ILOR）が存在していたが，改革後はIRPEGに代えてDITが，ILORに代えてIRAP（生産課税ベースの差額方式の付加価値税）が導入された．DITは，所得を通常所得とそれ以外の所得（残余利潤）に分けて，通常所得に対しては19%，残余利潤に対してはそれまで通りの37%の課税を行うものである．但し，所得全体にかかる平均税率に制限が設けられ，27%が下限とされた．

表6-7 異なる税制改革の比較

改革スキーム	法人企業	非法人企業
北欧 DIT	$\tau \Pi$	$t_p(\Pi - r^*E) + tr^*E$
ACE	$\tau(\Pi - rE)$	$\tau(\Pi - rE)$
イタリア DIT (1998年改革)	$Max[\tau(\Pi - r^*\Delta E_{96}) + t^*r^*\Delta E_{96}; \tau^{min}\Pi]$	$\tau(\Pi - r^*\Delta E_{96}) + t^*r^*\Delta E_{96}$
イタリア DIT (最終形)	$\tau(\Pi - r^*E) + t^*r^*E$	$t_p(\Pi - r^*E) + t^*r^*E$ or $\tau(\Pi - r^*E) + t^*r^*E$

(注) Π：利潤，τ：法人税率，t：資本所得税率，t^*：通常所得（ordinary return）に対する税率，t_p：個人所得税率，r：利子率，r^*：株式に対する帰属利子率（リスク調整済み），E：株式資本，ΔE_{96}：1996年以降の株式資本の変化，τ^{min}：27%の最低税率．
(資料) Bordignon, Giannini and Panteghini（2001）．

　イタリアの法人税が DIT（二元的所得税）と呼ばれたのは，それが北欧の DIT と共通点を持っていたからである（表6-7）．北欧の DIT は法人企業に対する課税は一般的な利潤型法人税であり，イタリアの DIT と大きく異なる．しかし，北欧の DIT における非法人企業に対する課税はイタリアの DIT の最終形と同じになる．北欧の DIT では，非法人企業に対しては帰属利子率（みなし資本収益率）を設定して，それを株式資本にかけて資本所得が計算される．勤労所得は，所得全体から資本所得を差し引いて計算される．これに勤労所得税率が掛けられて，勤労所得税額が求められる．イタリアの DIT（最終形）は，これを法人企業に対しても非法人企業に対しても適用するものである（最終的には27%の最低平均税率は撤廃される）．株式資本に対する利潤に対しては軽減税率として帰属利子率を適用し，残余利潤に対しては通常の法人税率を適用する．法人税率と個人所得税率を等しく設定すれば，北欧の DIT と同じになる．
　イタリアの DIT では，（通常所得と呼ばれる）正常利潤を決める帰属利子率は国債利子率をベース毎年決められたが，帰属利子率は市場利子率よりも3%高く設定された．帰属利子率が市場利子率よりも高く設定されたのは，DIT の損失の扱いが不完全（非対称）であることへの配慮である．また，企業の利潤率が正常利潤よりも小さい場合もしくは損失が生じた場合には，19%の優遇税率の未使用分を4年間繰越すことが可能とされた．

第6章 抜本的な法人税改革案

通常所得の計算は 1996 年から始まり，その後新株式資本と内部留保の増加分に対して 2000 年は 1.2, 2001 年は 1.4 を掛けた値から通常利潤を計算することができるようになるなど DIT の効果を上げる改革が続き，2001 年には最低平均税率 (27%) が撤廃された．しかし，2001 年 7 月に新政権が発足すると，それまでの DIT 拡大の動きが一変して DIT が凍結され，2004 年には正式に廃止された．その代り，(IRES と呼ばれる) 法人税の税率が 36% から 34% に引き下げられた[14]．このように，イタリアの法人税改革は，DIT による投資に対する中立性の確保を目指す動きから，課税ベース拡大と税率引き下げの組み合わせへと変貌した．

2011 年には，ACE が再び導入された[15]．今回の ACE では，以前の DIT と異なり，株式調達の正常利潤が課税されない．最低平均税率も設定されていない．新規調達の株式に対してのみ ACE が適用されるという点は DIT と同じである．帰属利子率は，2011〜13 年は 3% に固定された．利潤率が正常利潤に達しないまたは損失が生じた場合には，ACE 控除は無限の繰越が可能である．このように，今回のイタリアの ACE は IFS (1991) の ACE の特徴をほぼ実現した税制と考えられる．一方で，イタリアでは法人に対する課税としては地方税として IRAP があり，そこでは支払利子が課税ベースから控除されない．また，2008 年より (過少資本税制に代わって) 法人税の支払利子控除に制限が設けられたことから，イタリアの法人税は ACE と CBIT の両方の性質を持ったものと位置づけられている．

5. CBIT

5.1 CBIT の特徴

CBIT (Comprehensive Business Income Tax, 包括的事業所得税) は，米国財務省が 1992 年に提案した法人税である．米国財務省は企業の資金調達に影響を及ぼさない税制の確立を目指して，企業段階と家計段階の統合された法人税を提案した．米国財務省では，1984 年にキャッシュフロー法人税の

導入が否定され，これを踏まえて 1986 年の抜本的税制改革が所得課税の枠内で行われた．1992 年の報告書でもキャッシュフロー法人税への移行は検討されず，現行所得税の大幅な見直しが提案された．CBIT は，これまで現実への適用例はないものの，米国の税制改革論議のなかでは CBIT の要素を含む税制改革案がしばしば提出されることから，その考え方は一定の影響力を持ち続けている．例えば，2003 年にブッシュ大統領が提唱した配当課税撤廃案は，後述する配当免除勘定 (Excludable Dividend Account, EDA) を利用したものであった．

　CBIT が提案された背景には，米国が長い間クラシカルシステムを採用しており，株式に対する二重課税が放置されてきたことがある[16]．米国財務省では，こうした二重課税を排除するために企業段階と家計段階における課税の統合が検討された．米国財務省 (1992) は，抜本的税制改革の目標として，①投資の種類によらず同じ税率，②株式と負債など資金調達方法の選択に関する歪みの排除，③内部留保と配当支払の選択に関する歪みの排除，④法人形態と非法人形態の選択に関する歪みの排除という条件を掲げて，それらを全て実現することを目指した．伝統的なインピュテーション方式は手続きが煩雑であるばかりでなく，上記の4つの目標全てを実現するわけではないとされ，最終的に望ましい法人税のあり方として CBIT が提案された．

　CBIT の基本的な考え方は，利子と配当に対する課税を全て企業段階で済ませることである (図 6-2)．資本課税を企業段階で行い，家計段階では課税しないという CBIT の特徴は，Hall-Rabushka のフラットタックスと同じである．CBIT は，現行の法人税と同様に正常利潤を含む利潤全体に

---

14) 2004 年の法人税改革は抜本的なもので，DIT 廃止，法定税率引き下げのほか，キャピタルゲインと配当に関するインピュテーションの廃止，過少資本税制の導入，連結納税制度の導入などが行われた．
15) 2011 年 12 月 6 日の政令 201 号にて定められ，2011 年の所得より適用．
16) 2003 年の雇用・成長のための財政調整法 (Jobs and Growth Tax Relief Reconciliation Act of 2003, JGTRRA) において，配当・キャピタルゲイン税率が軽減されたため，現在は二重課税が緩和されている．

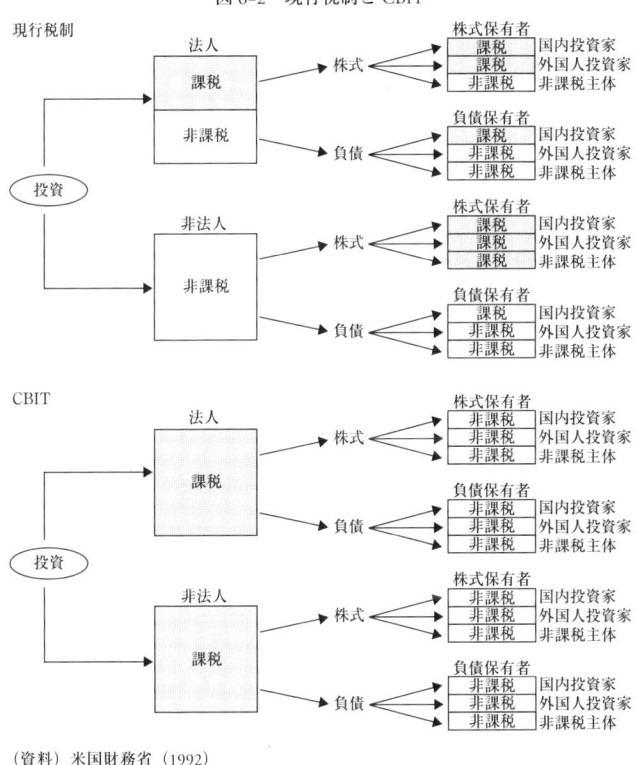

第6章　抜本的な法人税改革案　　　　　　　　　　　　　　　　　183

図6-2　現行税制とCBIT

(資料) 米国財務省 (1992)

課税するため，投資の中立性は満たされない．しかし，CBITにおいて投資の即時償却が可能になればフラットタックスに似た消費課税の形になることから，CBITは課税ベースを変更する抜本的な税制改革への予備段階と捉えることも可能である．

　CBITでは，資金調達に対する中立性を実現するために現行法人税で認められている支払利子控除が廃止され，株式調達と負債調達のいずれから生じた法人利潤に対しても同一の税率がかけられる．これによって，株式調達と負債調達に対する中立性がACEとは逆のアプローチによって達成される．オリジナルの提言では，CBITの税率は個人所得税の最高税率に等しいものとされた．CBITでは，支払利子控除を廃止することでより広

い課税ベースを得ることができるため，税収中立の改革では CBIT の法定税率を現行税制よりも低く設定することができる．しかし，CBIT の税率が個人所得税の最高税率よりも低く設定されると，勤労所得を資本所得に転換しようという誘因が生じることから，両者は同じ税率に設定された．

　株式に対する二重課税の防止は，配当免除勘定（Excludable Dividend Account, EDA）を用いて行われる．企業段階において EDA 勘定に計上された配当は，家計段階で課税されない．例えば，100 ドルの課税前所得があり，法人税が 34% とすれば，100 − 34 = 66 ドルが EDA 勘定に計上され，そこから行われる配当には家計段階では課税されない．EDA 勘定を超える部分のみ家計段階で課税される．

　しかし，EDA だけの調整では，分配される配当と内部留保の間に税制上の取り扱いの差が生じる．分配される配当が EDA によって二重課税を免れるのに対して，内部留保は法人税が課された後に再び家計段階でキャピタルゲイン税が課される．こうした税制上の違いをなくすために，米国財務省案では配当再投資プラン（Dividend Reinvestment Plan, DRIP）が用いられる．これは，企業が EDA を上限とするみなし配当を宣言し，そこから再投資される分についてはキャピタルゲイン税が課されない仕組みである．DRIP では，みなし配当（非課税）の分だけ株式の価額を高めることができ，これによって内部留保に対応するキャピタルゲイン税を回避することができる．

　このように，広義の CBIT は支払利子控除を廃止して株式調達と負債調達に対する中立性を確保するのみならず，EDA や DRIP によって企業段階と家計段階の課税を統合し，資金調達方法に依存せず，一度きりの課税を実現する仕組みである[17]．さらに，CBIT では零細企業を除き，事業形態が法人企業であれ，パートナーシップであれ，個人企業であれ，同様に課税することで組織形態に関する中立性が確保される．

　CBIT への移行の問題点としては，CBIT によって負債コストが上昇

---

17) 狭義の CBIT は，支払利子控除を廃止する法人税を指す．

し，倒産の増加を通じて経済が不安定化することが指摘されている．CBIT 導入は，株式調達が多い企業の資本コストを低下させる一方で，負債調達が多い企業の資本コストを大きく上昇させる．特に，中小企業が大きな打撃を蒙る．倒産の急増を防ぐために，CBIT 導入時は税率を低く設定せざるを得ないとすれば，これによって無視できない税収ロスが発生する．

5.2 ACE と CBIT のいずれを選択すべきか

ACE と CBIT は，ともに負債調達を優遇するという現行税制の問題点を解決するものであるが，その解決方法は逆であり，それゆえ投資に対する影響が大きく異なる．CBIT は所得課税内の改革であり，投資に対して中立的ではない．ACE は投資に対して中立的である一方で，キャッシュフロー税と同様に課税ベースが小さいため，税収中立を前提とすれば税率を高めざるを得なくなり，結果として資本が海外に流出する恐れがある．閉鎖経済であれば，投資行動が超過利潤に対する課税には影響を受けないため，企業の投資活動を活発化させる目的で CBIT よりも ACE が推奨されることも理解できる．

しかし，開放経済では企業が国境を越えて移動することを考慮に入れた税制の設計が必要である．企業は，超過利潤も含めた利潤全体に対する税負担を考慮に入れて立地先を選択するため，ACE といえども企業行動に対して中立的とは言えなくなる．このため，足の速い資本に対する法人税の影響を考えると，開放経済では課税ベースの狭い ACE よりも課税ベースの広い CBIT の方が望ましいとの見方が出てくる (Bond, 2000)．また，開放経済では法人税は多国籍企業の所得移転に対しても影響を及ぼす ACE は国際的な租税回避を防ぐことはできない[18]が，CBIT は支払利子控除を廃止することから負債を利用した租税回避の懸念から解放される．

---

18) 国際取引に対する ACE における租税回避の余地については Devereux (2012) が指摘している．

ACEとCBITのどちらを選択するかという問題は，資本移動が自由な世界において経済を活性化するために課税ベースを狭くするか，それとも法定税率を引き下げるかという論点に深く関わる．近年，英国，ドイツ，日本，北欧諸国では法定税率を引き下げる傾向がある一方で，米国，ベルギー，イタリアなどは課税ベースを縮小する政策をとっている．どちらの法人税を選択するかで，法人税改革の経済活動に及ぼす影響は異なるため，その国の置かれた経済状況に合わせた判断が要求される．

　ACEを導入するとともに，法定税率を現状のまま維持するという戦略も考えられる．この場合，ACE導入によって企業立地や租税回避に対する悪影響が大きくなるという事態は回避される．マーリーズ報告（2011）がこれを提案している．但し，企業行動に変化がなければ課税ベースが縮小した分だけ税収に穴があく．ACE導入によってEATR，EMTRがともに低下するため，国内企業の投資や外資企業による対内直接投資が増加する効果はある程度期待できる．De Mooij and Devereux（2011）は，一般均衡モデルを用いて，ACEを導入した場合に経済主体の行動変化を考慮に入れなければ法人税収が3分の1に減少するものの，投資増加などの効果を加味すれば税収減少分は法人税収の10分の1に縮小するとの試算を示した．しかし，ACE導入によって生じる企業の行動変化が期待を下回るものであった場合には，政府は大きな減収を余儀なくされる．このため，少なくとも事前の段階では，ACE導入とともに税率を現状のまま維持した場合，付加価値税など他の税収でACE導入による減収分を賄うことを考える必要がある．

　日本の場合，Devereux-Griffith型実効税率でみれば，ACEの導入によってEATRが18％，EMTRが0％に低下する（現在EATR 30％，EMTR 27％）ため，ACE導入によって相当程度の経済効果が期待される．しかし，ACE導入による減収分を賄うことができるほど対内FDIや既存企業の投資が増加すると考えるのは，諸外国と同様にあまりに楽観的と言えよう．

6. 二元的所得税

6.1 二元的所得税の特徴

二元的所得税は，よく知られているように所得を勤労所得と資本所得の2つに分けて課税する北欧型の課税方式である．二元的所得税の基本的な考え方は，所得を2つに分け，勤労所得については累進性を維持し，資本所得に対しては一律の低税率を課すことである．北欧では主に1990年代初頭に相次いで二元的所得税が導入されたが，北欧で二元的所得税が導入された背景には総合課税の下で租税回避行動が活発になり適切な資本所得税が困難になったこと，そして足の速い資本の国際間移動に対応せざるを得なかったことがある[19]．

Cnossen（2000）によれば，純粋な二元的所得税と呼ばれるものには7つの特徴がある（表6-8）．純粋な二元的所得税に近いと言われているのはノルウェーの二元的所得税である．純粋な二元的所得税の特徴は，第1に所得全体が資本所得と勤労所得の2つに分けられること，第2に租税裁定を防ぐために勤労所得に対する最低税率と資本所得に対する税率が等しく設定されることである．これら2つの特徴は，二元的所得税の基本的な要素である．

第3の特徴は，二元的所得税の課税ベースの取り扱いとして①資本所得と勤労所得を初めから2つに分ける方法と，②両者を合わせた課税ベースに対して資本所得税率によって共同で課税した後，一定限度を超える勤労所得に対して累進課税を行う方法があることである．スウェーデンとフィンランドは前者，ノルウェーが後者の方法を採用している．ノルウェーでは，賃金や利子所得，配当所得，持家の帰属家賃等が全て合算され，そこ

---

[19] 二元的所得税を最初に導入した国はデンマーク（1987年）だが，デンマークはその後二元的所得税と包括的所得税のハイブリッドな税制に移行した．北欧諸国の改革当時の状況については Sørensen（1998）を参照されたい．また，二元的所得税の理論的な優位性を考察したものとして Nielsen and Sørensen（1997）がある．

表6-8 「純粋な」二元的所得税

①	【2種類の所得】あらゆる所得が資本所得か勤労所得に分けられる．資本所得には企業利潤，配当，キャピタルゲイン，利子，家賃等が含まれ，勤労所得には賃金，フリンジベネフィット，年金所得，社会保障給付等が含まれる．
②	【資本所得への一律課税と勤労所得への累進税率】基本的には，全ての所得が一律に課税され，勤労所得については付加的な累進所得税率が課される．また，租税裁定を出来るだけ防ぐために，勤労所得に対する最低税率と（法人所得を含む）資本所得に対する一律税率が等しく設定される．
③	【課税ベース】資本所得と勤労所得は全く別々に課税される方法と，資本所得と勤労所得が資本所得税率によって共同で課税され，その後勤労所得に対して付加的な累進税率が課される方法がある．
④	【配当に対する二重課税】配当に対する法人段階と家計段階における二重課税は，完全インピュテーション法等によって回避される．
⑤	【キャピタルゲインに対する二重課税】キャピタルゲインに対する法人段階と家計段階における二重課税は，内部留保による株価上昇を調整する仕組みにより回避される．
⑥	【支払利子等に対する源泉課税】支払利子やロイヤリティー等に対する一律課税は，法人段階かその他の経済主体の段階における源泉課税によって行われる．
⑦	【所得分割】個人事業主や同族非公開企業等の課税所得は，資本所得と勤労所得に分けられる．資本所得は，企業価値に対する仮想的なリターンを利用して計算される．所得全体から資本所得を引いたものが勤労所得とみなされる．

(資料) Cnossen (2000)．

から各種控除を差し引くことによって通常所得が計算される．控除の内容としては，人的控除に加えて負債利子やキャピタルロス等がある．通常所得に対しては28%の一律税率が課され，一定限度を超える勤労所得に対しては付加的に累進税率が適用される．スウェーデンやフィンランドでは，資本所得と勤労所得が別々に課税されて，その後負の資本所得が生じた場合にはそれに資本所得税率を乗じた分だけ正の勤労所得から税額控除できる[20]．スウェーデンでは，勤労所得から税額控除できる負の資本所得税額の計算において，10万クローネまでは資本所得税率の30%が適用されるが，10万クローネを超えると税率は21%に低下する．

---

[20] 二元的所得税の導入により資本所得税率が低下したため，総合課税時と比べると住宅ローン利子等を利用した租税回避が減少したとされている．

第4と第5の特徴は，完全インピュテーションなどの方法で配当とキャピタルゲインに対する二重課税が排除されることである．ノルウェーでは，2005年まで配当の二重課税を回避するために完全インピュテーション法が用いられてきた．また，キャピタルゲインの二重課税に対してはRISK法と呼ばれる方法で調整されていた．RISK法では，個別株主に帰属する内部留保が算出され，その分だけ株主が保有する株式の評価額がその購入価格より引き上げられることにより，企業の内部留保を反映したキャピタルゲインに対する個人段階での課税が避けられた．株式の売却価格が「購入価格＋株式評価引き上げ額」を超える場合のみ，内部留保分を超えるキャピタルゲインが発生していると考えられ，個人段階でキャピタルゲイン税が課された．ノルウェーでは2006年から完全インピュテーション法とRISK法が廃止されて株主所得税（SIT）が導入されたが，後述するようにSITの下でも配当とキャピタルゲインの二重課税は回避されている．

第6の特徴は，支払利子等に対する源泉課税が行われることである．これによって，純粋な二元的所得税の課税ベースがCBITのそれに等しくなる．しかし，現実にはノルウェー，スウェーデン，フィンランドのいずれの国においても，支払利子等に対する源泉課税は行われていない．

最後の特徴は，個人事業主やオーナー企業経営者に対する所得分割である．二元的所得税では，包括的所得税と異なり，所得全体を資本所得と勤労所得の2つに分割する必要がある．しかし，個人事業主やオーナー企業経営者の場合，その所得が資本所得と勤労所得に明確に線引きされないため，恣意的な所得分類が可能であれば，本来勤労所得として捉えられるべき所得をより税率の低い資本所得として受け取ることができる．こうした裁量の余地を排除するために，通常一定の計算手法に基づく所得分割制度が用いられる．所得分割制度では，資本ストックに帰属利子率を乗じることによって資本所得が計算され，それを所得全体から引くことによって勤労所得が計算される．

ノルウェーでは2005年まで個人事業主や能動的オーナーのいる同族非公開企業（closely held companies）の経営者に対して「スプリットモデル」と

呼ばれる所得分割法が適用されていた．ここで，能動的オーナーとは株式の3分の2を保有しているか，配当の3分の2を受け取っている経営者を指す．しかし，こうした所得分割法は，能動的オーナーのいる同族非公開企業では上手く機能しなかった．これは，能動的オーナーのいる同族非公開企業では縁故者間の株式保有率を変えることによって能動的オーナーが受動的オーナー化し，実質的に「スプリットモデル」が回避されたからである．実際に，所得分割制度に従う法人の割合は，1992年の55%から2000年には32%に低下したとされている (Sørensen, 2005)．こうした経験から，ノルウェーでは2006年におけるSITの導入とともに所得分割制度が廃止された．

　フィンランドとスウェーデンの二元的所得税は，ノルウェーの二元的所得税とはいくつか異なる点がある (表6-9)．第1に，現在法人税率と資本所得税率が必ずしも同一に設定されていないことである．フィンランドでは1993年の改革当時は法人税率と資本所得税率が25%に等しく設定された．そして，2004年までに公平性への配慮から資本所得税率が29%まで引き上げられ，同時に法人税率も同率引き上げられた．しかし，その後は国際的な租税競争への対応と公平性確保の両立が求められたことから法人税率と資本所得税率が乖離し，2014年1月時点で法人税率が20%，資本所得税率が32%（4万ユーロ未満は30%）となっている．スウェーデンでも，1991年度の改革当初は法人税率と資本所得税率がともに30%であったものの，法人税率のみ断続的に引き下げられ，法人税率は2009年には26.3%，2013年には22%になり，資本所得税率と乖離した．このように，フィンランドとスウェーデンは法人税率と資本所得税率の乖離が近年拡大する傾向にある．

　第2に，フィンランドでは租税回避を防ぐために損益通算がかなり制限されていることである．フィンランドでは，資本所得の範囲内でも損益通算が自由ではなく，利子所得は分離課税とされ，キャピタルゲインはキャピタルロスとのみ通算が可能となっている．キャピタルロスの繰越は認められているが，キャピタルロスを配当や利子など他の資本所得と通算する

第6章 抜本的な法人税改革案

表6-9 北欧の二元的所得税

	ノルウェー	フィンランド	スウェーデン
導入年	1992年	1993年	1991年
税率 　資本所得 　　導入時（企業） 　　導入時（個人） 　　2013年（企業） 　　2013年（個人）	 28% 28% 28% 28%	 25% 25% 24.5%(注1) 30%または32%(注2)	 30% 30% 22% 30%
勤労所得（最高税率） 2013年	47.8%	51.13%	56.6%
損益通算（2013年）	・通常所得部分（第1ブラケット）では、基本的に全ての資本所得と勤労所得の損益通算が可能。	・資本所得が負の場合、勤労所得から税額控除できる。 ・配当、賃貸所得等は投資所得内で通算が可能。 ・キャピタルロスは、キャピタルゲインとのみ通算可能。 ・利子所得は源泉分離課税（30%）。 ・住宅ローン利子は、勤労所得から控除可能（85%まで）(注3)。	・資本所得が負の場合、勤労所得から税額控除できる。但し、10万クローネ超の部分は税率21%。 ・資本所得内では、基本的に全ての資本所得で通算が可能。 ・キャピタルロスの控除は70%まで。
二重課税の排除 　導入時 　　配当 　　キャピタルゲイン 　2013年 　　配当 　　キャピタルゲイン	 完全インピュテーション RISK法 株主所得税（SIT） 株主所得税（SIT）	 完全インピュテーション なし 配当控除（30%）(注4) なし	 なし なし なし なし

(注1) 2014年より20%。
(注2) 5万ユーロ以上は32%、5万ユーロ未満は30%。2014年より基準が4万ユーロ以上に変更。
(注3) 2014年より75%まで。
(注4) 上場企業。
(資料) IBFD資料等より作成。

ことは認められていない.また,住宅ローン利子の控除率は 2012 年まで 100% だったが,2013 年は 85%,2014 年には 75% に縮小された.スウェーデンではより幅の広い通算が認められているが,キャピタルロスの控除率に 70% の上限が設けられるなどの制約がある.

第 3 に,フィンランドとスウェーデンでは配当やキャピタルゲインの二重課税に対する措置がノルウェーとは異なる.スウェーデンでは以前から古典方式が採用されており,配当及びキャピタルゲインの二重課税に対する特別な措置は存在しない.二元的所得税導入によって資本所得税率が低下したため,それ以前と比べて二重課税は緩和されたものの,純粋な二元的所得税のように二重課税が完全に排除されているわけではない.フィンランドでは 2004 年まで配当に関する完全インピュテーション法が採用されていたが,EU が完全インピュテーション法を自国投資家に対する優遇措置であるとしてその廃止を求めたことから,2005 年から配当に対する二重課税への対応は個人段階で配当所得の 70% のみを課税する方式(上場企業の場合)に変更された.キャピタルゲインに対する二重課税の緩和策は特に設けられていない.

6.2 二元的所得税の弱点克服へ向けた改革

北欧各国では,同族企業や非公開企業に関する所得分割で似たような問題を抱えている.特にノルウェーでは所得分割に関する問題が大きく,同族非公開企業に対する所得分割方法が廃止され,2006 年に株主所得税 (Shareholder Income Tax, SIT) が導入された[21].SIT は,抜本的な法人税改革案の一部としてその機能に注目すべき点がある.

SIT は,オーナー企業経営者が勤労所得と資本所得のどちらで報酬を受け取っても,法人・個人段階を通じて等しく課税される.具体的には,SIT 税率は資本所得税率 (=法人税率) と同じ 28% に設定され,株式投資の超過利潤に対しては法人税と合わせて約 48% ($0.28 + (1-0.28) \times 0.28 =$

---

21) 2006 年には,完全インピュテーション法と RISK 法も廃止された.

第6章 抜本的な法人税改革案

表6-10　SITにおける資本所得税率と勤労所得税率

	資本所得 （株式投資利潤）	勤労所得
法人段階	28%	
個人段階	約20%^(注)	約48%
計	約48%	約48%

(注) 超過利潤に対してのみ課税.

0.4816) の課税が行われる．これが，基本的には勤労所得税率の最高限界税率に等しく設定されるため，株式投資の超過利潤が勤労所得と同様の扱いを受ける（**表6-10**)．これによって，報酬を勤労所得ではなく，より税率の低い資本所得で受け取ろうとするインセンティブが解消される．

また，SITでは正常利潤に対する非課税を実現するために，配当・キャピタルゲインの純利潤からRRA（Rate-of-Return Allowance）と呼ばれる株式投資の帰属利子率（正常利潤部分）を除いたものが課税ベースとされる．RRAは，株式ベースに税引き後安全利子率（3ヶ月物の国債利子率等）を乗じて計算される．つまり，2006年以降のノルウェーの二元的所得税では法人段階に通常の法人税，個人段階にSITが設けられることにより，株式投資の正常利潤に対して法人段階で一度きりの課税が行われるようになった．

RRAは，前年末の株式ベースに税引き後の安全利子率を掛けたものである．株式ベースは，当初の株式価額に前年までに使われなかったRRAを加えて計算される．ある年に株式からの実現所得がRRAを下回る場合には，未使用のRRAが年末の株式ベースに加えられる（株式ベースのステップアップ)．これによって，SITは投資に対して中立的になる．

Sørensen（2005）に従って，SITが投資に対して中立的な課税であることを示そう．これは，SITがキャッシュフロー税と税等価であることによって示される．個人段階のキャッシュフロー税では，初期コストが全額課税ベースから控除され，その後発生する配当と株式の売却収入は全て課税される．このため，s 期後におけるキャッシュフロー税額の現在価値は次の

ように表される．

$$PDV^c = \tau\left[\frac{M_s}{(1+\omega)^s} + \sum_{t=1}^{s}\frac{D_t}{(1+\omega)^t} - A_0\right] \quad (6.35)$$

ここで，A_0 は株式の取得価格，M_s は売却時 (s 期) における株式の市場価格，D_t は t 期における配当である．ω は税引き後安全利子率を表す．

SIT では，B_{t-1} を $t-1$ 期末の株式ベース，ωB_{t-1} を t 期の RRA として，次の 2 つのケースに分けられる．まず，$D_t \geq \omega B_{t-1}$ のケースでは未使用の RRA がなく株式ベースのステップアップがないので，全ての期間で $B_{t-1} = A_0$ となる．このため，税額の現在価値は

$$PDV^s = \tau\left[\frac{M_s - A_0}{(1+\omega)^s} + \sum_{t=1}^{s}\frac{D_t - \omega A_0}{(1+\omega)^t}\right] \quad (6.36)$$

となる．$M_s - A_0$ は，s 期末のキャピタルゲインを表す．(6.36) 式は計算すると (6.35) 式と同じになる．

次に，未使用の RRA が発生するケースを考えると，未使用の RRA は $\omega B_{t-1} - D_t$ となってこれが後年度の株式ベースに加えられるから，各期末の株式ベースは次のようになる．

0 期末の株式ベース：$B_0 = A_0$

1 期末の株式ベース：$B_1 = B_0 + (\omega B_0 - D_1) = (1+\omega)A_0 - D_1$

2 期末の株式ベース：$B_2 = B_1 + (\omega B_1 - D_2) = (1+\omega)^2 A_0 - (1+\omega)D_1 - D_2$

・・・

s 期末の株式ベース：$B_s = B_{s-1} + (\omega B_{s-1} - D_s)$
$$= (1+\omega)^s A_0 - (1+\omega)^{s-1}D_1 - (1+\omega)^{s-2}D_2 - \cdots - (1+\omega)D_{s-1} - D_s$$

各期の配当は RRA によって課税されないから，投資家が支払う税は株式売却時のキャピタルゲイン ($M_s - B_s$) に対する課税分のみとなる．よって，税額の現在価値は

$$PDV^s = \tau\left[\frac{M_s - B_s}{(1+\omega)^s}\right]$$

$$= \tau \left[\frac{M_s - ((1+\omega)^s A_0 - (1+\omega)^{s-1} D_1 - (1+\omega)^{s-2} D_2 - \cdots - (1+\omega) D_{s-1} - D_s)}{(1+\omega)^s} \right]$$

$$= \tau \left[\frac{M_s}{(1+\omega)^s} - A_0 + \sum_{t=1}^{s} \frac{D_t}{(1+\omega)^t} \right] \quad (6.37)$$

となる．これは (6.35) 式と同じである．つまり，SIT はキャッシュフロー税と税等価である．Sørensen (2005) によれば，SIT は不確実性下でも投資に対して中立的になる[22]．また，SIT は一定の条件の下で資産の保有期間に対しても中立的であるという望ましい性質もある (第 7 章)．

以上のように，2006 年以降のノルウェーの二元的所得税は株式投資の正常利潤に対しては法人段階で一度きり課税するものであるが，法人段階と個人段階の統合でみれば同様の効果は法人段階に ACE を，個人段階に資本所得税を導入することでも実現できる．両者の違いは，正常利潤に対する非課税措置を法人段階で行うか，それとも個人段階で行うかである．開放経済では，投資資金が海外から得られるため，法人段階での税負担軽減でなければ国内投資は活発化しない．開放経済の下で資金の国際的な移動を強く意識した経済運営を行うのであれば，SIT ではなく ACE の方が適切であるとの見方が出てきても不思議はない．

また，徴税コストについても SIT の方が ACE よりも高い．SIT は，各納税者が保有する各企業の株式に対して個別のアカウントがなければならず，また各株式の売買と配当の支払を税務当局が記録しなければならない．キャピタルゲインについても，伝統的なキャピタルゲイン税ではキャピタルゲインが実現するまで株式の取得価格が明らかにされなくてもよいのに対して，株主所得税では株式ベースが取得時に決められ，そのベースは未使用の RRA がある場合には毎年ステップアップされなければならない．このため，税務当局は SIT の方がより多くの情報を必要とする．

また，ノルウェーでは年末に株式を保有している人に RRA が割り振ら

---

22) これは，本章 4.2 節における Bond and Devereux (1995, 2003) の手法を用いて証明できる．

れるが，株式保有者のなかにはSITの非課税主体（年金基金，外国人株主など）が存在するため，ノルウェーの個人納税者は非課税投資家から年末までに株式を売ってもらい，年明けにその非課税投資家に同じ価格で売却することで税負担を軽減することができてしまう．こうした租税回避に対する厳しいルールが設けられなければならない．SITを実現するにはこうした実務的な煩雑さを避けることはできず，税務執行のためのインフラの整備が不可欠である．

ノルウェーでは，以上のようなSITの問題が認識されつつも，徴税システムの整備が進んでいることや税収不足への懸念があること等から法人段階のACEではなく，現行の法人税を維持しつつ個人段階でSITを導入することが選択された．ノルウェーでは2004年の初めから，株式登録がなされるようになり，税務当局が株式保有状況や株価を把握できるようになった．また，ノルウェー企業は外国人保有比率が高いことから，国民的な厚生の観点から法人段階で課税することによる租税輸出が正当化されやすいという事情もある．

これ以外にSITが支持される理由としては，SITではどこの国で法人税が課されたとしても個人段階では超過利潤に対する課税が行われるだけなので二重課税が避けられることがある．この点は，法人段階をACEにして個人段階の資本所得税を残す場合とは異なる．いずれの国で法人税がかけられたとしても，それとは無関係に個人段階で超過利潤のみに課税するという手法は，開放経済下の資本課税の1つのあり方を示しているのかもしれない．

6.3 二元的所得税の公平性

二元的所得税は，累進的な勤労所得税を残しつつも国際的な資本移動という現実に対応するため，総合課税（包括的所得税）から離れ，法人税率とともに資本所得税率を低く設定した税制である．二元的所得税は，その効率性が1つの特徴であることから理想的な所得課税と比べると垂直的公平性への配慮は相対的に小さい．実際に，北欧諸国では二元的所得税導入後

の90年代に個人の所得格差が広がった (OECD, 2011).

これに対して，北欧各国ではそれぞれの方法で二元的所得税下での効率性と公平性の両立が図られている．ノルウェーでは，SITが導入された2006年の税制改革において勤労所得の最高税率が引き下げられる一方で，持家の帰属家賃への課税軽減，富裕税増税等が行われた．その結果，2006年の税制改革全体として垂直的な不公平が減少した (Thoresen et al., 2011). スウェーデンとフィンランドでは，富裕税についてはそれぞれ2006年と2007年に廃止されたものの，前述のように勤労所得税率と個人段階の資本所得税率を近づけることで公平性への配慮がなされている．両国では現在法人税率が約20%であるのに対して資本所得税率が約30%であり，純粋な二元的所得税からは乖離している．法人税率が資本所得税率を下回ることで資金を企業内部に蓄積するインセンティブが生じるものの，フィンランドとスウェーデンではその弊害よりも公平性確保が優先されたと考えられる．

また，北欧諸国では所得格差は拡大傾向にあるが，OECD諸国のなかでみれば依然として格差の小さな国であることは変わらない．スウェーデンでは，所得格差の説明要因としては社会保障給付の変化の方が影響が大きいとされており，二元的所得税が格差拡大の主因とはみられていない (OECD, 2011)[23]．フィンランドでは，富裕層の資本所得増加が所得格差の拡大の主因とされており，それに勤労所得から資本所得への転換を生じさせる二元的所得税が関係しているとの見方がある (Riihelä, Sullström, Tuomala, 2010). しかし，フィンランドでしばしば指摘されるのは資本所得の計算に用いられる帰属利子率[24]の設定が市場利子率よりもはるかに高く設定されていることであり，これは二元的所得税そのものの問題というよりもその設計に関わる技術的な問題である．

ちなみに，日本では二元的所得税における資本所得税率の低さから同税

---

23) Palme (2006) は，1990年代以降の様々な政策はスウェーデンの再分配政策に根本的な変化をもたらさなかったと述べている．
24) 資本所得＝帰属利子率×純資産．

の不公平さを懸念する声も聞かれるが，2014年1月時点で日本の法人税率は国・地方合計で35％（復興特別法人税を除く），上場株式の配当・譲渡益の税率は20％である．日本では法人税率と資本所得税率の相対的な大きさがフィンランドやスウェーデンと逆であり，それはむしろ米国大統領税制改革諮問委員会（2005）の消費課税を基にした案（法人税率30％，配当・キャピタルゲイン税率15％）に近い[25]．法人税率と資本所得税率の相対的な関係についてみれば，日本はフィンランドやスウェーデンと比べるとはるかに資本所得税による再分配機能が弱いと言える．

　法人税率が高く資本所得税率が低いという日本の現状では，両者を中間で一致させる改革を進めることが可能である．すなわち，日本では二元的所得税に向かう改革と公平性確保を両立させることができる．また，日本では勤労所得と資本所得の通算が認められていないため，北欧諸国のような両者の通算を利用した租税回避の余地は少ない．これは，富裕層による負債を利用した租税回避を防ぐことができるという点で日本の税制の強みである．このため，日本で二元的所得税の導入を考える際には，租税回避の少なさなど日本の税制の利点を引き続き生かしつつ，法人税率と資本所得税率のバランスの見直しや金融所得一体課税の範囲の拡大など，日本の状況に応じた改革を進めることが重要である．

7. 経済のグローバル化に対応した法人税

　以上の議論は，開放経済における資本移動を念頭に置きながらも，源泉地主義の法人税の域を出ていない．開放経済における抜本的法人税改革案は，伝統的な法人税の中立性を超えて企業のグローバルな活動に対しても中立的でなければならない．具体的には，それらは企業立地と所得移転に対しても中立的である必要がある．これまでみてきた抜本的な法人税改革

---

[25] 現実の米国の税制も日本のそれに近い．米国は2002年まで総合課税であったが，2003年以降は二重課税を排除するために配当・キャピタルゲイン税率が大幅に引き下げられた．

第6章　抜本的な法人税改革案　　　　　　　　　　　　　　　　　　　199

案はいずれも源泉地主義の法人税であり，企業のグローバルな活動に対する中立性の観点からすれば，それらは現行の法人税の手直しに過ぎない．開放経済における抜本的な法人税改革案と言えるためには，源泉地主義の法人税そのものを見直す必要がある．

7.1　開放経済における抜本的な法人税改革案の分類

　開放経済における抜本的法人税改革案としては，居住地主義課税と仕向地主義課税が考えられる．ここでいう居住地主義は「純粋な」意味での居住地主義である．「純粋な」居住地主義では，自国企業への課税は外国から自国に送金された資金のみならず，海外で発生した全ての所得が対象になる．第2章でみたように，現在多くの国の国際課税制度では全世界課税方式であっても国外所得は国内に送金されるまでは課税されず，外国での課税繰延が可能である．これに対して，「純粋な」居住地主義課税は国外所得に対しても国内所得と同じように発生ベースで課税するものである．一方で，仕向地主義は通常は間接税の課税方式で用いられるものである．最終消費地で課税されるのが仕向地主義であり，生産地で課税される原産地主義と対比される．仕向地主義の法人税では，国内消費と関連する法人利潤のみが課税される．

　法人税の課税ベースによる分類としては，これまでと同様に①株式調達による利潤全体（正常利潤と超過利潤の合計），②株式調達による超過利潤，③株式調達と負債調達による利潤全体（正常利潤と超過利潤の合計）の3つに分けられる（表6-11）．この分類では，株式調達による超過利潤に課税するVAT型仕向地主義キャッシュフロー法人税が開放経済における法人税の6つの中立性（投資，資金調達，利潤の分配，組織形態，国際的な企業立地，国際的な所得移転）の全てを満たす．

7.2　居住地主義の法人税

　「純粋な」居住地主義の法人税は，概念としては源泉地主義のそれよりもはるかに経済のグローバル化に対応しやすい．これは，居住国は所得の

表6-11 国際課税主義と課税ベースの違いによる法人税の分類

	課税ベース		
	株式調達による利潤全体 (正常利潤+超過利潤)	株式調達による超過利潤	株式調達と負債調達 による利潤全体
居住者主義	居住者ベースの法人税 　⑤国際的な企業立地 　⑥国際的な所得移転 居住者ベースの株主課税 　②資金調達 　③利潤の分配 　④組織形態 　⑤国際的な企業立地 　⑥国際的な所得移転		
仕向地主義		VAT型仕向地主義キャッ シュフロー法人税 　①投資 　②資金調達 　③利潤の分配 　④組織形態 　⑤国際的な企業立地 　⑥国際的な所得移転	

(注) ①～⑥は，各法人税の下で成り立つ中立性を表す．
(資料) Devereux and Sørensen (2005) を加筆・修正．

発生国よりも特定しやすく，かつ課税ベースが利潤の発生場所に依存しないからである．

　居住国には，個人株主の居住国と法人の居住国という2つの基準が考えられる．まず，個人株主の居住地に基づく株主課税の場合，個人の居住地は特定しやすく，また個人は法人と比べて移動も少ないという利点がある．このケースでは，資本課税は企業段階ではなく個人段階で行われるため，株主の居住国さえ特定できれば，企業所得が世界のどこで発生しようと株主への課税額には影響しない．この課税方式の欠点の1つは，現実には各国政府が自国民に還元される世界中の法人所得を把握しようとしても，他国は管轄外であるため，世界中の税務当局の協力が必要なことである．自国株主が株式を持つ外国企業の情報を全て収集するには，多大なコ

第6章 抜本的な法人税改革案

ストがかかる．また，個人株主の流動性に関する問題もある．

　一方で，法人の居住国を基準とする居住地主義課税を行う場合は，自国の税務当局は多国籍企業の世界所得を把握するだけでよい．同課税は，個人株主の居住国に基づく課税と同様にどこで生まれた所得かを特定する必要がないため，投資先の選択に影響を及ぼさず，子会社間の所得移転を促すこともない．欠点は，企業は個人と比べて移動性が高いことである．また，Devereux and Sørensen (2005) が指摘するように，英国に持ち株会社を持つ多国籍企業があるとして，その企業が世界中で利益を計上しているものの，英国では活動しておらず，英国で商品販売もしておらず，株主も英国には住んでいないとき，英国の税務当局がこの企業に課税する根拠が薄弱であるという問題もある．

　以上より，「純粋な」居住地主義の法人税は，概念としては経済のグローバル化への対応力に優れていると考えられるものの，現実への適用性という観点からその導入は難しい．

7.3　仕向地主義の法人税

　そこで注目されるのが，仕向地主義の法人税である．日本を含む多くの国では仕向地主義の VAT が採用されており，輸出は課税されず，輸入は課税される．これと同様に，仕向地主義の法人税は輸出に伴う利潤には課税せず，輸入に伴う利潤に課税するものである．しかし，これを単純に実施しようとすると（輸入として）外国法人の所得にも課税しなければならない．自国政府の課税権は外国にまで及ばず，税務当局の国際的な協力も難しい．そこで，Auerbach, Devereux and Simpson (2010) は仕向地主義の法人税の課税ベースが VAT に似ていることに着目して，VAT と同様の手続きによる課税方法を提案している．これは，VAT 型仕向地主義キャッシュフロー法人税 (VAT-type destination-based cash flow tax) と呼ばれる[26]．

　同税の課税ベースは，次のように考えられる．まず，GDP の「所得面＝支出面」の恒等式から次式が成り立つ．

$$C = W + R - I - X + M \quad (6.38)$$

ここで，C は消費，W は賃金，R は資本所得，I は投資，X は輸出，M は輸入を表す．

(6.38) 式は，消費が賃金（勤労所得）と資本財購入を除く企業利潤（資本所得）の合計から純輸出を除いたものに等しいことを示している．VAT では (6.38) 式の右辺に課税し，それが左辺の消費に転嫁されることが想定されている．次に，国際収支の恒等式から次式が成り立つ．

$$(X - M + R^f) + (-I^f) = 0 \quad (6.39)$$

ここで，R^f は海外からの純所得，I^f は海外への純投資を表す．(6.38) 式と (6.39) 式より，次式が成り立つ．

$$C - W = (R - I) + (R^f - I^f) \quad (6.40)$$

(6.40) 式は，消費が賃金と国内資本から得られる純所得と海外の自国所有資本から得られる純所得の合計に等しいことを示している．仕向地主義のキャッシュフロー法人税は，(6.40) 式の右辺に課税するものである．国内資本から得られる純所得と海外の自国所有資本から得られる純所得が国内で消費される限り課税される．

(6.38) 式及び (6.40) 式から明らかなように，仕向地主義のキャッシュフロー法人税の課税ベースは，VAT の課税ベースから賃金を除いたものに等しい．このため，仕向地主義のキャッシュフロー法人税は VAT の課税方法を利用することができる．具体的には，課税ベースから控除されるのは国内中間財のみで輸入中間財は控除されないことにする．一方で，輸出から得られる利潤は課税免除とする．また，仕向地主義の VAT と同じ

---

26) VAT 型仕向地主義キャッシュフロー法人税の性質については，Bond and Devereux (2002)，Auerbach and Devereux (2011) を参照されたい．但し，異なる市場構造の下での理論分析などが十分に行われているわけではなく，特に同法人税の企業立地に対する影響については不明な部分も少なくない．同法人税に対する批判としては玉岡 (2009)，土居 (2011) がある．

ように輸出の際に国内中間財に支払った VAT が還付され，また労働コストも還付されるようにする．このため，全ての製品を輸出する企業は，労働コストの控除を反映して大きな負の課税となる．そうでなくても，労働コストを含むコスト全体が国内売上を上回れば，法人税収は負になる．これを相殺するのは輸入品への課税であり，税収はその年の貿易バランスに依存する．

Auerbach, Devereux and Simpson (2010) によれば，VAT 型仕向地主義キャッシュフロー法人税はその生産場所がどこであれ，国内市場での売上から生じる利潤に対して課税するため，国際的な企業立地に影響を及ぼさない．また，同法人税の下では，移転価格問題が解消される．移転価格問題は，国内企業が税率の低い海外子会社から通常よりも高い価格で製品を輸入して損金を拡大したり，逆に通常よりも低い価格で製品を海外子会社に輸出して国内所得を本来よりも小さくみせることから生じる．これに対して，VAT 型仕向地主義キャッシュフロー法人税の下では，輸入が一切控除されず，かつ海外売上から得られる利潤が課税ベースに含まれないため，こうした問題が発生しない．

VAT 型仕向地主義キャッシュフロー法人税の問題点としては，海外に帰属する超過利潤の問題がある．超過利潤が発生するとき，それが国内消費者によって消費される場合は課税されるものの，外国人消費者に帰属する場合は課税されない．このため，立地の特殊性から超過利潤が発生し，その製品の多くが輸出される場合，税務当局は大きな税収源を失う．また，課税ベースから輸出分が控除されるため，製品が本当に輸出されるか否かを監視する必要があるという実務上の問題もある．同様に，輸入による中間財調達は控除されず，国内からの中間財調達のみ控除されることから，中間財が本当に輸入ではなく国内から調達されたものかを監視する必要がある．

仕向地主義のキャッシュフロー法人税は，Bradford (2001, 2003, 2004) の X タックス (R ベース) でも提案され，X タックスを参考にした米国大統領税制改革諮問委員会の成長・投資税案にも取り入れられた．また，Auer-

bach, Devereux and Simpson（2010）は，RベースのみならずR+Fベースの
VAT型仕向地主義キャッシュフロー法人税も可能であると主張している．

　輸出に対して税制上の優遇措置を与える仕向地主義のキャッシュフロー
法人税は，GATT/WTO協定において輸出補助金と認定される可能性が高
いというハードルもあり，即座に現実に適用される見込みはない．しか
し，仕向地主義の法人税は経済のグローバル化に対応する改革案として概
念的な魅力は大きい．将来，国際的な資本移動や所得移転がより激しくな
れば，源泉地主義の法人税改革を超えて純粋な居住地主義や仕向地主義の
法人税に対する要請が強まる可能性はある．

7.4　開放経済における抜本的な法人税改革案の政策的含意

　マーリーズ報告（2011）は，Auerbach, Devereux and Simpson（2010）の提
案を受け入れず，源泉地主義のACEを提案した．その理由は複数考えら
れるが，最大の理由はマーリーズ報告のなかでも指摘されているように，
仕向地主義のキャッシュフロー法人税と同じ効果が通常のVAT率引き上
げと賃金税率引き下げによっても実現可能なことである．多くの問題を克
服しなければならない仕向地主義の法人税の実現を目指すよりも，VAT
増税と賃金税減税を同時に行うことで同様の効果を狙った方がはるかにコ
ストが低い．つまり，Auerbach, Devereux and Simpson（2010）のVAT型仕
向地主義のキャッシュフロー法人税の提案は，現実的な視点に置き換える
とVATの拡充を示唆するものとなる．また，マーリーズ報告（2011）で採
用されたACEも，その提案のなかでは税率を引き上げないことになって
いるから，暗にVATによる増収が示唆されていた．こうしたことから判
断すると，開放経済では仕向地主義課税が望ましく，それが現在VATに
よって行われているのであるからそれを拡充すべきであるというのがマー
リーズ報告（2011）とAuerbach, Devereux and Simpson（2010）から導かれる
共通の政策的含意と言えるのではないか．

　グローバル化における抜本的法人税改革を議論した末に消費税増税が提
案されるというのは政治的には受け入れられない結果かもしれないが，足

の速い資本を目の前に我々は冷静に税収確保と経済成長の両方を実現できる税制を考えなければならない．その意味で，VAT 拡充と源泉地主義の法人税の縮小という結論は自然な成り行きと言える．北欧では，以前から開放経済では足の速い資本に重課することができず，源泉地主義の法人税は難しいという基本的な認識があった．法人税収を維持するよりも税率を引き下げて経済を活性化し，一方で VAT によって税収を確保しつつ所得税・社会保障給付によって再分配を行うべきと考えられている．こうした認識は，近年における租税競争の激化を踏まえて他の欧州諸国でも強まっており，各国における二元的所得税の導入の提案につながっている．マーリーズ報告（2011）も，その提案が消費課税案であるという点では各国の二元的所得税の提案とは異なるものの，基本的にはそれと同様の認識を持っているものと推察される．

　マーリーズ報告（2011）がミード報告以来 30 年ぶりに抜本的な税制改革案を示すことを目的にしていることからすれば，同報告が仕向地主義の法人税など大胆な提案によって企業立地や所得移転という開放経済で生じる困難な問題に対して根本的な解決策を示さなかったことに不満を覚える向きもあるかもしれない（Devereux, 2012 等）．しかし，抜本的な法人税改革案の考え方を日本の税制に活かすという我々の現実的な要請からすれば，実務的に困難な改革案を追い求めるよりも，それが示唆するところを十分に汲み取った上で，二元的所得税や VAT の充実といった実現可能な改革を考えることが有益であろう．

補論6　ACEの実効税率

　Devereux and Griffith (2003) では，実際の投資と税務上の投資が区別されていなかった．その設定では，one-period perturbation において t 期に増加した資本ストックが $t+1$ 期に元に戻った後も税務上の減価償却が許されてしまう．この点が ACE の実効税率の計算には不適切となる．そこで，Klemm (2007) に従って Devereux-Griffith の実効税率を次のように書き換える．以下，内部留保（または株式調達）ケースのみを示す．まず，配当を決める式は，

$$D_t = (1-\tau) Q_t (K_{t-1}) + \tau \phi \left(K_{t-1}^T + I_t^T \right) + \tau (I_t - I_t^T) - I_t \quad (6\,\mathrm{A}.1)$$

となる．ここで，D は配当，τ は税率，Q は生産，K は実際の資本ストック，K^T は税務上の資本ストック，I は実際の投資，I^T は税務上の投資を表す．(6 A.1) 式は，①投資が時価と簿価に区別される点と②資本の時価と簿価の差が課税される点で Devereux-Griffith の定式化とは異なる．資本蓄積式は次のように表される．

$$K_t = (1-\delta)(K_{t-1} + I_t) \quad (6\,\mathrm{A}.2)$$

$$K_t^T = (1-\phi)\left(K_{t-1}^T + I_t^T \right) \quad (6\,\mathrm{A}.3)$$

ここで，δ は資本減耗率，ϕ は税務上の減価償却率を表す．Devereux-Griffith の定式化とは異なり，(6 A.2) 式には実際の投資が，(6 A.3) 式には税務上の投資が入る．ここで，再び t 期のみ 1 単位の投資が行われ，$t+1$ 期にその分だけ負の投資が行われる状況を考える（但し，インフレ率を π とする）．すなわち，

$$dI_t = 1, \quad dI_{t+1} = -(1-\delta)(1+\pi), \quad dI_{t+2} = 0$$

第6章 抜本的な法人税改革案

$$dI_t^T = 1, \ dI_{t+1}^T = -(1-\phi), \ dI_{t+2}^T = 0$$

を前提（税務上の投資はインフレを反映しないことに注意）として，実際の資本ストック，税務上の資本ストック，生産の動きを考えると，

$$dK_{t-1} = 0, \ dK_t = (1-\delta), \ dK_{t+1} = (1-\delta)^2 - (1-\delta)^2(1+\pi), \cdots$$

$$dK_{t-1}^T = 0, \ dK_t^T = (1-\phi), \ dK_{t+1}^T = 0$$

$$dQ_t = 0, \ dQ_{t+1} = p+\delta, \ dQ_{t+2} = 0$$

となる．このとき，配当の変化は，

$$dD_t = (1-\tau)Q_t(dK_{t-1}) + \tau\phi\left(dK_{t-1}^T + dI_t^T\right) + \tau(dI_t - dI_t^T) - dI_t = \tau\phi - 1$$

$$dD_{t+1} = (1-\tau)Q_{t+1}(dK_t) + \tau\phi\left(dK_t^T + dI_{t+1}^T\right) + \tau\left(dI_{t+1} - dI_{t+1}^T\right) - dI_{t+1}$$

$$= (1+\pi)(1+p)(1-\tau) + \tau(1-\phi)$$

$$dD_{t+s} = 0 \quad \forall s \geq 2$$

となる．よって，投資の NPV は次のように表される．

$$R_t^{RE} = dD_t + \frac{dD_{t+1}}{1+\rho} + \frac{dD_{t+2}}{(1+\rho)^2} + \frac{dD_{t+3}}{(1+\rho)^3} + \cdots$$

$$= -(1-\tau\phi) + \frac{(1+p)(1+\pi)(1-\tau) + \tau(1-\phi)}{1+\rho}$$

ここで，ρ は割引率を表す．$R_t^{RE} = 0$ より，限界利潤率は

$$p^{RE} = \frac{\rho(1-\tau\phi) - \pi(1-\tau)}{(1+\pi)(1-\tau)}$$

と計算される．

次に，ACE のケースを考える．配当と ACE の株主基金はそれぞれ

$$D_t = (1-\tau)Q_t(K_{t-1}) + \tau\phi\left(K_{t-1}^T + I_t^T\right) + \tau(I_t - I_t^T) + \tau\hat{i}E_{t-1} - I_t \quad (6\,A.4)$$

$$E_t = E_{t-1} + (1-\tau)\left[Q_t(K_{t-1}) - \phi\left(K_{t-1}^T + I_t^T\right) - (I_t - I_t^T)\right] + \tau\hat{i}E_{t-1} - D_t \quad (6\,A.5)$$

となる。ここで、E は期末の株主基金、$\hat{i}$ は帰属利子率を表す。(6 A.4) 式と (6 A.5) 式より、

$$E_t = E_{t-1} - \phi\left(K_{t-1}^T + I_t^T\right) + I_t^T \quad (6\,A.6)$$

が得られる。(6 A.6) 式を用いると、t 期のみ 1 単位の投資が行われ、$t+1$ 期にその分だけ負の投資が行われる状況では、

$$dE_{t-1} = 0$$

$$dE_t = (1-\phi)$$

$$dE_{t+s} = 0 \quad \forall s \geq 1$$

となり、これを用いて

$$dD_t = \tau\phi + \tau\hat{i}dE_{t-1} - 1$$

$$dD_{t+1} = (1+\pi)(1+p)(1-\tau) + \tau\hat{i}dE_t + \tau(1-\phi)$$

$$dD_{t+s} = \tau\hat{i}dE_{t+s-1} \quad \forall s \geq 2$$

となる。投資の NPV と限界利潤率は、

$$R_t^{RE} = -(1-\tau\phi) + \frac{(1+\pi)(1+p)(1-\tau) + \tau\hat{i}(1-\phi) + \tau(1-\phi)}{1+\rho}$$

$$\tilde{p}^{RE} = \frac{\tau\phi(i-\rho) - \tau(1+\hat{i} + (1+\pi)(r+\tau))}{(1+\pi)(1-\tau)}$$

となる。$\hat{i} = \rho$ すなわち帰属利子率が割引率に等しいとき、r を実質利子率として

第 6 章 抜本的な法人税改革案

$$\tilde{p}^{RE} = \frac{-\tau(1+\pi)(1+r)+(1+\pi)(r+\tau)}{(1+\pi)(1-\tau)} = r$$

となるから，EMTR がゼロであることがわかる $((\tilde{p}-r)/\tilde{p}=0)$．

第7章
ロックイン効果が生じないキャピタルゲイン税

1. はじめに

　株式のキャピタルゲインに対する課税は実現時に行われるため，投資家はキャピタルゲインの実現を将来に先延ばしすることで，税負担を実質的に軽減することができる．こうしたキャピタルゲイン税の投資家行動への影響は，ロックイン効果（凍結効果）として知られている．通常各国で採用されているキャピタルゲイン税では，キャピタルゲインの実現をできるだけ遅らせる一方，即座にキャピタルロスを実現させて損金を拡大させることが有利になる．こうした税制上の非対称性が，投資家の行動に影響を及ぼす．

　また，キャピタルゲイン税のロックイン効果は，第6章で論じた理想的な法人税を構築する上での障害になる．利潤の分配に対する中立性を確保するためには，配当に対する税率と内部留保を反映するキャピタルゲインに対する税率を同じに設定するだけでなく，ロックイン効果を排除して課税の繰延を防ぐ必要がある．このため，抜本的な法人税改革ではキャピタルゲイン税で生じる問題にも目を配る必要があるが，日本では抜本的な法人税改革案の議論が少ないことを反映してキャピタルゲイン税のロックイン効果についてあまり論じられることがない．ロックイン効果を回避できるキャピタルゲイン税案についても少なくとも1990年代半ば以降に提案されたものについては，その内容がほとんど知られていない．

　そこで，本章はキャピタルゲイン税においてロックイン効果が生じる理

由を明らかにするとともに，それを排除できるキャピタルゲイン税改革案について考察を加える．また，ロックイン効果を排除できるキャピタルゲイン税の現実への応用として注目されているノルウェーの SIT の性質についても検討を行う．

2. ロックイン効果が生じる理由

まず，通常のキャピタルゲイン税でロックイン効果が生じる理由を，数値例を用いてみてみよう（表7-1, 7-2）．第0期末に1000の資産を購入し，第1期末に資産価格が2倍になると仮定する．第1期末にキャピタルゲインを実現して第2期に安全運用するケースと，第2期末までキャピタルゲインの実現を先延ばしするケースのどちらが税制上有利になるかを比較する．キャピタルゲイン税率と利子所得税率をともに30%とし，税引き前安全利子率とキャピタルゲインの実現を先延ばしすることによる収益率（第2期における資産の税引き前収益率）をともに10%とする．

表7-1 第1期末にキャピタルゲインを実現するケース

	第0期末	第1期末	第2期末	税額合計
資産価格の推移	1000	2000	—	—
キャピタルゲイン	—	1000	—	—
税額（税率30%）	—	300	—	—
税引き後資産	—	1700	—	1819 (＝1700×1.07)

表7-2 第2期末にキャピタルゲインを実現するケース

	第0期末	第1期末	第2期末	税額合計
資産価格の推移	1000	2000	2200	—
キャピタルゲイン	—	—	1200	—
税額（税率30%）	—	—	360	—
税引き後資産	—	—	1840 (＝2200−360)	1840

第1期末にキャピタルゲインを実現するケース(表7-1)では,第1期末のキャピタルゲイン税額は300(=1000×0.3)で,税引き後資産は1700になる.第2期にはその資産は7%の税引き後安全利子率で運用されるため,最終的な税引き後資産は1819(=1700×1.07)になる.一方で,第2期末までキャピタルゲインの実現を遅らせる場合(表5-2)には,キャピタルゲインは1200(=2200−1000)となり,キャピタルゲイン税額は360(=1200×0.3),最終的な税引き後資産は1840となる.このケースでは,第1期末にキャピタルゲインを実現するケースよりも税制上有利になる.両ケースの税引き後資産の差は21(=1840−1819)であるが,これは第1期末にキャピタルゲインを実現した場合の税額300の安全運用益に等しい(300×0.07).

上記の数値例をより一般的な表現で示すと,次のようになる[1].第1期末にキャピタルゲインを実現するケースの第2期末の税引き後資産をW_1,第2期末にキャピタルゲインを実現するケースの第2期末の税引き後資産をW_2とする.第0期末の資産価格をP_0,キャピタルゲイン率をg,キャピタルゲイン税率及び利子所得税率をともにt,税引き前安全利子率をi,第2期における資産収益率をrとすれば,税引き後資産は(7.1)式及び(7.2)式のように表される.

$$W_1 = [1+(1-t)i] \cdot [1+(1-t)g]P_0$$

$$= (1+i)(1+g)P_0 - t\{g[1+(1-t)i]+(1+g)i\}P_0 \quad (7.1)$$

$$W_2 = (1+r)(1+g)P_0 - t\{(1+r)(1+g)P_0 - P_0\}$$

$$= (1+r)(1+g)P_0 - t\{g+(1+g)r\}P_0 \quad (7.2)$$

第1期末にキャピタルゲインを実現するケースでは,第1期末に$[1+(1-t)g]P_0$の税引き後のキャピタルゲインを得て,第2期には安全

---

1) Auerbach(1991)を参考にした.

運用によって $[1+(1-t)i]$ だけ資産が拡大する．このため，第 2 期末の税引き後資産は $[1+(1-t)i]\cdot[1+(1-t)g]P_0$ となり，(7.1) 式のように表される．一方で，第 2 期末にキャピタルゲインを実現するケースでは，資産価格が第 1 期には g だけ拡大し第 2 期には r だけ拡大するから，税引き前資産は $(1+r)(1+g)P_0$ となる．これからキャピタルゲイン税額 $t\{(1+r)(1+g)P_0-P_0\}$ を引くと，第 2 期末の税引き後資産は (7.2) 式のように表される．

(7.1) 式と (7.2) 式の比較より，$i=r$ (税引き前安全利子率＝第 2 期の資産収益率) のとき，両者の違いは第 1 期末の発生キャピタルゲインに対する税額に税引き後安全利子率が乗じられるか否かであることがわかる．第 2 期までキャピタルゲインの実現を遅らせると，第 1 期のキャピタルゲイン税額に税引き後安全利子率が乗じられない分だけ税制上有利になる ($W_1<W_2$)．つまり，通常のキャピタルゲイン税では，発生ベースのキャピタルゲイン税額が税引き後安全利子率を乗じて翌期に持ち越される仕組みがないことが，ロックイン効果を生じさせる理由と考えられる．

また，資産収益率 r が低下すると資産価格 W_2 も低下するため，$W_1 \leq W_2$ が成立するために最低限必要な収益率 r_{min} が存在し，次のように表される．

$$r_{min}=i-\frac{tg(1-t)i}{(1-t)(1+g)} \quad (7.3)$$

$r_{min}<r<i$ のとき，資産収益率が安全利子率を下回るにもかかわらず，投資家は保有資産を持ち続けることが有利になる．表 7-1，7-2 の数値例では，資産収益率が 8.5% に低下すれば，両ケースにおいて 2 期末の税引き後資産が 1819 で等しくなる．すなわち，資産収益率が安全利子率を下回ったとしても，それが 8.5% になるまでは資産を第 2 期まで保有する方が税制上の理由で有利になり，その分だけ投資家のポートフォリオ選択が歪められる．

3. 保有期間に対して中立的なキャピタルゲイン税

キャピタルゲイン税が投資家の資産保有期間に影響を及ぼさないことを保有期間に対する中立性（Holding Period Neutrality）が成り立つという．こうした中立性が成り立つ最も単純な課税方法は，発生ベースで捉えられたキャピタルゲインに対して課税することである．しかし，発生ベースのキャピタルゲインに対する毎期ごとの課税では，投資家が実際に収益を手にしていないにもかかわらず課税が行われるため，流動性の問題が生じる．このため，発生ベースのキャピタルゲイン税を導入することは現実的ではないと考えられている．そこで，キャピタルゲインに対して実現ベースで課税するものの，事後的に発生ベースのキャピタルゲインを捉えて，それに対して課税する方法が以前から提案されてきた（Vickrey, 1939）．

3.1 Vickrey 型のキャピタルゲイン税

Vickrey (1939) のキャピタルゲイン税は，キャピタルゲインの実現時に，発生ベースのキャピタルゲインを過去の資産価格データから特定し，それを現在価値で評価した額に課税するものである．キャピタルゲインの実現時を s 期末として，税額を T_s，資産価格を A_s，安全利子率を i，キャピタルゲイン税率と利子所得税率をともに t，s 期から $s+1$ 期の資産収益率を r_s とすれば，キャピタルゲイン税額は (7.4) 式のように表される．この方法では，事後的に計算される発生ベースのキャピタルゲインが税引き後安全利子率を用いて現在価値で評価されるため，課税繰り延べによる税制上のメリットが生じない．

$$T_s = t\{r_{s-1}A_{s-1} + [1+(1-t)i]r_{s-2}A_{s-2} + [1+(1-t)i]^2 r_{s-3}A_{s-3} + \cdots\} \quad (7.4)$$

表7-2（第2期末までキャピタルゲインの実現を先延ばしするケース）の数値例を用いて，Vickrey (1939) の課税方法を考えよう（表7-3）．第1期末と

表7-3 Vickery (1939) の方法の数値例

	第0期末	第1期末	第2期末	税額合計
資産価格の推移	1000	2000	2200	—
キャピタルゲイン	—	1000	200	—
税額（税率30%）	—	300	60	—
税額の現在価値（2期末で評価，税引き後利子率を利用）	—	321 (=300×1.07)	60	381
税引き後資産	—	—	—	1819 (=2200−381)

(注) キャピタルゲインは発生ベース．

第2期末における発生ベースのキャピタルゲインはそれぞれ1000と200になり，税額はそれぞれ300と60になる．第1期末のキャピタルゲイン税額を第2期末で評価すれば321 (=300×1.07) になるから，第1期と第2期の税額合計は381 (=321+60) になる．税引き後資産は1819 (=2200−381) となり，この結果は表7-1 (1期末にキャピタルゲインを実現するケース) と同じになる．

Vickrey (1939) の方法でキャピタルゲインに課税するためには，過去の資産価格を全て特定する必要がある．しかし，こうした時系列データを揃えることは非上場株式等の資産については容易ではない．そこで簡便法として，過去の資産収益率 (r_s) を一定として税額を計算する方法もある (ミード報告, 1978). すなわち，r_s の代わりに平均上昇率 ($g = \sqrt[s]{A_s/A_0} - 1$) を用いて $A_s = (1+g)A_{s-1}$ とする．このとき，(7.4) 式は次式のように表される．

$$T_s = t\left\{gA_{s-1} + [1+(1-t)i]gA_{s-2} + [1+(1-t)i]^2 gA_{s-3} + \cdots + [1+(1-t)i]^{s-1} gA_0\right\}$$

$$= \frac{tg}{1+g}\left[1 + \frac{1+(1-t)i}{1+g} + \left(\frac{1+(1-t)i}{1+g}\right)^2 + \cdots + \left(\frac{1+(1-t)i}{1+g}\right)^{s-1}\right]A_s$$

第7章 ロックイン効果が生じないキャピタルゲイン税

表7-4 ミード報告 (1978) の方法の数値例

	第0期末	第1期末	第2期末	税額合計
購入価格	1000	—	—	—
売却価格	—	—	2200	—
想定価格	1000	1483 (=2200/1.483)	2200	—
キャピタルゲイン	—	483	717	—
税額（税率30％）	—	145	215	—
税額の現在価値（2期末で評価，税引き後利子率を利用）	—	155 (=145×1.07)	215	370
税引き後資産	—	—	—	1830 (=2200−370)

$$= \frac{tg}{1+g} \left[\frac{1 - \left(\frac{1+(1-t)i}{1+g} \right)^s}{1 - \frac{1+(1-t)i}{1+g}} \right] A_s$$

ミード報告 (1978) の方法では，税額計算に必要なデータは（税率と税引き前安全利子率の他に）購入価格 (A_0)，売却価格 (A_s)，保有期間 (s) の3つに限られる．税務当局はこれらデータを用いた税率表を作成することで，納税者に対してキャピタルゲイン税率を提示することができる[2]．この課税方法を表7-2（第2期末までキャピタルゲインの実現を先延ばしするケース）の数値例で示すと，表7-4のようになる．事後的に計算される資産収益率は48.3％（$\sqrt{2200/1000}-1$）となり，第1期末と第2期末におけるキャピタルゲイン税額の現在価値はそれぞれ155と215，税額合計は370となる．税引き後収益は1830となり，表7-1の1期末にキャピタルゲインを実現するケースよりも大きくなる．つまり，このケースでは実際の資産収益率が用いられるVickrey (1939) の方法（表7-3）とは異なり，キャピタルゲイン実現を先延ばしすることによる収益が完全には払拭されない．一般

---

[2] 日本では，八田 (1988) が縦軸に保有期間，横軸に（売却益／購入価格）をとった税率表の作成を提案した．

に，資産収益率を一定にして計算するミード報告（1978）の方法では，簡便的に発生ベースのキャピタルゲインを特定することの代償として，保有期間の中立性が完全には成立しない．

以上のVickrey型のキャピタルゲイン税は，イタリアで実際に導入された経験がある．イタリアでは，1998年の税制改革において"Equalizer"と呼ばれるVickrey型のキャピタルゲイン税の導入が決められた．上場株式については購入価格やその後の株価の推移を容易に知ることができるためVickrey (1939) の方法が採用され，非上場株式については株価の推移を捉えることが難しいため過去の平均株価上昇率を用いるミード報告（1978）の方法が採用された[3]．上場株式については，キャピタルロスが生じた場合には安全利子率が乗じられず，また今期のキャピタルゲイン税額が前期までに蓄積されたキャピタルロスを超えない限りキャピタルロスが繰り越されることとされた．

この"Equalizer"制度は，導入前から議論が紛糾し，導入時期が大幅に遅れてしまった．この背景には，①"Equalizer"の導入手続きに不透明な部分があったこと，②"Equalizer"が「課税は実質的な支払い能力に基づいて行われるべき」との憲法の精神に反すること，③政治的なロビー活動による妨害等があったと言われている（Alworth, Arachi and Hamaui, 2003）．結局，"Equalizer"制度はその導入時期が2001年1月まで遅れた末，同年9月に早くも廃止された．"Equalizer"制度は，導入期間があまりに短かったことから実験的な成果を上げることもできなかった．Alworth, Arachi and Hamaui (2003) によれば，"Equalizer"はその機能が問題視されたというよりも，国民にその機能の正確な知識が浸透しなかったことが失敗の原因だったという．しかし，国民が"Equalizer"に対する正確な知識を持ったとしても，支払能力に基づかない課税が問題視されていたことを考えると，いずれにせよその導入には困難が伴ったものと推察される．

---

3) このほか，European Directive（UCITS）に基づいて規制されている外国ミューチュアルファンドから生じるキャピタルゲインについては，別途異なる措置が設けられた．

3.2 Retrospective Tax

Auerbach (1991) は，税制の目的がキャピタルゲイン税のロックイン効果を排除することだけが目的ならば，資産収益率を事後的に確定しなければならない Vickrey (1939) のアプローチは制約が強すぎると考えた[4]．Vickrey (1939) のアプローチは，税額の漸化式が (7.5) 式のように表されるが，これは保有期間に対する中立性が確保されるための必要条件ではない．

$$T_{s+1} = [1+(1-t)i]T_s + tr_s A_s \quad (7.5)$$

なぜなら，投資家がキャピタルゲインをどの時期に実現するかは，事後的な収益率ではなく，収益に対する事前的な判断（確率分布）に依存するはずだからである．裁定が働く資本市場では，キャピタルゲインの実現を来期まで先延ばしする場合の収益の確実性等価と今期にキャピタルゲインを実現して来期は安全運用する場合の収益が等しくなる．すなわち，$V(\cdot)$ をある期の不確実な収益を確実性等価に転換するオペレータとすれば，$V(A_{s+1}-T_{s+1})=[1+(1-t)i](A_s-T_s)$ が成り立つ．このとき，保有期間に対する中立性が確保されるための必要十分条件は次のように表される (Auerbach, 1991)．

$$V(T_{s+1}) = [1+(1-t)i]T_s + tiA_s \quad (7.6)$$

$V(r_s) = i$ であるから (7.5) 式はもちろん (7.6) 式を満たすが，(7.5) 式以外にも (7.6) 式を満たす課税方法がある．Auerbach (1991) は，そうした課税は唯一 (7.7) 式のように表されることを示した．

$$T_s = \left[1-\left(\frac{1+(1-t)i}{1+i}\right)^s\right]A_s \quad (7.7)$$

これが，retrospective tax と呼ばれるキャピタルゲイン税である．この課税方法の利点は，Vickrey (1939) の方法と比べて税額計算に必要な情報が

---

4) 以下の説明は，連続時間で表現している Auerbach (1991) ではなく，離散時間で表現している Auerbach and Bradford (2004) に従った．

表7-5 Retrospective Tax の数値例

	第0期末	第1期末	第2期末	税額合計
購入価格	1000			—
売却価格			2200	—
想定価格	1818 ($=2200/1.1^2$)	2000 ($=2200/1.1$)	2200	—
キャピタルゲイン		182	200	—
税額(税率30%)		55	60	—
税額の現在価値(2期末で評価,税引き後利子率を利用)		58 ($=55\times1.07$)	60	118
税引き後資産	—	—	—	2082 ($=2200-118$)

少ないことである.資産の購入時の価格や資産価格の経路は必要とされず,資産の売却価格と保有期間のみがわかればよい.

表7-2(第2期末までキャピタルゲインの実現を先延ばしするケース)の数値例を用いると,retrospective tax のキャピタルゲイン税額は表7-5のようになる.第2期末の資産価格は2200であるから,第0期末及び第1期末における資産の想定価格はそれぞれ1818($=2200/(1.1)^2$),2000($=2200/1.1$)となる.第1期末と第2期末におけるキャピタルゲイン税額は,現在価値で評価してそれぞれ58と60になる.税引き後資産は2082となり,表7-1~7-4と比べてかなり大きい.

このように,資産価格が短期間で大きく上昇するときに,retrospective tax の税額は現行のキャピタルゲイン税と比べてはるかに小さくなる.Retrospective tax は,資産の購入価格と売却価格から計算される通常のキャピタルゲイン税やVickrey型のキャピタルゲイン税とは課税方法が根本的に異なり,事後的なキャピタルゲインの多寡に応じて税額が決まるわけではない.このため,事後的な収益に対する課税に慣れた納税者にとっては不公平感が強いものになることが予想される.さらに,retrospective tax では資産価格が下落した場合には実際にキャピタルゲインが発生していないにもかかわらず課税されるという事態が発生する.こうした点を納税者が受け

第7章 ロックイン効果が生じないキャピタルゲイン税　　221

入れるかどうかが retrospective tax の最大の問題である[5]．

3.3　Bradford (1995) の方法

　Bradford (1995) は，retrospective tax を一般化して事後的なキャピタルゲインに対して課税する方法を考案した．Bradford (1995) の方法では，キャピタルゲイン基準時点 (gain reference date，以下 D 時点と表す) が設定され，購入価格と売却価格から計算される D 時点における2つの仮想的な資産価格の差が課税される．D 時点におけるキャピタルゲインにかかる税率 (gain tax rate) を g とすれば，キャピタルゲイン税額は次のように2段階に計算される (図7-1)[6]．購入価格を A_0，売却価格を A_s，安全利子率を i，(帰属利子に対する) 所得税率を t とする．

　第1段階として，購入時の資産価格と売却時の資産価格がともに D 時点で評価され，両者の差である帰属キャピタルゲインが税率 g で課税さ

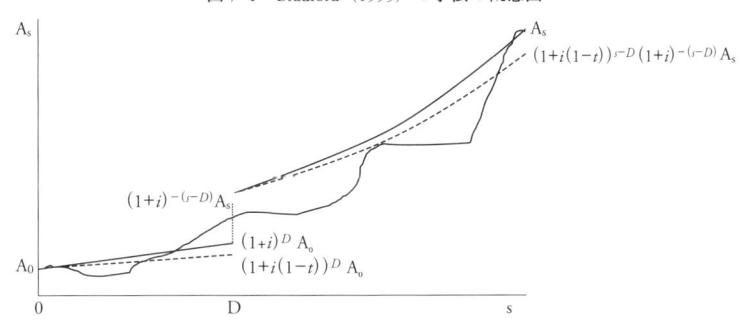

図7-1　Bradford (1995) の手法の概念図

A_s

$(1+i(1-t))^{s-D}(1+i)^{-(s-D)}A_s$

$(1+i)^{-(s-D)}A_s$

$(1+i)^D A_0$

$(1+i(1-t))^D A_0$

A_0

0　　　　　D　　　　　　　　　　s

---

5) オランダのボックス税制（ボックス3）では，キャピタルゲインに対するみなし課税が現実に機能している．ボックス3は純資産が1.2%（=4%のみなし収益×30%の税率）で課税される資産税であるが，オランダにはキャピタルゲイン税がないため，これをキャピタルゲインに対するみなし課税と解釈することができる．但し，オランダのボックス3は少なくとも形式的には資産税であり，このことがキャピタルゲインに対するみなし課税への批判を和らげているものと推察される．

6) ここでは $0 \leq D \leq s$ とするが，D が0と s の間になければならないわけではなく，D が事前に固定されていればよい．

れる．D 時点における帰属キャピタルゲインとは，購入価格 A_0 の資産を D 時点まで安全運用した場合の価格 $((1+i)^D A_0)$ と，売却価格 A_s を D 時点まで安全利子率で割り戻した場合の価格 $((1+i)^{-(s-D)} A_s)$ の差を表す．これを税引き後安全利子率を用いて s 時点で評価する．つまり，税額は次式のように表される．

$$g\left[(1+i)^{-(s-D)} A_s - (1+i)^D A_0\right](1+(1-t)i)^{s-D} \quad (7.8)$$

第 2 段階では，retrospective tax のように，0 時点（購入時点）から D 時点までの帰属利子に対する税額と，D 時点から s 時点（売却時点）までの帰属利子に対する税額が計算される．帰属利子とは，資産価値が 0 時点の A_0 から D 時点の $(1+i)^D A_0$ になることに伴う帰属利子と，資産価値が D 時点の $(1+i)^{-(s-D)} A_s$ から s 時点の A_s になることに伴う帰属利子を指す．税額は税引き後安全利子率を用いて s 時点で評価される（(7.9) 式）．

$$(1+(1-t)i)^{s-D}\left[(1+i)^D - (1+(1-t)i)^D\right] A_0$$

$$+\left[(1+i)^{s-D} - (1+(1-t)i)^{s-D}\right](1+i)^{-(s-D)} A_s \quad (7.9)$$

(7.8) 式と (7.9) 式より，2 つの税額を合計して最終的な税額が確定する ((7.10) 式)．

$$\left[1-(1-g)\left(\frac{1+(1-t)i}{1+i}\right)^{s-D}\right] A_s - (1+(1-t)i)^s\left[1-(1-g)\left(\frac{1+(1-t)i}{1+i}\right)^{-D}\right] A_0$$
$$(7.10)$$

(7.10) 式は，$D = g = 0$ のとき (7.7) 式の retrospective tax に等しくなる．この課税方法では，D 時点における 2 つの仮想的な資産価格が考えられるため，資産価格の経路は必要なく，購入価格 A_0 と売却価格 A_s しか用いられない．仮想的な価値の差異は税率を g として課税され，2 つの仮想的な価値の上昇に伴う帰属利子は税率 t で課税され，ともに s 時点で評価される．

表 7-6 Bradford (1995) の手法の数値例

	第 0 期末	第 1 期末(D 時点)	第 2 期末	税額合計
購入価格	1000			—
売却価格			2200	—
帰属キャピタルゲイン税額（税率30%）		①$\{2000(=2200/1.1) - 1100(=1000 \times 1.1)\} \times 0.3 = 270.$		—
帰属利子に対する税額（税率30%）		② 0期末〜D時点: $30(=(1.1-1.07) \times 1000)$	② D時点〜2期末: $60(=(1.1-1.07) \times 2000)$	—
税額の現在価値（2期末で評価，税引き後利子率を利用）		① $289(=270 \times 1.07)$ ② $32(=30 \times 1.07)$	② 60	381
税引き後資産	—	—	—	1819 $(=2200-381)$

表 7-2（第 2 期末までキャピタルゲインの実現を先延ばしするケース）の数値例を用いて，Bradford (1995) の課税方法を考えよう（表 7-6）．第 1 期末を D 時点（参照時点）とすれば，第 0 期末の資産と第 2 期末の資産を D 時点で評価した価格はそれぞれ 1100 と 2000 になるから，D 時点における帰属キャピタルゲイン税額は $270 \, (=(2000-1100) \times 0.3)$ となる．帰属利子に対する税額は，0 期末〜D 時点までは $30 \, (=(1.1-1.07) \times 1000)$，$D$ 時点から 2 期末までは $60 \, (=(1.1-1.07) \times 2000)$ となる．これらを第 2 期末で評価して合計すれば，キャピタルゲイン税額は 381 となり，キャピタルゲインの実現を先延ばしすることによるメリットが生じないことがわかる．

3.4 一般化されたキャッシュフロー税

Bradford (1995) の方法は，実現キャピタルゲインに課税するために購入価格と売却価格の双方を知らなければならず，売却価格さえわかれば税額計算ができる retrospective tax と比べて必要とされる情報量が多い．そこで，Auerbach and Bradford (2004) は (7.10) 式を 2 つに分けることで，資産の売却時まで購入価格を記録しておく必要のない課税方法を提案した．

(7.10) 式は，次のような 2 つのキャッシュフローに対する課税とみなすことができ，購入時と売却時におけるキャッシュフローに対する課税をお互いに無関係に行うことができる．

s 時点（売却時点）における税率：

$$\left[1-(1-g)\left(\frac{1+(1-t)i}{1+i}\right)^{s-D}\right]$$

0 時点（購入時点）における税率（控除）：

$$\left[1-(1-g)\left(\frac{1+(1-t)i}{1+i}\right)^{-D}\right]$$

Auerbach and Bradford (2004) は，上記の課税を v 時点のキャッシュフロー（正または負）に対する課税と捉え，一般化されたキャッシュフロー税 (generalized cash-flow taxation) と名づけた．キャピタルゲイン税率は次式のように表される．

$$\left[1-(1-g)\left(\frac{1+(1-t)i}{1+i}\right)^{v-D}\right] \quad (7.11)$$

表 7-6 と同じ数値例を用いて一般化されたキャッシュフロー税による課税を考えると，次のようになる（表 7-7）．(7.11) 式において $g=t=0.3$，D 時点は第 1 期末とする．まず，資産の購入時（0 期）には 1000 のキャッシュが流出するため，税還付が行われる．税還付額は 1000 に (7.11) 式から計算されるキャピタルゲイン税率 28％を乗じたもの (280) になり，2 期末で評価すると 321 になる．資産が売却される 2 期末のキャピタルゲイン税額は，売却価格に税率 31.9％を乗じて 702 になる．第 0～2 期の税額合計及び税引き後資産は，表 7-6 と同じになる．

Auerbach and Bradford (2004) によれば，一般化されたキャッシュフロー税は，資本所得に対する一律課税を可能とする唯一の課税方法である．こ

第7章 ロックイン効果が生じないキャピタルゲイン税

表7-7 一般化されたキャッシュフロー税の数値例

	第0期末	第1期末 (D時点)	2期末	税額合計
購入価格	1000			—
売却価格			2200	—
キャピタルゲイン税率 ((7.11)式より)	28%		31.9%	—
キャピタルゲイン税額	−280 (=−1000×0.28)		702 (=2200×0.319)	—
税額の現在価値(2期末で評価、税引き後利子率を利用)	−321 (=−280×1.07²)		702	381
税引き後資産	—	—	—	1819 (=2200−381)

(注) (11)式におけるgとtはともに30%とする。D時点は第1期末とする。

れは、次のように理解される。資産に対して利子所得税が課せられる場合、ある期に1円の投資を行うと、tを利子所得税率として、1年後の資産は$1+(1-t)i$になる。一方で、一般化されたキャッシュフロー税では現在をvとして現在のキャッシュフロー税率をf_vで表せば、キャッシュフロー税の還付によって$1/(1-f_v)$だけ投資でき、1年後の資産は$(1+i)/(1-f_v)$になる。1年後のキャッシュフロー税を考慮すれば、1年後の税引き後の資産は$(1-f_{v+1})\cdot[(1+i)/(1-f_v)]$となる。このため、(7.12)式が成り立てばキャッシュフロー税が通常の利子所得税と同じ結果をもたらすことになる。一般化されたキャッシュフロー税の(7.11)式は、こうした性質を満たす。

$$(1-f_{v+1})\frac{1+i}{1-f_v}-1+(1-t)i \quad (7.12)$$

但し、一般化されたキャッシュフロー税の現実への適用のハードルは高い。第1に、所得課税体系におけるキャピタルゲイン税を消費課税体系のキャッシュフロー税に転換しなければならない。第2に、資産の購入時に

は負のキャッシュフロー税がかかるため税を還付しなければならず，これに対する税務当局の強い抵抗が予想される．第3に，税収が極端に減少する可能性がある．D 時点を取引時点に設定すると，課税分と税還付分が同額となり税収はゼロである．D 時点を個人に割り振り，例えば D 時点を生年月日に設定すれば，高齢者が若年者に資産を売却する場合には政府はネットで税収を上げることができるが，その逆の取引では税収は負になる．このように，政府が税収をどの程度確保できるかについては不透明感が強い．

3.5 ノルウェーの株主所得税（SIT）

このようにロックイン効果が生じないキャピタルゲイン税には未だいくつかの課題が残されていると考えられるが，ノルウェーの株主所得税（SIT）では Bradford (1995) や Auerbach and Bradford (2004) の考え方が形を変えて現実に適用されている[7]．SIT は，正常収益が RRA によって課税ベースから控除される．また，ある年に未使用であった RRA が翌年に持ち越されるという仕組みがあり，これが SIT において保有期間に対する中立性が成り立つ理由とされている．

期末における株式ベースを B_t，期末における資産価格を M_t，税額を T_t，SIT 税率を τ，税引き後安全利子率 (=RRA) を ω とすれば，t 期の SIT 税額は (7.13) 式のように表される．キャピタルゲインの実現を $t+1$ 期に先延ばしした場合には，(7.14) 式のように未使用の RRA が $t+1$ 期に持ち越されて株式ベースが $(1+\omega)B_t$ に拡大する．

$$T_t = \tau[M_t - B_t] \quad (7.13)$$

$$T_{t+1} = \tau[M_{t+1} - B_{t+1}] = \tau[M_{t+1} - (1+\omega)B_t] \quad (7.14)$$

(7.13) 式と (7.14) 式から (7.15) 式が得られる．

---

7) Sørensen (2005) は，SIT を一般化されたキャッシュフロー税の特殊ケースと解釈している．

第7章 ロックイン効果が生じないキャピタルゲイン税

$$T_{t+1} = (1+\omega)T_t + \tau(r_t - \omega)M_t \quad (7.15)$$

ここで，r_t は t 期から $t+1$ 期にかけての資産収益率を表す．

$$r_t = \frac{M_{t+1} - M_t}{M_t}$$

(7.15) 式は，資産収益率が税引き後安全利子率に等しい ($r_t = \omega$) とき，SIT がキャピタルゲインの実現時期に対して中立的であることを示している．このことは，(7.15) 式を利用して「キャピタルゲインの実現を $t+1$ 期まで先延ばしするケース」の税引き後資産から「t 期にキャピタルゲインを実現して $t+1$ 期に安全運用するケース」の税引き後資産を引いた計算を行うことでより明確になる ((7.16) 式)．

$$M_{t+1} - T_{t+1} - (1+\omega)(M_t - T_t) = M_t(r_t - \omega)(1-\tau) \quad (7.16)$$

また，資産収益率と税引き後安全利子率が等しいとき，SIT に関してキャピタルゲイン実現の先送りが税制上のメリットがないことは次の数値例からも確認される（表7-8）．第1期末にキャピタルゲインを実現するケースでは，SIT の課税ベースは売買価格 2000 から株式ベース 1070（＝1000 ×1.07）を除いた 930 となる[8]．これより税額は 279，税引き後資産は 1721

表7-8 第1期末にキャピタルゲインを実現するケース

	第0期末	第1期末	第2期末	税額合計
購入価格	1000			―
売却価格		2000		―
株式ベース		1070 (＝1000×1.07)		
(参考)RRA(7%)		70 (＝1000×0.07)		
課税キャピタルゲイン		930 (＝2000-1070)		―
税額(税率30%)		279		
税引き後収益		1721(＝2000-279)	1841(＝1721×1.07)	

図表 7-9 第 2 期末にキャピタルゲインを実現するケース

	第 0 期末	第 1 期末	第 2 期末	税額合計
購入価格	1000			—
売却価格			2140 ($=2000 \times 1.07$)	—
株式ベース		1070 ($=1000 \times 1.07$)	1145 ($=1000 \times (1.07)^2$)	
(参考)RRA(7%)		70 ($=1000 \times 0.07$)	75 ($=1070 \times 0.07$)	
課税キャピタルゲイン			995 ($=2140-1145$)	—
税額(税率 30%)			299	
税引き後収益				1841($=2140-299$)

になる．これを第 2 期に安全運用すれば，最終的な税引き後資産は 1841 になる．

第 2 期にキャピタルゲインを実現するケースでは，第 1 期に使用されなかった RRA が第 2 期に持ち越されて株式ベースが 1145（$=1000 \times 1.07^2$）に拡大し（図表 7-9），SIT の課税ベースが 995（$=2140-1145$）になる[9]．税引き後資産は 1841 となり，第 1 期末にキャピタルゲインを実現するケースと同じになる．

しかし，資産収益率が安全利子率よりも大きい（$r_t > \omega$）のときは「キャピタルゲインの実現を $t+1$ 期まで先延ばしするケース」の方が税引き後資産が大きい．すなわち，資産収益率と税引き前安全利子率が等しいという通常用いられる仮定の下では $r_t > \omega$ となるため，SIT の下でも保有期間に対する中立性は確保されない．

(7.1) 式及び (7.2) 式と同様に，第 1 期にキャピタルゲインを実現した場合の税引き後資産（W_1）と第 2 期までキャピタルゲインの実現を先延ば

---

[8] 実現キャピタルゲイン 1000 から RRA 70 を除いたものに相当する．
[9] 実現キャピタルゲイン 1140 から第 1 期の RRA 70 と第 2 期の RRA 75 を除いたものに相当する．

第7章 ロックイン効果が生じないキャピタルゲイン税

ししした場合の税引き後資産 (W_2) を計算してみよう．SIT の下で各式はそれぞれ次のように表される．

$$W_1 = [1+(1-t)i] \cdot \{(1+g)-t[g-(1-t)i]\}P_0$$

$$= (1+i)(1+g)P_0 - t\{[g-(1-t)i] \cdot [1+(1-t)i]+(1+g)i\}P_0 \quad (7.17)$$

$$W_2 = (1+r)(1+g)P_0 - t\{(1+r)(1+g)-[1+(1-t)i]^2\}P_0$$

$$= (1+r)(1+g)P_0 - t\{[g-(1-t)i]+(1+g)r-(1-t)i[1+(1-t)i]\}P_0$$
$$(7.18)$$

前述のように，$r=i$（第 2 期の資産収益率＝税引き前安全利子率）のとき，通常のキャピタルゲイン税では発生ベースのキャピタルゲインに税引き後安全利子率が乗じられて翌期に持ち越される仕組みがないことから，第 2 期までキャピタルゲインの実現を先延ばしにすることが有利であった．SIT の場合，第 2 期までキャピタルゲインの実現を先延ばしにすることが有利になる理由は，①通常のキャピタルゲイン税と同様に第 1 期の発生キャピタルゲイン（但し，正常収益は RRA によって課税ベースから除かれる）に対する税額に税引き後安全利子率が乗じられないことと，②ステップアップにより第 2 期の株式ベースが拡大することである（$(1-t)i[1+(1-t)i]$ はその拡大係数部分）．前者の理由から生じるロックイン効果は，SIT の課税ベースが超過収益部分のみであることを反映して，通常のキャピタルゲイン税よりも小さい．一方で，SIT ではキャピタルゲインの実現を先延ばしした場合に，株式ベースのステップアップという新たなメリットが生じる．これによって，SIT の下ではロックイン効果が通常のキャピタルゲイン税よりも大きくなる．SIT の下で $W_1 = W_2$ が成り立つ収益率 ($r_{min, SIT}$) は税引き後安全利子率 $(1-t)i$ であるから，通常のキャピタルゲイン税の場合 (r_{min}, (7.3) 式) と比べて $r_{min, SIT} < r_{min}$ となることが容易に確かめられる（数値例では SIT の場合が 7%，通常のキャピタルゲイン税の場合が 8.5%）．

株式投資収益率と税引き後安全利子率が等しいとの仮定が妥当なのは，

RRAが完全に株式価値に資本化される場合である．完全競争の資本市場では投資家は超過利潤を得られず，かつSITでは正常利潤がRRAによって課税されないので，投資家にとっては株式投資において税引き後安全利子率と同じだけの利回りが確保されれば株式投資と安全運用が無差別になる．よって，RRAの完全な資本化が正当化される閉鎖経済ではこの仮定は妥当かもしれない．しかし，SITを開放経済におけるキャピタルゲイン税として位置づけるのであればRRAの完全な資本化は生じず，それゆえ株式投資収益率が税引き後の安全利子率に等しいという仮定も妥当ではない．Linde and Södersten (2011) は，ノルウェーが現実に開放経済に直面していることを理由に，SITが資産の保有期間に対して中立的ではないことを理論的な観点から指摘している．

　このように考えると，SITは資産の保有期間に対する中立性に関して必ずしも優れた性質を持っているとは言えない．特に，我々が直面している国際的な資本移動の激しい世界では，SITの下でもロックイン効果を排除することは容易ではないと考えられる．しかし，SITは一定の条件の下でロックイン効果が排除されるキャピタルゲイン税として興味深い性質を持っていることは確かである．それが現実にどの程度有益なものであるかについては，ノルウェーの経験に照らし合わせて今後慎重に判断されるべきであろう．

参考文献

Abbas, S. M. A., A. Klemm (2013), "A Partial Race to the Bottom: Corporate Tax Developments in Emerging and Developing Economies," *International Tax and Public Finance*, 20, pp. 596-617.

Aiyagari, S. R. (1995), "Optimal Capital Income Taxation with Incomplete Markets, Borrowing Constraints, and Constant Discounting," *Journal of Political Economy*, 103 (6), pp. 1158-1175.

Altig, D., A. J. Auerbach, L. J. Kotlikoff, K. A. Smetters and J. Walliser (2001), "Simulating Fundamental Tax Reform in the United States," *American Economic Review*, 91 (3), pp. 574-595.

Altshuler, R., and T. J. Goodspeed (2002), "Follow the Leader? Evidence on European and U.S. Tax Competition," Rutgers University Department of Economics Working Papers, 200226.

Altshuler, R. and H. Grubert (2006), "Governments and Multinational Corporations in the Race to the Bottom," *Tax Notes International*, February 6, pp. 459-474.

Alworth, J., G. Arachi, R. Hamaui (2003), "What's Come to Perfection Perishes: Adjusting Capital Gains Taxation in Italy," *National Tax Journal*, 56 (1), pp. 197-219.

Arulampalam, W., M. P. Devereux and G. Maffini (2012), "The Direct Incidence of Corporate Income Tax on Wages,"*European Economic Review*, 56, pp. 1038-1054.

Atkinson, A.B., and J.E. Stiglitz (1976), "The Design of Tax Structure: Direct Versus Indirect Taxation," *Journal of Public Economics*, 6, pp. 55-75.

Auerbach, A. J. (1979), "Wealth Maximization and the Cost of Capital," *Quarterly Journal of Economics*, 93 (3), pp. 433-446.

Auerbach, A. J., (1991), "Retrospective Capital Gains Taxation," *American Economic Review*, 81 (1), pp. 167-178.

Auerbach, A. J. (2002), "Taxation and Corporate Financial Policy," in A. J. Auerbach and M. Feldstein (eds.), *Handbook of Public Economics*, 3, North Holland, pp. 1251-1292.

Auerbach, A. J., and D. F. Bradford (2004), "Generalized Cash-Flow Taxation," *Journal of Public Economics*, 88, pp. 957-980.

Auerbach, A. J., and M. P. Devereux (2011), "Consumption and Cash-Flow Taxes In an International Setting," Oxford University Centre for Business Taxation Working Paper.

Auerbach, A. J., M. P. Devereux and H. Simpson (2010), "Taxing Corporate Income," in J. Mirrlees, S. Adam, T. Besley, R. Blundell, S. Bond, R. Chote, M. Gammie, P. Johnson, G. Myles and J. Poterba (eds.), *Dimensions of Tax Design: The Mirrlees Review*, Oxford University Press, pp. 837-893.

Auerbach, A. J., and K. A. Hassett (2002), "On the Marginal Source of Investment Funds," *Journal of Public Economics* 87, pp. 205-232.

Baldwin, R. and P. Krugman (2004), "Agglomeration, Integration and Tax Harmonization," *European Economic Review*, 48, pp. 1-23.

Bartelsman, E. J., and R. M. W. J. Beetsma (2003), "Why Pay More? Corporate Tax Avoidance through Transfer Pricing in OECD Countries," *Journal of Public Economics*, 87, pp. 2225-2252.

Becker, J. and C. Fuest (2010), "Taxing Foreign Profits with International Mergers and Acquisitions," *International Economic Review*, 50 (1), pp. 171-186.

Becker, J. and C. Fuest (2012), "Transfer Pricing Policy and the Intensity of Tax Rate Competition," *Economics Letters*, 117, pp. 146-148.

Besley, T. and A. Case (1995), "Incumbent Behavior: Vote-Seeking, Tax-setting, and Yardstick Competition," *American Economic Review*, 85 (1), pp. 25-45.

Boadway, R. and N. Bruce (1984), "A General Proposition on the Design of a Neutral Bushiness Tax," *Journal of Public Economics*, 24, pp. 231-239.

Boadway, R. and N. Bruce (1992), "Problems with Integrating Corporate and Personal Income Taxes in an Open Economy," *Journal of Public Economics*, 48, pp. 39-66.

Bond, S. R. (2000), "Levelling Up or Levelling Down? Some Reflections on the ACE and CBIT Proposals and the Future of the Corporate Tax Base," in S. Cnossen (ed.), *Taxing Capital Income in the European Union: Issues and Options for Reform*, Oxford University Press, pp. 161-179.

Bond, S. R. and M. P. Devereux (1995), "On the Design of a Neutral Business Tax under Uncertainty," *Journal of Public Economics*, 58, pp. 57-71.

Bond, S. R. and M. P. Devereux (2002), "Cash Flow Taxes in an Open Economy," CEPR Discussion Paper 3401.

Bond, S. R. and M. P. Devereux (2003), "Generalised R-Based and S-Based Taxes under Uncertainty," *Journal of Public Economics*, 87, pp. 1291-1311.

Bond, E. and L. Samuelson (1989), "Strategic Behaviour and the Rules for International Taxation of Capital," *Economic Journal*, 99 (398), pp. 1099-1111.

Bordignon, M., S. Giannini and P. Panteghini (2001), "Reforming Business Taxation: Lessons from Italy?" *International Tax and Public Finance*, 8, pp. 191-210.

Botman, D., A. Klemm and R. Baqir (2010), " Investment Incentives and Effective Tax Rates in the Philippines: A Comparison with Neighboring Countries," *Journal of the Asia Pacific Economy*, 15 (2), pp. 166-191.

Bradford, D. F. (1981), "The Incidence and Allocation Effects of a Tax on Corporate Distributions," *Journal of Public Economics*, 15, pp. 1-22.

Bradford, D. F. (1986), *Untangling the Income Tax*, Harvard University Press.

Bradford, D. F. (1995), "Fixing Realization Accounting: Symmetry, Consistency and Correctness in the Taxation of Financial Instruments," *Tax Law Review*, 50 (1), pp. 731-85.

Bradford, D. F. (1996), "Consumption Taxes: Some Fundamental Transition Issues," in M. Boskin (ed.), *Frontiers of Tax Reform*, Stanford, Hoover Institution Press, pp. 123-150.

Bradford, D. F. (1998), "Transition to and Tax Rate Flexibility in a Cash-Flow Type Tax," in J. Poterba (ed.), *Tax Policy and the Economy*, 12, MIT Press, pp. 151-172.

参考文献

Bradford, D. F. (2001), "Blueprint for International Tax Reform," *Brooklyn Journal of International Law*, 26 (4), pp. 1449-63.

Bradford, D. F. (2003), "Addressing the Transfer-Pricing Problem in an Origin-Basis X Tax," *International Tax and Public Finance*, 10, pp. 591-610.

Bradford, D. F. (2004), *The X-tax in the World Economy*, Washington : AEI Press.

Brueckner, J. K., (2003), "Strategic Interaction among Governments : An Overview of Empirical Studies," *International Regional Science Review*, 26 (2), pp.175-188

Bucovetsky, S. (1991), "Asymmetric Tax Competition," *Journal of Urban Economics* 30, pp. 167-181.

Buettner, T., M. Overesch, U. Schreiber and G. Wamser (2009), "Taxation and Capital Structure Choice-Evidence from a Panel of German Multinationals," *Economics Letters*, 105, pp. 309-311.

Buettner, T., M. Overesch, U. Schreiber and G. Wamser (2012), "The Impact of Thin-Capitalization Rules on the Capital Structure of Multinational Firms," *Journal of Public Economics*, 96, pp. 930-938.

Buettner, T. and G. Wamser (2007), "Intercompany Loans and Profit Shifting-Evidence from Company-Level Data," CESifo Working Paper 1959.

Chamley, C. (1986), "Optimal Taxation of Capital Income in General Equilibrium with Infinite Lives," *Econometrica*, 54 (3), pp. 607-622.

Christiansen, V. and M. Tuomala (2008), "On Taxing Capital Income with Income Shifting," *International Tax and Public Finance*, 15, pp. 527-545.

Clausing, K. A. (2003), "Tax-Motivated Transfer Pricing and US Intrafirm Trade Prices," *Journal of Public Economics*, 87, pp. 2207-2223.

Cnossen, S. (2000), "Taxing Capital Income in the Nordic Countries : A Model for the European Union?" in S. Cnossen (ed.), *Taxing Capital Income in the European Union : Issues and Options for Reform*, Oxford University Press, pp. 180-213.

Combes, P.-P., T. Mayer and J.-F. Thisse (2008), *Economic Geography : The Integration of Regions and Nations*, Princeton University Press.

Conesa, J. C., S. Kitao and D. Krueger (2009), "Taxing Capital? Not a Bad Idea after All!" *American Economic Review*, 99 (1), pp. 25-48.

Corlett, W. J. and D. C. Hague (1953), "Complementarity and the Excess Burden of Taxation," *Review of Economic Studies*, 21 (1), pp. 21-30.

Crabbé, K. and H. Vandenbussche (2009), "Are Your Firm's Taxes Set in Warsaw? Spatial Tax Competition in Europe," Centre for Economic Policy Research, Discussion Paper 7159.

Davies, R. B. and J. Voget (2008), "Tax Competition in an Expanding European Union," CEPR GIST Contract 211429.

De Mooij, R. A. and M. P. Devereux (2011), "An Applied Analysis of ACE and CBIT Reforms in the EU," *International Tax and Public Finance*, 18, pp. 93-120.

De Mooij, R. A. and S. Ederveen (2003), "Taxation and Foreign Direct Investment : A Synthesis of Empirical Research," *International Tax and Public Finance*, 10, pp. 673-693.

De Mooij, R. A. and S. Ederveen (2008), "Corporate Tax Elasticities: A Reader's Guide to Empirical Findings," *Oxford Review of Economic Policy*, 24 (4), pp. 680-697.

Depater, J. A. and G. M. Myers (1994), "Strategic Capital Tax Competition: A Pecuniary Externality and a Corrective Device," *Journal of Urban Economics*, 36, pp. 66-78.

Desai, M. A., C. F. Foley and J. R. Hines Jr. (2004), "A Multinational Perspective on Capital Structure Choice and Internal Capital Markets," *Journal of Finance*, 59 (6), pp. 2451-2487.

Desai, M. A., C. F. Foley and J. R. Hines Jr. (2005), "Foreign Direct Investment and the Domestic Capital Stock," *American Economic Review*, 95 (2), pp. 33-38.

Desai, M. A., C. F. Foley and J. R. Hines Jr. (2009), "Domestic Effects of the Foreign Activities of US Multinationals," *American Economic Journal: Economic Policy*, 1 (1), pp. 181-203.

Desai, M. A. and J. R. Hines Jr. (2003), "Evaluating International Tax Reform," *National Tax Journal*, 56 (3), pp. 487-502.

Desai, M. A. and J. R. Hines Jr. (2004), "Old Rules and New Realities: Corporate Tax Policy in a Global Setting," *National Tax Journal*, 57 (4), pp. 937-960.

Devereux, M. P. (1990), "Capital Export Neutrality, Capital Import Neutrality and Capital Ownership Neutrality and All That," IFS Working Paper.

Devereux, M. P. (2004), "Measuring Taxes on Income from Capital," in P. B. Sørensen (ed.), *Measuring the Tax Burden on Capital and Labor*, Cambridge, Massachusetts: MIT Press, pp. 35-71.

Devereux, M. P. (2007), "The Impact of Taxation on the Location of Capital, Firms and Profit: A Survey of Empirical Evidence," Oxford University Centre for Business Taxation Working Paper, WP 07/02.

Devereux, M. P. (2012), "Issues in the Design of Taxes on Corporate Profit," *National Tax Journal*, 65 (3), pp. 709-730.

Devereux, M. P., C. Elschner, D. Endres, and C. Spengel (2009), "Effective Tax Levels Using the Devereux/ Griffith Methodology," Intermediate Report for the European Commission, Center for European Economic Research (ZEW).

Devereux, M. P., C. Fuest and B. Lockwood (2013), "The Taxation of Foreign Profits: A Unified View," Oxford University Centre for Business Taxation Working Paper, WP 13/03.

Devereux, M. P. and R. Griffith (2003), "Evaluating Tax Policy for Location Decisions," *International Tax and Public Finance*, 10, pp. 107-126.

Devereux, M. P., R. Griffith and A. Klemm (2002), "Corporate Income Tax Reforms and International Tax Competition," *Economic Policy*, 17 (35), pp. 451-495.

Devereux, M. P. and A. Klemm (2004), "Measuring Taxes on Income from Capital: Evidence from the United Kingdom," in P. B. Sørensen (ed.), *Measuring the Tax Burden on Capital and Labor*, Cambridge, MIT Press, pp. 73-98.

Devereux, M. P., B. Lockwood and M. Redoano (2008), "Do Countries Compete Over Corporate Tax Rates?" *Journal of Public Economics*, 92, pp. 1210-1235.

Devereux, M. P. and P. B. Sørensen (2005), "The Corporate Income Tax: International Trends and Options for Fundamental Reform," EPRU-Analysis No. 24.

Dharmapala, D., C. F. Foley and K. J. Forbes (2011), "Watch What I Do, Not What I Say: The Unintended Consequences of the Homeland Investment Act," *Journal of Finance*, 66 (3), pp. 753-787.

Diamond, P. A. and J. A. Mirrlees (1971), "Optimal Taxation and Public Production I: Production Efficiency," *American Economic Review*, 61 (1), pp. 8-27.

Diamond, P. A. and J. A. Mirrlees (1978), "A Model of Social Insurance with Variable Retirement," *Journal of Public Economics*, 10, pp. 295-336.

Domer, E. D. and R. A. Musgrave (1944), "Proportional Income Taxation and Risk-Taking," *Quarterly Journal of Economics*, 58 (3), pp. 388-422.

Egger, P., S. Loretz, M. Pfaffermayr and H. Winner (2009), "Firm-Specific Forward-looking Effective Tax Rates," *International Tax Public Finance*, 16, pp. 850-870.

Erosa, A. and M. Gervais (2002), "Optimal Taxation in Life-Cycle Economies," *Journal of Economic Theory*, 105, pp. 338-369.

European Commission (1998), *EU Code of Conduct for Business Taxation*. ⟨http://ec.europa.eu/taxation_customs/taxation/company_tax/harmful_tax_practices/#code_conduct⟩.

Fane, G (1987), "Neutral Taxation under Uncertainty," *Journal of Public Economics*, 33, pp. 95-105.

Feldstein, M. (1983), "Domestic Saving and International Capital Movements in the Long Run and the Short Run," *European Economic Review*, 21, pp. 129-151.

Feldstein, M. (1994), "Tax Policy and International Capital Flows," NBER Working Paper No. 4851.

Feldstein, M. (1995), "The Effects of Outbound Foreign Direct Investment on the Domestic Capital Stock," in M. Feldstein, J. R. Hines, Jr. and R. G. Hubbard (eds.), *The Effects of Taxation on Multinational Corporations*, Chicago: University of Chicago Press, pp. 43-63.

Feldstein, M. and P. Bacchetta (1991), "National Saving and International Investment," in D. B. Bernheim and J. B. Shoven (eds.), *National Saving and Economic Performance*, Chicago: University of Chicago Press.

Feldstein, M. and D. Hartman (1979), "The Optimal Taxation of Foreign Source Investment Income," *Quarterly Journal of Economics*, 93 (4), pp. 613-629.

Feldstein, M. and C. Horioka (1980), "Domestic Saving and International Capital Flows," *Economic Journal*, 90 (358), pp. 314-329.

Felix, R. A. (2007), "Passing the Burden: Corporate Tax Incidence in Open Economies," Federal Reserve Bank of Kansas City Working Paper 07-01.

Felix, R. A. and J. R. Hines Jr. (2009), "Corporate Taxes and Union Wages in the United States," NBER Working Paper 15263.

Findlay, C. C. (1986), "Optimal Taxation of International Income Flows," *Economic Record*, pp. 208-214.

Fletcher, K. (2002), "Tax Incentives in Cambodia, Lao PDR, and Vietnam," Document prepared for the IMF Conference on Foreign Direct Investment : Opportunities and Challenges for Cambodia, Lao PDR and Vietnam, August 16-17, 2002.

Fuest, C., S. Hebous and N. Riedel (2011), "International Debt Shifting and Multinational Firms in Developing Economies," *Economics Letters*, 113, pp. 135-138.

Fuest, C. and T. Hemmelgarn (2005), "Corporate Tax Policy, Foreign Firm Ownership and Thin Capitalization," *Regional Science and Urban Economics*, 35, pp. 508-526.

Fuest, C., B. Huber and J. Mintz (2005), "Capital Mobility and Tax Competition," *Foundations and Trends in Microeconomics*, 1 (1), pp. 1-62.

Fuest, C., A. Peichl and S. Siegloch (2013), "Do Higher Corporate Taxes Reduce Wages? Micro Evidence from Germany," CESifo Working Paper 4247.

Gerard, M. (2006 a), "Belgium Moves to Dual Allowance for Corporate Equity," *European Taxation*, pp. 156-162.

Gerard, M. (2006 b), "A Closer Look at Belgium's National Interest Deduction," *Tax Notes International*, February 6, pp. 449-453.

Golosov, M., N. Kocherlakota, and A. Tsyvinski (2003), "Optimal Indirect and Capital Taxation," *Review of Economic Studies*, 70 (3), pp. 569-587.

Golosov, M., A. Tsyvinski, and I. Werning (2007), "New Dynamic Public Finance : A User's Guide" in D. Acemoglu, K. Rogoff and M. Woodford (eds.), *NBER Macroeconomics Annual 2006*, MIT Press, pp. 317-388.

Gordon, R. H. (1986), "Taxation of Investment and Savings in a World Economy," *American Economic Review*, 76 (5), pp. 1086-1102.

Gordon, R. H., L. Kalambokidis and J. Slemrod (2004), "A New Summary Measure of the Effective Tax Rate on Investment" in P. B. Sørensen (ed.), *Measuring the Tax Burden on Capital and Labor*, Cambridge, MIT Press, pp.99-128.

Grubert, H. (2004), "The Tax Burden on Cross-border Investment : Company Strategies and Country Responses,"in P. B. Sørensen (ed.), *Measuring the Tax Burden on Capital and Labor*, MIT Press, pp. 129-170.

Grubert, H. and J. Mutti (1995), "Taxing Multinationals in a World with Portfolio Flows and R&D : Is Capital Export Neutrality Obsolete?" *International Tax and Public Finance*, 2, pp. 439-457.

Grubert, H. and J. Mutti (2001), *Taxing International Business Income : Dividend Exemption Versus the Current System*, AEI Press.

Hall, R. E. and A. Rabushka (1983), *Low Tax, Simple Tax, Flat Tax*, McGraw-Hill.

Hall, R. E. and A. Rabushka (1985), *The Flat Tax*, Hoover Institution Press.

Hall, R. E. and A. Rabushka (1995), *The Flat Tax, 2nd edition*, Hoover Institution Press.

Hall, R. E. and D. W. Jorgenson (1967), "Tax Policy and Investment Behavior," *American Economic Review*, 57 (3), pp. 391-414.

Hamada, K. (1966), "Strategic Aspects of Taxation on Foreign Investment Income," *Quarterly Journal of Economics*, 80 (3), pp. 361-375.

Hartman, D. G. (1985), "Tax Policy and Foreign Direct Investment," *Journal of Public*

Economics, 26, pp. 107-121.
Hassett, K. A. and A. Mathur (2006), "Taxes and Wages," AEI Working Paper No. 128.
Haufler, A. (2001), *Taxation in a Global Economy*, Cambridge: Cambridge University Press.
Haufler, A. and G. Schjelderup (2000), "Corporate Tax Systems and Cross Country Profit Shifting," *Oxford Economic Papers*, 52, pp. 306-325.
Haufler, A. and I. Wooton (1999), "Country Size and Tax Competition for Foreign Direct Investment," *Journal of Public Economics*, 71, pp. 121-139.
Hong, Q. and M. Smart (2010), "In Praise of Tax Havens: International Tax Planning and Foreign Direct Investment," *European Economic Review*, 54, pp.82-95.
Horst, T. (1980), "A Note on the Optimal Taxation of International Investment Income," *Quarterly Journal of Economics*, 94 (4), pp. 793-798.
Horstmann, I. J. and J. R. Markusen (1992), "Endogenous Market Structures in International Trade," *Journal of International Economics*, 32, pp. 109-129.
Hoyt, W. H. (1991), "Property Taxation, Nash Equilibrium and Market Power," *Journal of Urban Economics*, 30, pp. 123-131.
Hubbard, R. G. and K. L. Judd (1986), "Liquidity Constraints, Fiscal Policy, and Consumption," *Brookings Papers on Economic Activity*, 1986 (1), pp. 1-59.
Huizinga, H. and G. Nicode'me (2006), "Foreign Ownership and Corporate Income Taxation: An Empirical Evaluation," *European Economic Review*, 50, pp. 1223-1244.
Huizinga, H. and S. B. Nielsen (1997), "Capital Income and Profit Taxation with Foreign Ownership of Firms," *Journal of International Economics*, 42, pp. 149-165.
Huizinga, H. and S. B. Nielsen (2002), "The Coordination of Capital Income and Profit Taxation with Cross-Ownership of Firms," *Regional Science and Urban Economics*, 32, pp. 1-26.
Institute for Fiscal Studies (1991), *Equity for Companies: A Corporation Tax for the 1990s*, Commentary 26, London. Institute for Fiscal Studies 〈http://www.ifs.orguk/publications/1914〉.
Janeba, E. (1995) "Corporate Income Tax Competition, Double Taxation Treaties, and Foreign Direct Investment," *Journal of Public Economics*, 56, pp. 311-325.
Janeba, E. and M. Smart (2003), "Is Targeted Tax Competition Less Harmful than its Remedies?" *International Tax and Public Finance*, 10, pp. 259-280.
Jorgenson, D. W. (1963), "Capital Theory and Investment Behavior," *American Economic Review*, 53 (2), pp. 247-259.
Judd, K. L. (1985), "Redistributive Taxation in a Simple Perfect Foresight Model," *Journal of Public Economics*, 28, pp. 59-83.
Keen, M. (2001), "Preferential Regimes Can Make Tax Competition Less Harmful,"
National Tax Journal, 54, pp. 757-762.
Keen, M. and J. King (2002), "The Croatian Profit Tax: An ACE in Practice," *Fiscal Studies*, 23 (3), pp. 401-418.
Keen, M. and M. Mansour (2010), "Revenue Mobilisation in Sub-Saharan Africa: Chal-

lenges from Globalisation II-Corporate Taxation," *Development Policy Review*, 28 (5), pp. 573-596.

Keen, M. and H. Piekkola (1997), "Simple Rules for the Optimal Taxation of International Capital Income," *Scandinavian Journal of Economics*, 99 (3), pp. 447-461.

Keen, M. and A. Simone (2004), "Is Tax Competition Harming Developing Countries More Than Developed?" *Tax Notes International*, June 28, pp.1317-1325.

Keen, M. and D. Wildasin (2004), "Pareto-Efficient International Taxation," *American Economic Review*, 94 (1), pp. 259-275.

King, M. A. (1974), "Taxation and the Cost of Capital," *Review of Economic Studies*, 41 (1), pp. 21-35.

King, M. A. (1977), *Public Policy and the Corporation*, Chapman and Hall.

King, M. A. (1987), "The Cash Flow Corporate Income Tax," M. Feldstein (ed.), *The Effects of Taxation on Capital Accumulation*, Chicago University Press, pp. 377-400.

King, M. A. and D. Fullerton (1984), *The Taxation of Income from Capital: A Comparative Study of the United States, the United Kingdom, Sweden, and West Germany*, Chicago University Press.

Kleinbard, E. D. (2007), "Designing an Income Tax on Capital," in H. J. Aaron, L. E. Burman, and C. E. Steuerle (eds.), *Taxing Capital Income*, Urban Institute Press, pp. 165-205.

Klemm, A. (2007), "Allowances for Corporate Equity in Practice," *CESifo Economic Studies*, 53 (2), pp. 229-262.

Klemm, A. (2010), "Causes, Benefits, and Risks of Business Tax Incentives," *International Tax and Public Finance*, 17, pp. 315-336.

Klemm, A. (2012), "Effective Average Tax Rates for Permanent Investment," *Journal of Economic and Social Measurement*, 37, pp. 253-264.

Klemm, A. and S. Van Parys (2012), "Empirical Evidence on the Effects of Tax Incentives," *International Tax and Public Finance*, 19, pp. 393-423.

Kocherlakota, N. (2005), "Zero Expected Wealth Taxes: A Mirrlees Approach to Dynamic Optimal Taxation," *Econometrica*, 73 (5), pp. 1587-1621.

Kocherlakota, N. (2010), *New Dynamic Public Finance*, Princeton and Oxford: Princeton University Press.

Lindhe, T. and J. Södersten (2011), "The Norwegian Shareholder Tax Reconsidered," *International Tax and Public Finance*, 19, pp. 424-441.

Liu, L. and R. Altshuler (2011), "Measuring the Burden of the Corporate Income Tax under Imperfect Competition," Oxford University Centre for Business Taxation Working Paper, WP 11/50.

Meade, J. (1978), *The Structure and Reform of Direct Taxation, Report of a Committee chaired by Professor J. E. Meade for the Institute for Fiscal Studies*, Allen and Unwin.（ミード報告）.

Mintz, J. (1990), "Corporate Tax Holidays and Investment," *World Bank Economic Review*, 4 (1), pp. 81-102.

Mintz, J. and A. J. Weichenrieder (2005), "Taxation and the Financial Structure of German Outbound FDI," CESifo Working Paper 1612.

Mirrlees, J. A. (1971), "An Exploration in the Theory of Optimum Income Taxation," *Review of Economic Studies*, 38 (2), pp. 175-208.

Mirrlees, J., S. Adam, T. Besley, R. Blundell, S. Bond, R. Chote, M. Gammie, P. Johnson, G. Myles and J. Poterba (2010), *Dimensions of Tax Design : The Mirrlees Review*, Oxford University Press.（マーリーズ報告，論文集）

Mirrlees, J., S. Adam, T. Besley, R. Blundell, S. Bond, R. Chote, M. Gammie, P. Johnson, G. Myles and J. Poterba (2011), *Tax by Design : The Mirrlees Review*, Oxford University Press.（マーリーズ報告，提言）

Modigliani, F. and M. H. Miller (1958), "The Cost of Capital, Corporation Finance and the Theory of Investment," *American Economic Review*, 48 (3), pp. 261-297.

Mullins, P. (2006), "Moving to Territoriality? Implications for The U.S. and the Rest of the World," *Tax Notes International*, September 4, pp. 839-53.

Nielsen, S. Bo and P. B. Sørensen (1997), "On the optimality of the Nordic System of Dual Income Taxation," *Journal of Public Economics*, 63, pp. 311-329.

Organisation for Economic Co-operation and Development (1998), *Harmful Tax Competition : An Emerging Global Issue*, OECD.

Organisation for Economic Co-operation and Development (2007), *Fundamental Reform of Corporate Income Tax, Policy Studies 16*, OECD.

Organisation for Economic Co-operation and Development (2011), *Divided We Stand : Why Inequality Keeps Rising*, OECD.

Overesch, M. and J. Rincke (2011), "What Drives Corporate Tax Rates Down? A Reassessment of Globalization, Tax Competition, and Dynamic Adjustment to Shocks," *Scandinavian Journal of Economics*, 113 (3), pp. 579-602.

Palme, J. (2006), "Income Distribution in Sweden," *Japanese Journal of Social Security Policy*, 5 (1), pp. 16-26.

Peralta, S., X. Wauthy, T. van Ypersele (2006), "Should Countries Control International Profit Shifting?" *Journal of International Economics*, 68, pp. 24-37.

Princen, S. (2012), "Taxes do Affect Corporate Financing Decisions : The Case of Belgian ACE," CESifo Working Paper 3713.

Razin, A. and E. Sadka (1991), "International Tax Competition and Gains from Tax Harmonization," *Economics Letters*, 37, pp. 69-76.

Richman, P. B. (1963), *Taxation of Foreign Investment Income : An Economic Analysts*, John Hopkins Press.

Riihelä, M., R. Sullström and M. Tuomala (2010), "Trends in Top Income Shares in Finland 1996-2007," Research Reports 157, Government Institute for Economic Research.

Rose, M. and R. Wiswesser (1998), "Tax Reform in Transition Economies : Experiences for the Croatian Tax Reform Process of the 1990 s," in P. B. Sørensen (ed.), *public Finance in a Changing World*, Macmillan Press, pp. 257-278.

Saez, E. (2002), "The Desirability of Commodity Taxation under Non-Linear Income

Taxation and Heterogeneous Tastes," *Journal of Public Economics*, 83, pp. 217-230.

Sandmo, A. (1979), "A Note on the Neutrality of the Cash Flow Corporation Tax," *Economics Letters*, 4, pp. 173-176.

Scharf, K. A. (2001), "International Capital Tax Evasion and the Foreign Tax Credit Puzzle," *Canadian Journal of Economics*, 34 (2), pp. 465-480.

Seidman, L. (1997), *The USA Tax*, MIT Press.

Silberztein, C. (2009), "Transfer Pricing: A Challenge for Developing Countries," OECD Observer No. 276-277.

Simons, H. C. (1938), *personal Income Taxation: The Definition of Income as a Problem of Fiscal Policy*, Chicago University Press.

Slemrod, J. and J. D. Wilson (2009), "Tax Competition with Parasitic Tax Havens," *Journal of Public Economics*, 93, pp. 1261-1270.

Smart, M. (2011), "Repatriation Taxes and Foreign Direct Investment: Evidence from Tax Treaties," mimeo.

Sørensen, P.B. (1998), (ed.) *Tax Policy in the Nordic Countries*, Macmillan Press. (馬場義久監訳 (2001)「北欧諸国の租税政策」日本証券経済研究所)

Sørensen, P. B. (2004), "Measuring Taxes on Capital and Labor: An Overview of Methods and Issues," in P. B. Sørensen (ed.), *Measuring the Tax Burden on Capital and Labor*, Cambridge, MIT Press, pp. 1-33.

Sørensen, P. B. (2005), "Neutral Taxation of Shareholder Income," *International Tax and Public Finance*, 12, pp. 777-801.

Sørensen, P. B. (2007), "Can Capital Income Taxes Survive?And Should They?" *CESifo Economic Studies*, 53, pp. 172-228.

Squalli, J. and K. Wilson (2006), "A New Approach to Measuring Trade Openness," Economic Policy Research Unit, Working Paper 06-07.

Stiglitz, J. E. (1969), "The Effects of Income, Wealth, and Capital Gains Taxation on Risk-Taking," *Quarterly Journal of Economics*, 83 (2), pp. 263-283.

Summers, H. L., (1981), "Taxation and Corporate Investment: A q-Theory Approach," *Brookings Papers on Economic Activity*, 12 (1), pp. 67-140.

Suzuki, M. (2014), "Corporate Effective Tax Rates in Asian Countries," *Japan and the World Economy*, 29, pp. 1-17.

Thoresen, T. O., E. E. Bø, E. Fjærli and E. Halvorsen (2011), "Evaluating the Redistributional Effects of Tax Policy Changes: with an Application to the 2006 Norwegian Tax Reform," Statistics Norway Discussion Papers 648.

U.S. Department of the Treasury (1992), *Integration of the Individual and Corporate Tax Systems: Taxing Business Income Once*, Government Printing Office. (米国財務省)

U.S. Department of the Treasury (2007), Treasury Conference on Business Taxation and Global Competitiveness, Background Paper, US Department of the Treasury. (米国財務省)

U.S. Joint Committee on Taxation (2005), Options to Improve Tax Compliance and Reform Tax Expenditures, JCS-2-05. (米国両院税制委員会)

参考文献

U.S. Joint Committee on Taxation (2006), The Impact of International Tax Reform: Background and Selected Issues relating to U.S. International Tax Rules and the Competitiveness of U.S. Business, JCX-22-06.（米国両院税制委員会）

U.S. President's Advisory Panel on Federal Tax Reform (2005), *Simple, Fair, and Pro-Growth: Proposals to Fix America's Tax System*, Government Printing Office.（米国大統領税制改革諮問委員会）

Vickrey, W. (1939), "Averaging of Income for Income-Tax Purposes," *Journal of Political Economy*, 47 (3), pp. 379-397.

Wildasin, D. E., (1989), "Interjurisdictional Capital Mobility: Fiscal Externality and a Corrective Subsidy," *Journal of Urban Economics*, 25, pp. 193-212.

Wilson, J. D. (1986), "A Theory of Interregional Tax Competition," *Journal of Urban Economics*, 19, pp. 296-315.

Wilson, J. D. (1991 a), "Theories of Tax Competition," *National Tax Journal*, 52 (2), pp. 269-304.

Wilson, J. D. (1991 b), "Tax Competition with Interregional Differences in Factor Endowments," *Regional Science and Urban Economics*, 21, pp. 423-451.

Wilson, J. D. and D. E. Wildasin (2004), "Capital Tax Competition: Bane or Boon," *Journal of Public Economics*, 88, pp. 1065-1091.

Zee, H. H., J. G. Stotsky and E. Ley (2002), "Tax Incentives for Business Investment: A Primer for Policy Makers in Developing Countries," *World Development* 30 (9), pp. 1497-1516.

Zodrow, G. R. (2003), "Tax Competition and Tax Coordination in the European Union," *International Tax and Public Finance*, 10, pp. 651-671.

Zodrow, G. R. (2010), "Capital Mobility and Capital Tax Competition," *National Tax Journal*, 63 (4), pp. 865-902.

Zodrow, G. R. and P. Mieszkowski (1986), "Pigou, Tiebout, Property Taxation, and the Underprovision of Local Public Goods," *Journal of Urban Economics*, 19, pp. 356-370.

経済産業省国際租税小委員会（2008）「我が国企業の海外利益の資金還流について」経済産業省貿易経済協力局貿易振興課

佐藤主光（2010）「グローバル化と法人課税改革」マーリーズ・レビュー研究会報告書第2部第1章, pp. 24-55.

佐藤泰裕・田渕隆俊・山本和博（2011）「空間経済学」有斐閣

鈴木将覚（2007）「抜本的な法人税改革の議論　消費課税への移行と資本課税改革」みずほリポート，2007年12月（みずほ総研論集2008年Ⅰ号）

鈴木将覚（2008）「ノルウェーの株主所得税について—二元的所得税の弱点克服に向けた取り組み」みずほ政策インサイト，2008年8月

鈴木将覚（2009 a）「国外所得免除方式をどう考えるか」みずほリポート，2009年4月（みずほ総研論集2009年Ⅲ号）

鈴木将覚（2009 b）「主要国における法人税改革の効果—実効税率の変化に着目して」みずほリポート，2009年9月（みずほ総研論集2010年Ⅱ号）

鈴木将覚（2009 c）「キャピタルゲイン税改革について—ロックイン効果をいかに

回避するか」みずほ政策インサイト，2009年10月
鈴木将覚（2010）「課税ベース拡大の法人実効税率への影響―Firm-specificな実効税率を用いた分析」みずほリポート，2010年8月
鈴木将覚（2011）「日本とアジア4カ国の法人実効税率の比較」財政研究，第7巻，pp. 209–229
鈴木将覚（2012）「償却資産にかかる固定資産税」租税研究，第756巻，pp. 84–111
鈴木将覚（2014）「所得税に関する議論のサーベイ」フィナンシャル・レビュー，第118号
田近栄治・布袋正樹・柴田啓子（2012）「2009年度税制改正が現地法人の配当送金に及ぼした効果―本社の資金需要に着目した分析―」PRI Discussion Paper, 12 A–16.
田近栄治・油井雄二（2000）「日本の企業課税―中立性の視点による分析」東洋経済新報社
玉岡雅之（2009）「Mirrleesレビューにおける法人税改革案の批判的検討」国民経済雑誌，第199巻第5号，pp. 31–46.
土居丈朗（2011）「仕向地主義法人課税の経済分析」フィナンシャル・レビュー，第102号，pp.128–145.
八田達夫（1988）「直接税改革」日本経済新聞社
ホリオカ，チャールズ＝ユージ・菅万理（2008）「高齢者の貯蓄行動：文献サーベイと最新データからの考察」大阪大学社会経済研究所 Discussion Paper No. 716.
松本睦（2006）「政府間税競争の理論―資本税競争を中心として―」フィナンシャル・レビュー，第82号，pp.37–78.
山田直夫（2006）「キャッシュ・フロー法人税の税率―キャッシュ・フロー計算書による試算」証券レビュー，第46巻第10号，pp. 90–111.

論文初出一覧

序章「問題意識と本書の構成」
　書き下ろし.

第1章「法人税の基本的な考え方」
　書き下ろし．一部に，鈴木将覚（2014）「所得税に関する議論のサーベイ」フィナンシャル・レビュー，第118号を利用.

第2章「国際課税の論点」
　鈴木将覚（2009a）「国外所得免除方式をどう考えるか」みずほリポート，2009年4月（みずほ総研論集2009年Ⅲ号）を大幅加筆修正.

第3章「国際的な租税競争の考え方」
　書き下ろし.

第4章「法人実効税率」
　鈴木将覚（2009b）「主要国における法人税改革の効果―実効税率の変化に着目して」みずほリポート，2009年9月（みずほ総研論集2010年Ⅱ号），鈴木将覚（2010）「課税ベース拡大の法人実効税率への影響―Firm-specificな実効税率を用いた分析」みずほリポート，2010年8月を大幅加筆修正.

第5章「アジアの租税競争」
　Suzuki, Masaaki (2014), "Corporate Effective Tax Rates in Asian Countries," *Japan and the World Economy*, 29, pp. 1-17 を加筆修正．一部に，鈴木将覚（2011）「日本とアジア4カ国の法人実効税率の比較」財政研究，第7巻，pp. 209-229 を利用.

第6章「抜本的な法人税改革案」
　鈴木将覚（2007）「抜本的な法人税改革の議論―消費課税への移行と資本課税改革」みずほリポート，2007年12月（みずほ総研論集2008年Ⅰ号）を大幅加筆修正．一部に，鈴木将覚（2008）「ノルウェーの株主所得税について―二元的所得税の弱点克服に向けた取り組み」みずほ政策インサイト，2008年8月，鈴木将覚（2014）「所得税に関する議論のサーベイ」フィナンシャル・レビュー，第118号を利用.

第7章「ロックイン効果が生じないキャピタルゲイン税」
　鈴木将覚（2009c）「キャピタルゲイン税改革について―ロックイン効果をいかに回避するか」みずほ政策インサイト，2009年10月を大幅加筆修正.

245

索　引

[あ行]

新しい見方（new view）5, 23, 43, 58
ACC 164, 177
ACE 3-4, 13-15, 27-28, 154, 156, 163-169, 172, 176-181, 183, 185-186, 195-196, 204, 206-207
RRA 17, 39-40, 193-195, 226-230
新しい貿易理論 75-76, 78
インピュテーション 182, 188

[か行]

外国税額控除方式 4, 7, 43-45, 47-49, 52, 54-56, 63
確実性等価 16, 171, 176, 219
過少資本税制 82-84, 181-182
株式控除 14, 156, 165-167, 172, 174, 176
株主基金 164-166, 172, 207-208
株主所得税（SIT）17, 28, 39, 189-197, 212, 226, 230
企業特殊的レント 30
帰属利子率 156, 164, 165, 168, 169, 172, 176, 180-181, 189, 193, 197, 208
キャッシュフロー法人税 3-4, 13-14, 19-25, 27, 154-165, 172, 181-182, 199-204
キャピタルゲイン税 3-4, 16-17, 22-23, 27, 41-42, 102, 105, 154, 160, 182, 184, 189, 195, 198, 211-221, 223-226, 229-230
居住地主義 3-4, 6, 15, 44-45, 49, 58, 69, 199, 201, 204
金銭的外部性 73
減価償却の現在価値 93, 167
源泉地主義 3, 4, 6, 15-16, 30, 44-45, 58, 69, 154, 198-199, 204-205
国外所得免除方式 4-7, 43-45, 47-49, 53-58, 60-62
国際課税の効率性基準 45
——国民的中立性（NN）7, 51-52
——国民的所有中立性（NON）8, 54, 56
——資本輸出中立性（CEN）6-7, 45-49, 51-53, 57, 64
——資本輸入中立性（CIN）6-7, 45-49, 53, 56-57
——資本所有中立性（CON）7, 53-54
古典方式 27, 192

[さ行]

財政的外部性 73
最適課税 28, 34, 48
CBIT 3-4, 13-14, 27-28, 154-157, 165, 181-186, 189
自国市場バイアス 78
実効税率
——Devereux-Griffith 型実効税率 80, 97, 115, 117-120, 126, 130, 138, 186
——EATR 9-13, 94-105, 107-116, 112, 128-137, 140, 142-147, 150-151, 168-169, 186
——EMTR 10-12, 79, 94-95, 97-102, 105, 107, 109-116, 122, 128-129, 134, 137, 140, 142-147, 150-152, 168-169, 186, 209
——限界実効税率 10, 88-90, 95, 140
——バックワードルッキング（事後的）な実効税率 10, 50, 91
——表面実効税率 87
——フォワードルッキング（事前的）な実効税率 10, 90-91, 97, 130
——平均実効税率 10, 88-90, 95, 140
SIT→株主所得税
仕向地主義 3-4, 15-16, 69, 199, 201-205
消費課税 5, 19, 24-26, 28-2939, 155, 183, 198, 205, 225
所得移転 15, 58, 76, 81-84, 90, 103, 154, 185, 198-201, 204-205
所得課税 5, 14, 24-25, 39, 155, 182, 185, 196, 225
所得控除方式 4, 7, 52, 54-55
所得分割法 190
生産効率性定理 48
ゼロ資本税仮説 6, 12, 30-32, 132
全世界所得課税 6, 44-45, 49, 53, 58, 64

即時償却 13, 19, 21, 25, 100–103, 109–110, 114, 126, 135, 156–157, 167, 183
租税競争
——小国 69
——大国 71, 73
——非対称な租税競争 8–9, 12, 73, 75, 78
租税輸出 35, 148, 196
租税回避 32, 50, 60, 81–85, 90–91, 103, 140, 159, 185–188, 190, 196, 198

[た行]

Diamond-Mirrlees モデル→生産効率性定理
タックスホリデー 4, 9, 12–13, 117–130, 132–138, 140, 147, 150–152
中立性（法人税の中立性） 172, 198
——資金調達に対する中立性 14, 183
——投資に対する中立性 155, 157, 159, 163–164, 172, 176, 178, 181
——組織形態に対する中立性 160, 163
——利潤の分配に対する中立性 160, 211
（国際課税の中立性）→国際課税の効率性基準
伝統的な見方 (traditional view) →古い見方 (old view)

[な行]

二重課税 5–6, 27, 39, 43–46, 51, 64, 158, 163, 182, 184, 188–189, 191–192, 196, 198
二元的所得税 3–4, 13–15, 27–28, 38, 154–156, 179–180, 187–193, 195–198, 205

[は行]

彼此流用 57, 61, 63–65
古い見方 (old view) 5, 23, 43, 54, 158
フラットタックス 5, 26–28, 159–160, 182–183
包括的事業所得税→CBIT
米国大統領税制改革諮問委員会 164, 172, 176
Boadway–Bruce の法人税 4, 215, 219, 226, 228, 230
保有期間に対する中立性

[ま行]

マーリーズ報告 1, 14–16, 27–28, 39–41, 177, 186, 204–205
ミード報告 25, 158–159, 205, 215–218

[ら行]

立地特殊的レント 9, 12, 29–30, 33, 68, 75–76, 78, 132
領土内課税 6, 44
Retrospective tax 219–223
ロックイン効果 3–4, 16, 160, 211–212, 219, 226, 229–230

著者紹介

鈴木将覚（すずき　まさあき）

1995年一橋大学経済学部卒業後，富士総合研究所（現みずほ総合研究所）入社．同社経済調査部及び政策調査部，在米日本大使館出向等を経て，2011年より京都大学経済研究所先端政策分析研究センター准教授．専門は，財政・税制．法政大学修士（経済学）．
著作
"Corporate Effective Tax Rates in Asian Countries," *Japan and the World Economy*, Vol. 29, pp. 1-17, 2014,「所得税に関する議論のサーベイ」フィナンシャル・レビュー，第118号，2014年，「償却資産にかかる固定資産税」租税研究，第756巻，pp. 84-111, 2012年，「日本とアジア4カ国の法人実効税率の比較」財政研究，第7巻，pp. 209-229, 2011年など論文多数．

グローバル経済下の法人税改革

2014年5月26日　初版第一刷発行

著　者	鈴　木　将　覚	
発行人	檜　山　爲次郎	
発行所	京都大学学術出版会	
	京都市左京区吉田近衛町69	
	京都大学吉田南構内（〒606-8315）	
	電　話 075(761)6182	
	FAX 075(761)6190	
	URL http://www.kyoto-up.or.jp/	
印刷・製本	亜細亜印刷株式会社	

ⓒ Masaaki Suzuki 2014　　　　　　　　　Printed in Japan
ISBN978-4-87698-496-1 C 3033　　定価はカバーに表示してあります

本書のコピー，スキャン，デジタル化等の無断複製は著作権法上での例外を除き禁じられています．本書を代行業者等の第三者に依頼してスキャンやデジタル化することは，たとえ個人や家庭内での利用でも著作権法違反です．